健康
Smile 105

健康
Smile105

如果不能**怪罪**你，我要如何**原諒**你？

THE TAO OF FULLY FEELING:
HARVESTING FORGIVENESS OUT OF BLAME

從哭泣、怪罪到原諒，
真實療癒你的內在創傷

暢銷紀念版

佩特・沃克Pete Walker———著

陳思含———譯

健康smile 105

如果不能怪罪你，我要如何原諒你？（暢銷紀念版）
：從哭泣、怪罪到原諒，真實療癒你的內在創傷

The Tao of Fully Feeling: Harvesting Forgiveness out of Blame

原書作者	佩特‧沃克（Pete Walker）
譯　　者	陳思含
封面設計	林淑慧
主　　編	劉信宏
總 編 輯	林許文二

出　　版	柿子文化事業有限公司
地　　址	11677 臺北市羅斯福路五段 158 號 2 樓
業務專線	（02）89314903#15
讀者專線	（02）89314903#9
傳　　真	（02）29319207
郵撥帳號	19822651 柿子文化事業有限公司
投稿信箱	editor@persimmonbooks.com.tw
服務信箱	service@persimmonbooks.com.tw

業務行政	鄭淑娟、陳顯中

首版一刷	2022 年 7 月
二版一刷	2024 年 3 月
定　　價	新臺幣 499 元
I S B N	978-626-7408-21-6

THE TAO OF FULLY FEELING: HARVESTING FORGIVENESS OUT OF BLAME

www.pete-walker.com

First Edition

Copyright 2015 by Pete Walker

All Rights Reserved

國家圖書館出版品預行編目 (CIP) 資料

如果不能怪罪你，我要如何原諒你?(暢銷紀念版)：從哭泣、怪罪
到原諒，真實療癒你的內在創傷 / 佩特．沃克 (Pete Walker) 著；陳
思含譯 . -- 一版 . -- 臺北市：柿子文化事業有限公司 , 2024.03
　面；　公分 . -- (健康 smile ; 105)
譯自 : The Tao of fully feeling : harvesting forgiveness out of blame.
ISBN 978-626-7408-21-6(平裝)

1.CST: 創傷後障礙症 2.CST: 心理治療

178.8　　　　　　　　　　　　　　　　　　　　113001851

給我最好的朋友，賽特‧斐倫（Sat Ferren），
她對我來說如同母親一般。

給吉姆‧多（Jim Dowe），
「坐別克車子的華特‧惠特曼（Walt Whitman）」，
他是我如父親般重要的人。

給我的姊妹，派特（Pat）、黛安（Diane）和雪倫（Sharon），
她們的愛幫助我的心在童年時倖存了下來。

我看到的唯一一座監獄，就是我建構來保護自己免受痛苦的那一座。
——謝爾登‧科普（Sheldon Kopp）

能夠邀請痛苦來參與我的經驗，
並且不必為了逃避痛苦而控制我的人生，
是如此的自由！
——克莉絲緹娜‧鮑德溫（Christina Baldwin）

推薦序／
為你找到適合自己的復原與連結路徑

吳雅雯 / 李政洋身心診所、蘆洲開心生活診所駐診醫師與藝術治療師

在門診偶爾會出現這樣的場景：來診者表達希望告知他人，關於自己的創傷或憂鬱狀態，甚至期待透過開立診斷書的形式，來溝通自己因為他人的對待方式而感到痛苦。這種時候往往讓我感到某種顧慮，一方面我可以理解來診者在現實或心理上需要這樣的見證，並為其能夠採取適當行動的動能感到高興；另一方面也很清楚在這樣行動的背後，可能在關係中產生攻擊與防禦的張力。很常見的是，來診者會發現對方無法因此感到罪疚或改變，也反而經常出現對方持續忽視、甚至反過來責怪自己的場景。試圖對外怪罪施虐者或加害者的風險，便是可能再度受到傷害。

作者佩特·沃克深入淺出地處理了哀悼、怪罪與原諒的議題，在我看來是創傷復原歷程中相當困難的核心工作。適當地在心裡處理怪罪，可以是一種向內自我療癒的工作，創傷倖存者，特別是那些經歷兒童時期虐待的人，由於生存與愛的需要，會將施虐者的過錯怪在自己身上。當那樣的過程反覆發生，就像是一個瘦弱的孩子，身上掛滿了原本不該屬於他背負的重物，而健康地怪罪以視覺比喻來說，像是把帽子放到原本該戴的人頭上去，是讓倖存者能卸下重物的過程。作者主張透過重新連結感受並且哀悼失落，新的感受與動能才能再發生或生長。

複雜性創傷的表現與單純的持續性憂鬱不盡相同，個案可能仍有感到開心的情緒，然而巨大不符合比例的情緒反應，有時會被類似於帶來創傷的人事物線索促發（情緒重現），這種瞬間進入戰鬥模式的暴怒或恐慌，由於具有一種反應性，也與一般所謂的躁鬱症／雙極性情感疾患表現不同。我們知道多元迷走神經理論可以解釋，由於生存的反應，很多感受在創傷發生時會暫時被關閉，而相反地，另外一些神經迴路則是會被過度激發。倖存者發展出凍結、迴避或戰鬥的模式，是當下適應所需要的，但這些反應在後續若未獲得適當調節，都可能讓其受限於僵化或混亂的狀態中，並以一種身心失調的症狀呈現。有些人因此轉向酒精或藥物成癮，而那往往會讓狀況更走向失控。

　　創傷治療是促進能量流動、彈性平衡與經驗整合的工作，在第五章中，作者對於階段性使用藥物表達了完整的看法。如果你翻閱本書的感覺是，很難想像這些內容要怎麼幫助你，這時可以考慮作者的建議，先尋求具有創傷復原觀點的精神科醫師或治療師協助。對於太嫻熟自動進入解離模式的個案，學會適當地平衡感受與警覺，是開啟復原之旅的第一階段任務。

　　由於創傷復原困難的部分不是認知理解本身，而是連結認知與情感、身體經驗的整合，好的治療師可以協助你經驗到如何建立安全的關係，並在這當中逐漸地去覺察並修復感覺，同時調節身體反應。適當的藥物使用在這裡也因此可以有階段性的角色：協助回到相對穩定的狀態。

　　作者作為兒童時期經歷身體與情感虐待的倖存者，同時也是治療師，在我看來，書中最動人的部分不僅是其融合了詩、文學、哲學、宗教乃至靈性等豐富養分，更在於他真摯地分享個人如何復原與整合的經驗，並從中展現的脆弱與力量。我想像作者溫暖的言語，可以內化為倖存者在復原路上的撫育性聲音。相對的，他也相當鏗鏘有力地示範了如何有效地使用憤怒或怪罪為自己重新賦權。

　　書中唯一令人略微不安的是，我可以想像對某些人來說，試圖去怪罪或原諒都可能是令其卻步的念頭。甚至，光是把這本書公開放在書架上，都可能引起家庭衝突。在此，我認為讀者可以思索自己目前的需要或狀態有什麼不同，所以不會或尚未走到作者倡議的方向。假如試圖去怪罪或原諒永遠不會是你的選擇，那也無妨，如果你可以找到適合自己的復原路徑與連結就好了。

　　誠摯推薦本書給對複雜性創傷療癒已有初步準備的讀者。

推薦序／
原諒的深度，是根據感受到的怪罪強度而定

呂伯杰 / 諮商心理師、盼心理諮商所所長

　　我們都被教導要原諒他人，不與人為惡，然而，我們卻忽略了原諒他人前要先好好的經驗內在怪罪他人的深度，將那些為了被認可而被遺棄的負向自我找回來。

　　《如果不能怪罪你，我要如何原諒你？》可以引領讀者，一步步的學習如何從原諒的過程裡，找回遺失的負向自我。

推薦序／
去感受每一種情緒，撫慰內心的孩子們

留佩萱／美國諮商教育與督導博士

在讀到柿子文化寄來的《如果不能怪罪你，我要如何原諒你？》書稿時，我不斷思考著書中提到的「原諒」與「怪罪」兩個詞彙。

在心理諮商中，「原諒」是一個沉重的詞彙，許多個案在講到「原諒」時，會有許多情緒——身邊的親友告訴他們應該要原諒（尤其是原諒父母）、宗教信仰告訴他們要原諒才對、網路上有許多教別人原諒的療癒文章……這些訊息讓他們充滿憤怒、羞愧、悲傷、內疚、自責等複雜情緒，內心的「我應該要原諒」和「我才不想原諒」兩種聲音不斷互相拉扯。

同樣的，在諮商中，我觀察到「怪罪」也是一個沉重的詞彙。許多個案因為原生家庭議題來到諮商室，但對於談論父母造成的傷害也會有許多情緒——他們認為不應該怪罪父母，對於「說父母的不好」感到內疚、恐懼、充滿自責。

如同作者佩特・沃克在書中提到的，任何要求一個人應該原諒加害者的說法都是迫害，並且，怪罪是一種很正常的情緒，是一個讓我們辨識出被不善對待、能夠說「不」的力量來源。

而這本書，正能夠幫助我們如何同時握住內心的複雜與矛盾，同時握住「怪罪」與「原諒」。

我常常跟個案說：我們每一個人的內心都是非常複雜的，都有非常多不同的面向，而這些面向也都可以同時存在。你可以有一部分的你對父母某些行為感到憤怒，一部分的你對於兒時經歷感到悲傷與心疼，另一部分的你對於父母感到感激……這些不同的情緒與想法都是正常的，都是我們的一部分。

我也常常跟個案說：你不一定要原諒。而不管你想不想原諒傷害你的人，我們都可以開始練習看見自己過去經歷的傷痛，並且學習去感受內心的每一種情緒，因為療癒並不在於「沒有負面情緒」，而是在於能夠有足夠的空間給每一種情緒——喜悅、悲傷、憤怒與哀悼。然後知道，有這些情緒就是身為一個人的樣貌。

　　當我們能夠給情緒空間，就能開始長出新的眼光，並且能夠看到我們自己、父母、祖父母，或更早的祖先是如何傳遞著世代創傷，也開始理解自己和那些父母們到底怎麼了。

　　邀請你，跟隨著心理治療師佩特·沃克一起走進自己的內心，去感受每一種情緒，以及去重新撫慰那些內心的孩子們。

推薦序／
無論對自己滿意或失望，都可以疼惜自己

陳志恆／諮商心理師、作家，為長期與青少年孩子工作的心理助人者。
曾任中學輔導教師、輔導主任，現為臺灣 NLP 學會副理事長。

　　外頭下著細雨，我以為，是連日的陰雨讓我心情低落，實際上，是剛剛在臉書上看到一則動態，把我帶到了情緒低谷。

　　我感到心裡不舒服，習慣性地想做點什麼，讓自己感到好一些。然而，不管做什麼，我一樣悶悶不樂。我討厭這種狀態，這讓我無法認真工作。我開始自我否定，內心感到自責與無力。

　　我隨即意識到，我正在對抗負面情緒。

　　拜過去所學之賜，我要做的，就是去完全地感受此刻的感覺，並且完全地接納它。我知道，當這麼做時，卡在我內心的情緒能量才能重新流動；同時，我也才能慢慢找回生命力。

　　於是，我有機會細細探究，原來，在社群媒體上看到一則友人的動態，引發了我的嫉妒——我感到自己無法如他一般優秀，儘管我已經很努力了。我知道，這份嫉妒來自於我的童年。當時，我是如此努力，卻因為大人的過度比較，以及始終得不到肯定的失望，令我也常對自己感到失望。

　　我的腦袋清楚知道，我不需要去嫉妒他人，但這份感受就是在不經意間被挑起了。我知道，那是來自童年的創傷，雖然當時身旁的大人並不是故意要傷害我的，甚至，他們很愛我。

　　正因為家人是如此愛你，於是你的內心對他們充滿矛盾。一方面痛恨他們如此對待你，另一方面，又為了這麼想而感到內疚。於是，你試圖排拒這些自然發生的負面感覺，用力壓抑這些委屈、痛苦、無力、憤怒或自責，卻又在夜深人靜時，不經意地浮現這些想法與感受，痛苦如排山倒海般湧現，就快把你淹沒。你無能為力，只能對自己生著悶氣。

　　我們都喜歡對自己滿意時的自己。此刻，你心情愉悅、意氣風發、神清氣爽；

我們卻厭惡對自己不滿時的自己，因為你內心無力、自責、內疚、委屈、憤怒和沮喪。你因為無法處理好自己的情緒，而對自己感到更加失望。

事實上，你的失望，通常是來自童年時期身邊大人對你的失望。

當你走上自我療癒之路，肯定會遇到一個難題：我知道童年時期那些愛我的人，同時也可能是傷害我的人，但我要如何原諒他們？

「原諒」是件沉重且不容易的任務。我們的文化總是要我們別記恨，要能夠去原諒那些過往的傷害，對那些傷痛釋懷。於是，很多人會勸我們要「放下」。然而，真有這麼容易就好了！

《如果不能怪罪你，我要如何原諒你？》是一本創傷療癒經典之作，書裡談到原諒這個議題時，提醒讀者，如果我們沒辦法好好地去經歷與感受那些憤怒與恨意，我們是不可能做到原諒的。充其量，都只是在壓抑罷了！

別急著去原諒，你該做的，是憐惜自己。當你懂得心疼自己時，才會放下對自己的批判，而願意全然地感受那些不舒服的情緒，讓正常的情緒能在體內自然流動，最後獲得釋放。

一個情緒健康的人，是能夠接納自己身上任何情緒感受的人。當情緒風暴來襲時，試著讓自己去感受那些不愉快，完全地沉浸在那些情緒感受中，不對抗也不批評，這便是健康的自我照顧。

對自己滿意時，你會喜愛自己，而對自己失望時，你更應該疼惜自己。因為無論如何，你都值得被深深愛著。

我一直在練習這份功課，透過閱讀這本書，你也可以學會如何疼惜自己，連結自我，也與身旁的人，連結得更好。

推薦序／
在關係中為自己打開新的一扇窗

陳儀安／諮商心理師

在物質條件豐富的社會，民眾也越來越注重心理健康的議題，許多人開始想去了解自己的經歷，以及如何為自己心靈的傷害進行修復。這本書討論了許多關於孩童時期的受傷，以及如何去接納，也引導人們一步一步看見那些傷痕，不著急地使用原諒去帶出那些未被好好處理的事件，並舉出許多未被好好消化的原諒所帶來的影響，讓人可以更加重視在原諒之前應該注重的細節。

對於助人者來說，可以更有方向地協助來訪的個案，在許多創傷事件中去陪伴和面對這些問題時，讓創傷者更加穩定。

書中也詳細介紹了每一個階段所經歷的狀態與可能產生的問題，讓協助者可以更明確的知道當下的情況和掌握療癒的節奏，然後很踏實地去幫助來訪個案，使其慢慢從創傷事件中，去表達、抒發、感受、理解、接納，最後到原諒。

在書中特別對於原諒有較細緻的討論，對於創傷事件，我們終將期待能為受傷的心帶到原諒，化解這些傷痛，但輕易的原諒有時會變成另外一種創傷的形成，因此詳細解釋原諒的各種處理，和辨識出何時是適合進行原諒的時機，對於創傷能不能被好好處理，都是非常重要的關鍵。

從自我原諒到原諒父母，帶領個案或者自己一步一步地從受傷枷鎖中，去看見解開束縛的關鍵，不僅僅是對自己的療癒，更是在關係中為自己打開新的一扇窗，去看見受傷以後長出的勇敢與力量。

此書非常適合在成長歷程中受過傷的你，或者在助人道路上想更了解對於創傷的修復與歷程，都能獲得不小的收穫和啟發。

【具名真情推薦】

白麗芳，兒童福利聯盟執行長

吳若權，作家／廣播主持／企業顧問

林耕新，耕心療癒診所院長

葉國偉，林口長庚醫院兒少保護中心主任

謝文宜，實踐大學家庭諮商與輔導碩士班教授

作者序／
創傷復原的情緒療癒

　　這本書是幫助你復原自我情緒感受能力的深度指南，也是為你增進情緒智力的手冊。還有，如果你是失能家庭的倖存者，對於你在童年期間所受到的傷害，這也是能幫助你修復情緒本質的絕佳寶典。

　　雖然《如果不能怪罪你，我要如何原諒你？》的出版時間早於《第一本複雜性創傷後壓力症候群自我療癒聖經》，但是它反而比較適合被當作進階指南來使用，因為它是《第一本複雜性創傷後壓力症候群自我療癒聖經》第十一章和第十二章中說明的原則，而且提供了更實用的執行細節。

　　本書主要聚焦在創傷復原的情緒療癒層面上，第四章到第七章說明了如何以安全且具療癒性的方式，把悲傷與淚水轉化為自我憐憫（self-compassion，又譯為自我疼惜）、把憤怒轉化為健康的自我保護與生活在世間的安全感。所以，這幾章是哀悼童年失落的實用手冊；第八章和附錄 A 有助於辨識那些因童年失落而造成的發展停滯；還有，第九章和附錄 B 與 C，提供了重新喚起及修復這些發展停滯情況的技巧。

　　無論你是不是童年創傷的倖存者，本書都是情緒健康的照護指南。我們的情緒健康狀態，經常反映了我們處於各種情緒時，有多麼愛及尊重自己和他人。無論當事人的感覺體驗是否愉快，真正的自尊以及與他人的親密感，都是基於充滿愛地與自己和他人同在的能力。

　　那些只能在「好時光」與自己或他人同在的人，其實展現了不穩定及不可靠的一面，難以引發信任感，並且對自己和他人都只是膚淺的酒肉朋友。

　　如果我們不去接觸那些比較不開心的感覺，就會被剝奪了去注意不公、虐待或忽略等狀況的根本能力。那些不能感覺到自我悲傷的人，常常不知道自己被不公地

排擠了；而那些不能對虐待感受到正常的憤怒或恐懼反應的人，則經常會有受到虐待的風險。

　　若是壓抑我們的情緒，就會造成焦慮和壓力，而壓力會像大部分的情緒那樣，被當作某種必須移除的廢棄物。在所有的情緒都被無差別地接納之前（注意，接納並不意味著可以不負責任或有虐待性地亂倒情緒），我們就無法完整、也不會有真正的安心感和扎實的自尊感。

　　因此，雖然在愛、高興或平靜的感覺存在時，我們或許很容易喜歡自己，可是**更深度的心理健康，只存在於有情緒傷害時仍能保持自我憐憫和自我尊重的人**。這些情緒傷害，時常伴隨著人生中無可避免的失去、失望和不可預見的困難而來。

　　最後，本書的第十章到第十四章介紹了原諒的真正本質與限制。最重要的是，真正的原諒必須完全根基於自我原諒，而這對相關於原諒的許多常見困難，提供了新的觀點。

　　親愛的讀者，我祝福你能夠恩典與福氣滿盈，以及在閱讀並應用本書的練習時，看見許多黑暗中的曙光。

譯者序／
獲得解脫、自由、自在的秘笈

——陳思含（在台北的美國心理治療師）

在翻譯了作者佩特・沃克的《第一本複雜性創傷後壓力症候群自我療癒聖經》（後面簡稱《CPTSD 聖經》）之後，有機會翻譯這本《如果不能怪罪你，我要如何原諒你？》，使我深感榮幸。自從上次翻譯《CPTSD 聖經》後，我與佩特有過些許交流，使我深深感受到他就如同書中所呈現的那般溫暖、睿智、謙卑、務實，同時又真誠、直言不諱，甚至不在乎得罪同業或某些龐大的宗教勢力，直白地在書中及私下說出對於「流行的療法」和「有毒的宗教或靈性信仰」的批判。

甚至，他在本書中批判了社會，批判了名人，批判了流行文化。

更了不起的是，他勇敢地分享自己的傷口、自己的脆弱、自己的掙扎、自己的修練，讓許多受到類似痛苦的人能夠感受到被理解、被相信、被支持了。

他的分享也讓有類似經驗的人知道自己是有希望的。就算過去困在痛苦中不知如何解脫，或是嘗試了許多改善辦法都失敗，都不代表自己沒希望了，只是可能用錯了視角、用錯了方法。

《CPTSD 聖經》給予遭受童年家庭創傷的讀者，有完整全面的自我認識和自我幫助技巧，而這本《如果不能怪罪你，我要如何原諒你？》，更進一步地深入探討情緒面的複雜性，用充滿同理和疼惜的角度告訴你：「你的感覺很正常，接納它們吧！你可以怨，你可以恨，你不一定要原諒傷害你的人，可是請試著愛自己、原諒自己、呵護自己的內在小孩。」

我經常用「情緒便秘」來向案主比喻不允許情緒正常代謝的狀態，也常告訴案主，任何要求他們原諒加害者的說法都是一種迫害；他們有權怪罪、有權怨恨，但永遠要記得療癒自己。原諒，是自我療癒的副產品，是自然而然的產物，不是自我療癒的先備條件，也不該是屈服於假道學而違反本心的偽善。

　　當我閱讀這本書時，很驚訝地發現作者也運用了情緒便秘的比喻，亦反覆提醒讀者複雜的原諒議題，並支持讀者有不原諒的權利。

　　但作者並非勸讀者不原諒、要記恨，而是期許讀者要先愛護自己、療癒自己、認同自己，把自己照顧好之後，再來談發自真心的原諒，而非教條式、腦袋式的假原諒、真自貶。

　　不原諒，也可以。

　　作者更在本書中大量融入靈性的觀點。雖然作者對靈性的描述，採取較多的天主教、基督教、新時代語言——畢竟那是他最熟悉的系統——但是並沒有排他性，也不傳教。事實上，本書也融入了其他宗教信仰和哲學觀點。台灣民眾熟悉的佛教、道教、老子的《道德經》，也不經意地融合在其中。私以為，在閱讀本書時，如果能屏除宗教門派的分別心，把那些用語擴大解讀，應用於自己適合的靈性系統，就能感受到作者的深度與苦心。例如，他提到的「神」，聽起來像是天主教、基督教的神，但我們不妨把這個概念擴展開來，視其為俗話中的「老天」。

　　如同作者所寫的，與其專注在兩極的對立和區隔上，不如看見兩極的共通性和一體性，共存、融合、合為一體，就像作者原書封面的太極圖那般，這能給我們更大的智慧，無論是情緒智力或是靈性智慧。

　　祝福每位讀者，都能透過這本書走向心靈的解放。

目錄 CONTENTS

本書用語

「**失能家庭**」（dysfunctional family）一詞，是指透過言語、靈性、情緒或肢體虐待與忽視等的任何組合，傷害了孩子天賦自尊的任何家庭，如同附錄 A 和第八章所定義的。[1]

「**成年小孩**」（adult child）、「**倖存者**」（survivor）、「**復原者**」（recoveree）等詞彙，將會混用來描述任何在童年時期被虐待或忽略性養育所傷害的人。「成年小孩」一詞並非暗示失能家庭的成年倖存者的行為很幼稚，而是指他們帶著許多未滿足的發展需求[2]直到成年。也就是說，很多成年小孩仍未擁有一般成熟大人在情緒、關係、自我表達方面的完整能力。

「**內在小孩**」（inner child）指的是自我（self）發展停滯[3]的部分，而發展停滯是因為童年時期缺乏重要的滋養，對一些倖存者來說，這只是用來辨識那些需求的概念；對其他人而言，像是我自己，則像是有個過去的孩童孤獨地住在無意識中，仍然等待著安全感和呵護，並且需要有安全感和呵護才能繼續往前，發展出具備完整功能的成人自我。

「**復原**」有兩種用法：第一種是泛指療癒童年遭受虐待與忽略之創傷的整體「過程」，許多復原者會這麼描述：「我在復原當中。」第二種則是用來指稱特定的發展「目標」，像是：「我在努力復原我的感覺。」和「我的心理治療正在幫助我復原『自信表達』（assertiveness）的能力。」所以最好把復原視為一種持續的過程，你是在復原的過程中，而非已經復原了，這有助於避開失能家庭中經常傳承的「全有全無評估」和「非黑即白思維」的陷阱。

「**關係依賴**」（codependent）[4]用來窄義地指稱那些慣性地過度為了他人而犧牲自己需求和渴望的成年小孩。童年時期，若父母的需求總是被置於孩子的需求之上，經常會造成關係依賴。

「毒性羞恥」（toxic shame）指的是一種讓人長時間感到難以承受且令人癱瘓的自我厭惡，它折磨並扭曲了許多成年小孩的心智與情緒狀態。毒性羞恥是童年長期暴露於父母否定與厭惡下的產物（第七章會探討到，在療癒毒性羞恥時，怪罪是無可取代的手段）。

「有效的[5]哀悼」（effective grieving）強調了大多數倖存者無法完全擁抱自己的傷痛，也無法發現哀悼所能提供的珍貴解脫（第五章探討了「失敗的」哀悼最常見的原因）。

「感覺／感受」（feeling）和**「情緒」**（emotion）這兩個名詞在本書經常交替使用，不過，**「感受情緒」**（feeling）和**「表達情緒」**（emoting）這兩個詞則互不相同。「感受情緒」是被動地感應和接受內在的情緒體驗，並且不試圖改變那些體驗；「表達情緒」則是主動地表達和釋放內在的情緒體驗，像是哭泣、發怒或笑。

譯注

1. dysfunction 也稱為「失功能」，在助人專業工作中屬於專有名詞，指的是個體、團體、組織未能具備應有且健康的情緒、行為、認知、社會性或各種能力等。在本書，作者對於失能家庭有更特定的定義。
2. 發展需求：指一個人從受孕、出生、成長至死亡的一生中，在各個階段發展生理、心理、社會等能力所需要的資源，而在年紀越小的時候，發展需求是否被滿足，對於日後的心理發展越是關鍵。
3. 發展停滯：指在身心成長發展過程中，某項發展任務沒有順利發展，比方說，應發展安全感的階段沒有發展出安全感、應發展社交能力的階段沒有發展出社交能力等等。
4. 關係依賴：也稱為「共依存症」、「關係成癮」等。
5. 作者於全書中多次使用「有效的」一詞，帶有心理學的專業意涵，與「無效的」相對，用以表達所描述之人、事、物，是否達到應有的功能或效果。

前言
以情緒為基礎的愛之旅

> 既然感覺是首要的，那個注意事物條理的人，便永遠不會全然投入地吻你。
>
> ——康明思（e.e. cummings），美國詩人

工業化社會就像那些被高捧到人性之上的機器圖像一樣，變得越來越沒有靈魂了，甚至把「感覺」視為被淘汰的零件。《如果不能怪罪你，我要如何原諒你？》是取回我們在童年時被剝奪的豐富情緒指南；這些情緒被剝奪的程度，就像我們的土地被剝奪了木料和煤炭那樣。

這本書誕生於我個人的掙扎，以及案主與朋友在重拾感覺時的掙扎，而我想邀請你來發現以下這件事的重要性：

「感覺」和「表達情緒」是如何自然地把我們自身的價值重新放在首位，並且讓愛與親密感再次被提升到物質方面的獲得與消費上。

本書聚焦於失能的家庭，因為這些家庭大多嚴格實施了社會中那些反對「感覺」的格言。緣此，我同意約翰·布雷蕭（John Bradshaw）的看法，我們的社會確實受到了育兒不良的流行病所折磨。

我對於家庭失能的想法，與現代的一些書籍一致，光是它們的書名，就鮮明地抓到了文化中育兒體制的崩壞：《童年的囚犯》、《背叛純真》、《眾所皆知的祕密》、《我們很久以前就破了的心》、《靈魂謀殺：家內迫害》、《流淚之後：重拾童年的個人所失》、《和父母離婚》、《治癒束縛你的羞恥》、《我的名字是切莉絲，我正從西方文明復原中》。

家庭失能的情況在我們的社會中是如此常見又普遍，以至於很難辨識出來。諷刺的是，童年時期沒有長期遭受身體虐待的人，最可能忽視自己童年所受的不良影響。然而，我身為心理治療師，**親眼所見的成人之苦，大多根源於童年時期的非肉體虐待與忽略**。

成人之苦最普遍的特徵就是「自我仇恨」，而這個仇恨最常見的焦點就是我們的感覺。許多人在很小的時候就曾經因為有情緒而被攻擊、羞辱或遭棄，也有許多人在還沒有記憶的時候，就被迫放棄了自己的感覺，並且怨恨自己有感覺，而這本書提供了實用的建議，要來打破這種無意識的、自我破壞的習慣。

我在此提供的觀點和建議，來自於廣泛多元的人生經驗與研究，其中交織著我個人的情緒復原之旅。在此，我先說一個令人不安的觀察：越戰高峰期的美國陸軍軍隊，比我童年的家更溫暖且滋養人心。

這個令我驚訝的發現，來自於一連串重複的夢；在那些夢中，我重新加入軍隊，而且感覺比在真實人生中更滿足。

做那些夢的整整十年間，我感到很困惑，如果它們是惡夢，就完全有道理，因為我根本不想從軍，無法想像軍隊對我有任何好處，畢竟我被監禁在那裡的時候，始終渴望著服役期能夠盡快結束。

那些夢也使得我一頭霧水到偶爾會祈禱：「拜託，神啊！告訴我，這不代表我應該再去從軍吧！」

我透過比較從軍經驗和家庭生活，終於開始理解那些夢。那些訓練我成為作戰排長的教練班長和長官，就跟我的父母一樣對我進行著言語和情緒虐待，雖然因為某種恩典，我的作戰任務是在韓國非軍事區，沒有越南那麼危險，但其中可能發生的肢體暴力威脅，對我來說卻很有熟悉感。

然而，軍隊和我的家庭有所不同，我在那裡從未真的遭到肢體攻擊，而在家裡，肢體虐待卻不斷發生，直到我的青少年時期為止。

當我仔細思量這個對比情況時，還發現了軍隊與自身家庭的其他差異。在軍隊裡，訓練初期的貶抑階段相對短暫，一旦那個階段結束了，軍隊就遠比我的家庭更溫暖，而且軍隊有清楚明確的規矩，使我有可能「把事情做對」、融入，以及獲得賞識和尊敬。

在軍中的生活並非是永遠的雙重束縛（double bind）[1]迷宮和永無贏面的情況，雖然有許多不愉快和危險的工作狀況，但也有很多不受攻擊威脅的安全和自由時刻。即使是惡名昭彰的高壓力新兵訓練中心，也比我的家庭能給我更多的安全感！在食堂吃飯時，坐在我隔壁的人不會像家人那樣突然吼我或是揍我，真是老天保佑

的解脫啊！我放鬆到能夠好好消化食物，在頭六個月裡體重健康地增加了將近十四公斤。

我也結交了許多重視我的朋友，同時在分配的任務上表現傑出，並且因為完成了它們而得到獎勵，這讓我在自信和勇於表達等方面有了大躍進，開始相信自己可能有一丁點價值。

但這不是說，我和許多成年小孩常有的「成功只是僥倖」信念，馬上就被治癒了。很多時候，我認為自己只是在欺騙上級，一旦他們發現了真正的我，也就是那個我父母輕易就認為有缺陷的人，那麼我肯定很快就會被降級到最低位階。此外，我還受到了惡名昭彰的「冒名頂替症候群」（imposter syndrome）[2] 所折磨，而這個症候群也腐蝕了許多成年小孩的成功。

當我理解到這些夢的意涵後，它們就不再出現了，因為它們的任務是要侵蝕我那「無憂無慮的童年」假象。

當時，我也在大學修讀心理學、社會學和人類學，而我的學習加速破解了那個「完美」家庭的假象。關於工業革命以來西方育兒方式一直在退化的情況，我發現了不容忽視的證據，並且相信大部分的家庭普遍都證明了，我們喜愛的《脫線家族》（Brady Bunch）[3] 中所呈現的理想典型全是虛假。

我相信，我們正遭受一種教養危機，這個信念是基於我與非工業化世界的人們同住或接觸的那六年經驗，包括在非洲與亞洲三年，以及在北澳大利亞的原住民保護區三年。

比較工業革命前後的育兒方式，我認為西方父母已經失去了以情緒為基礎的育兒直覺，而這種情況對大部分的孩子造成了不必要且無心的大量傷害和剝奪。這個觀察也體現在加州美國原住民對第一批西方移居者的反應中。美國原住民對於歐洲人對子女缺乏疼惜的情況感到吃驚，並對他們貼上「打自己孩子的人」之標籤。

我數不清有多少次羨慕著「原始」文化中的親子關係，那些文化中的父母運用常識來引導及照顧孩子，但我們早就拋棄了這種方式，就像拋棄了自己的感覺和直覺那樣。

我們往往在能夠有意識地擁有及重視「感覺」之前，就被剝奪了這個能力，艾麗絲・米勒（Alice Miller）如此形容這種養育方式：

……（我們）都發展出不體驗「感覺」的藝術，但孩子只有在有人完全接受他、了解他、支持他的時候，才能體驗自己的感覺。如果缺少這種情境，如果這孩子必須為此而冒著失去母親的愛或母親替代品的風險，他就無法偷偷地「為自己」感覺，也會完全無法感覺。

有一天，當我冥想著艾麗絲‧米勒的觀察時，想到了這首詩：

他們燒毀了我的感覺
來阻止我淚水中的血流
而現在我獨自被淹沒在
多年來內出血的池子裡。

非工業化社會的父母愛孩子的方式，是大部分西方父母所不能理解的。由於我們與自己的情緒本質脫節了，因此，無論我們多麼真心地嘗試並真誠地想要愛孩子，還是會失敗得一塌糊塗。而因為我們對情緒和內在經驗感到害怕及羞恥，所以無法住在製造愛的感覺的身體裡。

有個美國原住民的故事凸顯了我們文化中缺乏愛的部分。一位西方的人類學家與霍皮族（Hopi）印第安人同住並研究他們的文化，之後逐漸注意到大部分的霍皮族歌曲都與水有關。

有一天，他問了薩滿巫師：

為什麼你們唱這麼多關於水的歌？在我的文化中，我們的歌曲最常表達的是愛，你們不重視愛嗎？

那位沙漠文化的薩滿巫師回答：

在我的文化中，我們的歌通常是祈禱，我們歌唱並祈求生活中所缺乏的珍貴東西，但愛不是其中之一。

　　《如果不能怪罪你，我要如何原諒你？》勾勒出一條回歸感覺和真誠，並以情緒為基礎的愛之旅。**如果我們要重新獲得有效地愛孩子的天生能力，就必須先學會愛自己的各種情緒狀態。**雖然這看似荒謬，但我們首先必須要做的是原諒自己和對別人有「感覺」！要做到這件事，就得拒絕效法領導者和父母，打破從他們而來的習慣；這個習慣就是：我們會為了自己對於人生各種情況有情緒反應，而怪罪並羞辱自己。我希望這本書能幫助你了解，如果你的父母堅持並實行現代父母育兒的常態，你在童年就可能會遭受嚴重的失落情況。請留意附錄 A，它能幫助你更有知識地評估這個主張。

　　在我試圖與自己的情緒和解的過程中，經歷了多次的死胡同。我壓抑它們、吞下它們、用酒淹沒它們、在大麻的煙霧中掩蓋它們、把它們餓死、用食物埋葬它們、用冥想超越它們、跑贏它們、用強辯來勝過它們、對它們驅魔、把它們交給更高的存在、把它們轉化為美麗的光，甚至用保證可以把它們徹底根除的誇張宣洩來淨化它們。

　　在我試圖從包圍自己的情緒痛苦中得到永久解脫的過程裡，曾被過多的自助書籍、工作坊、實作治療、心理學學派和靈性修行所誤導。我在探索如何逃離自己的感覺時，所遇到的死胡同都有一個共同點：保證可以永久超脫常見的情緒狀態，像是憤怒、悲傷和恐懼。

　　這當中最有害的，就是保證可以永遠維持「更好的」情緒狀態，像是開心、愛和平靜。我清楚地記得，當這個或那個方法的短暫好處過去以後，我就無法再假裝那些好處是我的了。我所經歷的失望糟透了！每當應該被永遠解決的情緒無可避免地又回來時，那些對於永遠幸福的保證，就一次次被打破了。我想要轉化自己的苦難（就像別人看似在做的），卻又再次失敗了，於是內心就被毒性羞恥給淹沒，無可避免又開始饑渴地著手尋找處理「感覺」的萬靈丹。

　　現在，**我處理感覺的方法是，只要接受它們就好**，這非常新奇又奇妙。有時候，我很難相信，單純感覺它們或讓它們良性表達是那麼容易的事。我真的跟二十年前那個不知道對無花果的感覺的男人，是同一個人嗎？

　　我並非暗示先前提到的那些方式都沒有價值，如果它們不被用於排除感覺，而且與這個情緒療癒的折衷學派結合時，就會是有用的工具。

　　我希望這本書能幫助你避免傷害自己，不要像我以前那樣，天真地相信那些保證永遠快樂的學派和修行。無論它們多麼具有善意或是偶爾有幫助，那些路途會導致你浪費無盡且徒勞的努力去維持「正能量」，並且製造不必要的自我不滿。

　　湯瑪斯・摩爾（Thomas Moore）在《隨心所欲》裡，把對快樂的終極追求稱為「救贖幻想」，而這個幻想會使我們在個人進化的過程中，被引誘去徒勞地多繞一圈。謝爾登・科普把他的書命名為《如果你在路上遇到佛陀，殺了祂》，來鼓勵我們別多繞一圈，並讓我們免於情緒完美主義這種不必要的自扯後腿。

　　無論任何成長技巧或教學所帶來的美好情緒效果，有多健康或多真誠，難免都會被比較不高尚卻同樣健康正常的感覺所取代。在這種時候，那些認為自己應該堅定不移地開心和超然的人，會為了這種在快樂與平靜之間的正常起伏，而怪罪自己在本質上就有瑕疵。

　　人類並非被創造來永遠維持某一種情緒經驗的，我們不應該被綁在情緒完美主義的拷問臺上，而是可以為了更實際的情緒目標爬下拷問臺並努力著。堅定的「自我關懷」（self-regard）不會因為情緒起伏而消失，而且我們都能健康地以此為目標並逐漸達成。

　　有太多靈性領導者和認知行為心理學家，堅持我們可以也應該消除不愉快的感覺，並表示我們走錯了方向。許多新時代（New Age）[4] 領導者建議了錯誤的開悟概念，彷彿開悟是可以永恆擁有且毫無痛苦的狀態；然而，在我二十五年的靈性修習和二十年的心理學探究中，從未遇過哪位大師、治療師、老師或熱衷者，能夠達到一種永恆喜樂的狀態，並且不再偶爾經歷陣陣的情緒痛苦。看到那麼多人仍在追尋著虛幻的胡蘿蔔，並且為了追不到它而鄙視自己，真是令人難過！

　　請了解，我絲毫無意貶低有效的靈性修行所能提供的美好禮物，而是試著暴露「靈性修行能免去『情緒修行』」的這種錯誤，畢竟**若不接納並體驗全面的人類感覺，我們就無法當個健康的人類**。

　　也許我在這方面的了解有誤，也可能有些稀有的靈魂真的體現了永恆的開悟或堅定不移的快樂。也許衍伸自 EST 訓練（Erhard Seminars Training，自我啟發訓練）的最新化身，真的能達成完全主控情緒本質的辦法；也許參加最近流行的週末講座，嘗試走在熱燙的煤炭上卻感覺不到痛苦，能夠證明我們「應該」可以超越其

他較不嚴重的情緒性痛苦。然而，我在那些宣稱自己找到人間天堂的人身上，都只看到他們的傲慢，這使我頓悟到，要獲得「冷靜沉著的喜樂」是極不可能的。

我很感恩自己終於懂得 R‧D‧連恩（R.D. Laing）那充滿智慧的說法：「**我們能夠避開的唯一一種痛苦，就是不再嘗試避開那些無可避免的痛苦。**」我現在知道，自己過去的情緒痛苦，超過九成都來自於所學到的無數種仇恨、麻痺及逃離自己感覺的方式。

我人生最大的轉捩點，是固執地願意在各種情緒狀態中支持自己，而不是追求永恆的快樂和超然。這麼做所帶來的獎勵，非常不可思議，有時候，我的眼淚就像珠寶，它們將燦爛的色彩折射到我的生命中；我的憤怒就像溫柔的火焰，用對於生命逐漸增加的熱情來溫暖我；有時候，我的恐懼就是照亮新路途的燈塔，讓我隨之更廣泛地欣賞人生；我的忌妒也讓我知道自己的內在仍渴望著發展什麼。

我甚至發現憂鬱的奇妙之處。有時候，憂鬱使我靜止，將我從受控於時間的精神折磨中解放出來，邀請我進入自己內在更深層的平靜，並允許在自己的身體內休息，猶如它是我們所能想像到的、最奢華的放鬆躺椅。哀悼，尤其是在它很強烈的時候，會把我帶到深深的睡眠中，深到我覺得自己有如一顆休眠的種子，安全地埋藏在大地母親的沃土裡，無事可做，只能等待太陽光芒喚醒我。

願意全然感受情緒，將會贈與我們釋放情緒的彈性。比起抗拒那些很糟糕的感覺，允許自己感覺很糟，反而能化解這些感受，並且更快恢復到良好的感覺。這個現象總是讓我感到驚奇。

我們越是接納自己感覺的完整多元性，這些感覺就越會使我們具有生命力和豐富性。現在該是拒絕效忠電視英雄的時候了，這些英雄總是鼓勵我們單調地哼著強悍、冷靜、甜美或輕佻的單音。然而，我們的情緒是屬於自己的音樂，沒有任何單音或三音小調可以在內心創造活著的熱情，當我們重拾情緒樂譜上的每一個音符，就會變成交響樂。

在回到「感覺」的旅程中，我因為沒有地圖指引而走得相當漫長，而我希望在此獻上的地圖，能夠為你提供情緒復原的捷徑。我希望你會發現我在當中提到的一些豐富性，並且你會因為人生中更寬廣的情緒體驗而充滿活力。我祈禱你會找到歸屬感和圓滿，而它們全來自於你自己和親密他人的情緒自由。

▌譯注

1. 雙重束縛：為心理學術語，指的是一種怎麼做都不對、令人無所適從的狀況。

2. 冒名頂替症候群：並非心理疾病，而是描述成功者自認為缺乏實力、對於成功感到心虛、擔心自己缺乏實力的事實會被發現的現象。

3. 《脫線家族》：美國電視經典家庭喜劇，劇中貝迪（Brady）一家住在城郊的大房子裡，父親工作穩定，母親持家有方，孩子們都很乖巧。

4. 新時代：在華語世界也常稱作「身心靈領域」，本書會根據語意交替使用兩種用詞。

第 1 章

復原完整情緒本質的重要性

「感覺」能告訴我們，那件事情對我們有多麼重要。

——卡爾‧榮格（Carl Jung）——

「**感**覺」和「情緒」都不是那種因為被忽略就神奇消散的能量狀態，許多不必要的情緒痛苦，就是因為不釋放那些情緒能量而造成的。當我們不照顧自己的感覺，它們就會在內心累積，並造成更嚴重的焦慮，而我們往往把這種焦慮當作壓力。

壓力不僅僅是對於有害的外在刺激（如噪音、汙染、通勤、長時間工作和忙碌）的生理反應，也會是由情緒能量累積下來而造成的痛苦內在壓力。

本書會大量地探討「哀悼」，因為它是人類最有效的壓力釋放機制。**哀悼是我們內在情緒壓力鍋安全且健康的釋放閥**。有很多次我都覺得自己快要爆炸了，卻在大哭一場後立刻釋放了這種感覺，而我在心理治療的工作中，幾乎每天都會看到其他人也得到相同的美好釋放。

當我們不願意去感覺，就會經歷許多悲慘的後果，而壓抑情緒的代價，就是無止盡又浪費的能量消耗，這會使許多人憂鬱及沉默寡言。越來越多人陷入了「看過、經歷過、做過」症候群的冷淡和厭倦中，並且持續衰弱下去，一旦這種情況發生時，我們就失去了與生俱來「成長為有活力地表達及歡慶生命的存在體」的命運。

我們與「感覺」的戰爭，迫使情緒反過來對付我們自己。那些被我們謀殺的情緒，其魂魄會飄入我們的意識裡，變成具傷害性的思考來糾纏我們，造成大部分不必要的苦難。而那些被否定的情緒，以令人害怕的擔心、嚴厲的自我質疑和憤怒的自我批判，腐蝕著我們的想法。

當我們不願意去感覺情緒，就會有情緒無意識「發作」的風險，像是挖苦、找麻煩、慣性遲到和「忘記」承諾，這些都是常見的無意識憤怒表現。然而，這些被動攻擊行為會帶來更大的情緒痛苦，因為它們使別人不信任也不喜歡我們。

蔓延於美國的過度飲食、過度用藥和過度工作等流行病，也源自於我們逃避情緒的行為。當我們有「感覺恐懼症」（feeling-phobic）時，就會經常使用那些可以改變情緒的藥物，或是變成工作狂讓自己持續忙碌，來分散對情緒的注意力，就像安‧威爾遜‧謝夫（Anne Wilson Schaef）在《當社會成為癮君子》一書中指出的，許多人至少對一種具自我破壞性的物質或歷程成癮。

諷刺的是，這些分散注意力的舉動，通常會加重我們正試圖逃避的潛在痛苦。若是長期使用這些對策，最後便會對我們的身體產生嚴重的傷害。我們瘋狂的生活

步調，還有使用藥物（處方藥、非法藥物或成藥），都會麻痺我們，以致感覺不到它們正在削弱自己的力量，直到嚴重生病為止。

　　我們抗拒去感覺痛苦，甚至到了持續發明不去感覺的新方法的程度。在一九五〇和一九六〇年代，家庭主婦廣泛使用安眠鎮定藥物來麻痺自己，這也為如今提供給兩性使用、有如迷幻蘑菇般麻醉人心的現代抗憂鬱藥物開了先例，像是百憂解（Prozac）、樂復得（Zoloft）和克憂果（Paxil）這些藥物，都被當作「設計師藥物」（designer drugs）[1]，許多沒經過多少精神醫學訓練的非專科醫師，常隨便開立這些處方藥給抱怨感覺不悅的人。

　　這種情況的例子之一，來自一九九五年的《前線》（Frontline）調查性紀錄片節目。該節目記錄了當時普遍過度使用百憂解的情況，並聚焦在一位華盛頓州的心理學家，他會開立百憂解給每一位案主，而且除非新案主願意服用百憂解，否則他不願意治療。在鏡頭前，他告訴一位準案主：「你不吃這個藥物，就找不到真我。」很不幸地，越來越多治療師會在案主還沒有嘗試以哀悼對付憂鬱和壓力之前，就立刻推薦百憂解給他。

　　我們的文化正展開對抗感覺的戰爭，情緒正變成瀕危物種。我們被家庭與社會所期待的「冷靜」（cool），無所不在地圍攻。我們表現出什麼都傷害不了或影響不了我們的模樣，而這也在暗中變成了我們的健康與發展的模型。許多人已經冷靜到變得情緒冷酷及令人心寒的冷漠，就像當代美國詩人羅伯特・布萊（Robert Bly）所說的：

　　……掩飾我們內在的痛苦情緒……已經在我們國家變成國家層級和私人層級的風格了。我們以令人讚歎的氣魄，把名為「否認」的動物當作這個國家之生命的領導獸。

　　沒有任何地方可以讓我們有安全感地探索自己的情緒，即便是在最私密的場所或是最親近的友人陪伴之時。憤怒、憂鬱、忌妒、悲傷、恐懼、不信任等等，就像麵包、花朵和街道一樣，都是人生中不可或缺的，但這些感覺只要一出現，往往會在我們內心引發羞恥和畏懼，即使是那些英勇面對每起意外事故的人也會這麼做。

那些敢表達非正面情緒的人，經常被當作是因為不選擇「更高級的狀態」而成為可悲又沒長進的人。然而，對於受苦中的朋友表示同情，其實是非常自然的人類傾向，而且仍然存在於世界上的未工業化地區。而遺棄這種自然的人類傾向，則是非常糟糕的情況。

有個肩膀可以靠著哭泣，並且被允許「好好地抱怨和發牢騷」，在工業化社會裡是消失中的「聖禮」。在我們的文化中，最好的同理心就是建議受委屈的朋友要「看看好的那一面」，並且記得「這並不是最糟糕的」。

相對地，在新幾內亞的部落中，男人和女人都會全心參與每年一度的哀悼慶典，他們花一整天的時間，一邊為了失去真的幸福美好的童年而哭泣，一邊擁抱並安撫著彼此。

鼓勵親密的他人表達情緒，是正常的人類慈愛之舉，這可以使他們的痛苦不會被鎖在內心，也不會轉化為焦慮、擔憂和自我厭惡，但我們卻與這種正常的人類慈愛之舉切割開來了。年復一年，我們越來越顯化了著名的精神分析師羅洛・梅（Rollo May）在一九六九年的預測：

> 我真的相信，我們的社會中絕對有個趨勢，那就是對於人生的態度越來越
> 無動於衷的狀態，而這成了一種性格狀態。

上帝是否犯了一個糟糕的錯誤，把我們灌滿了有別於機器人的感覺功能，而我們卻似乎在模仿機器人？

也許上帝即將頒發一條新的戒律：「汝不可感覺或表達情緒痛苦！」如果真是這樣，我們可能全都會落到一個令人心寒的缺乏感覺的世界，就如萊斯利・黑澤爾頓（Lesley Hazelton）在《感覺不悅的權利》中所形容的世界：

> 思覺失調症患者知道這個世界，並且退縮到那裡面去，遠離了人類互動與
> 人類關係的整個國度，而情況嚴重的個案甚至會離開感覺身體痛苦和心理
> 痛苦的能力。這是一種嚴重情緒混亂的狀態，然而，它與當下沒有「負
> 面」感覺的理想狀態，是非常接近的。

停止對抗感覺

　　當小孩不被允許體驗悲傷、憤怒、失落和挫折的感覺，他們真實的感覺就會變得神經質且扭曲；成年後，這些小孩會無意識地安排人生去重複相同的情緒壓抑。兒童心理學家布魯諾·貝特爾海姆（Bruno Bettelheim）悲嘆著兒童不被允許合理的受苦。他說，即使是兒童在學校裡讀的書，也把人生描寫得像是只有一連串的愉悅而已，沒有人真的憤怒，沒有人真的受苦，完全沒有真實的情緒。

──蘇珊·秀特（Susanne Short）

　　「情緒衰弱」是一種流行病，有數億名現代化的人們宛如情緒貧瘠的行屍走肉，我們看似世故的情緒轉移方式，大多使得我們的情緒比人類過去的情緒更受傷，也更失落。隨著我們越來越衝動及強迫性地行動，真正的平靜體驗已逐漸離我們而去，持續的忙碌讓我們在這個永遠成就不足的跑步機上感到壓力及磨耗，而我們只能無意識地不願停止或是持續規劃時間，以免所要逃離的「感覺」會追上來，並撲進自己的覺察中。

　　人生中某些最美好的事物，像是性、食物、運動、談話、學習和工作，都失去了它們應有的品質，因為我們瘋狂的步調，使得自己不可能去享受它們，而我們已經很少能放慢足夠長的時間，來消化這些活動的完整愉悅。

　　由於我們沒有停下來好好地感覺、體驗及處理那些驅使著我們的情緒，使得這些尚未消化的情緒，變成了在肚子裡翻騰的焦慮，並將我們的思想「毒化」為持續的擔憂，也讓我們像在逃獄般一直逃離自己，從而犧牲了自己的平靜，這是多麼可悲的事啊！

　　我們其實可以停止這種不加思索的逃跑，因為在這些未消化的感覺底下，是平靜與滿足，而我們可以學會安全地感覺，表達所有的情緒，並發現完整而不受干擾的深度安適（comfort）就住在身體裡。我們可以從「做事的人」（human doings）（約翰·布雷蕭的用語）蛻變成「存在的人」（human beings）。

　　人類學家艾利（Eli）與貝絲·哈爾本恩（Beth Halpern）提醒我們，平靜是人類的自然狀態。他們提到，在密克羅尼西亞（Micronesian）有個字詞是「酷卡羅」

（轉譯的英文拼音為 kukaro），沒有英文的同義詞。當人們說要去「酷卡羅」時，意思就是要去休息、坐一會兒、出去一下，他們僅僅只是存在，而非做什麼。

許多人都不記得自己上一次沒有從事或沉迷於生產是什麼時候了，而且都忘記自己在過去是如何對日常奇蹟感到目眩神迷，例如：驚歎於一張蜘蛛網的結構、在雲朵中找到一隻動物的形狀、探索花朵的雌蕊和雄蕊的精細複雜性……

現在是重新發現內在小孩情緒活力的時候了！我們的內在小孩能夠在簡單愉悅中發現持久的滿足，因為他們並不是為了要逃離內在情緒的混亂，才去追求愉悅。具有情緒活力的十九世紀美國詩人華特・惠特曼（Walt Whitman），其視野必能激勵你重新連結那被拋棄的內在小孩熱情：

> 我相信，一片草葉並不亞於星星的旅途工作，
> 奔跑的黑莓會使天堂的客廳生色，
> 一隻老鼠的奇蹟就足以動搖幾億名的懷疑論者……
> 口袋毫無分文的我或你，可以買到地球的精華，
> 用眼睛一瞥或是展露豆莢裡的豆子，就能混淆所有時代的學習……

許多人對於「歡迎自己的感覺」這種想法卻步不前，因為我們極少見證到健康的情緒表達。在我們的文化中，少數人的確會表達感覺，但他們的情緒化經常很討人厭，而許多「受物質影響」者[2]的情緒放縱主義，又是可悲或有傷害性的。

還有少數人明顯受到邊緣性人格障礙所苦，常用懲罰性和爆炸性的方式來表達情緒，也會為了一點小事就暴怒並哭到抽搐，而這種方式常常使得其他人覺得被控制及操弄。因為他們極端的情緒化行為，使得人們更相信隱藏情緒是明智的。

因為「感覺」而招來惡名的第三種人，則是固執地守著那些感覺不放，直到那些感覺變成怨恨。那些終身困在易怒或自怨自哀的人，通常會使得他人去疏離感覺，或是不表達憤怒、悲傷等感覺。

然而，我們不必因為這些人不負責任的情緒表達，就疏遠了自己的感覺。**雖然我們對於自己感覺到什麼情緒沒有太多選擇，但對於要如何回應自己的情緒，其實擁有許多選擇。**本書說明了「情緒爆炸」和「情緒死寂」（也就是令人厭惡的情緒

化與死氣沉沉的「無感」）的中間地帶，同時也提供了實用的建議，教你運用無破壞性的方式，來處理痛苦和可能具破壞性的感覺。

我們可以學會以良性的方式與情緒共處，可以擁有情緒而不死守它們；我們可以軟化並放鬆地進入情緒，而不放逐或是死記著它們；我們可以在感覺完成其任務時，讓它們經過我們而去。

有時候，我們有必要昇華或抑制（suppression）[3]自己的感覺。**昇華是有意識地去選擇轉化**，並且把情緒能量重新導向到建設性的自我表達方式，像是運動或跳舞。**抑制則是有意識地去選擇克制自己**，在不恰當的情境中不表達情緒，例如，對老闆怒吼或是在不體貼的人面前哭泣，絕少會帶給我們好處，所以在那種時候，我們可以等到處在較安全的情境時再「表達情緒」。

我們對自己的感覺所能做，並非只有「自動壓抑」這個唯一的壞選擇。

大多數人持續在做的一個有害選擇，就是緊緊抓住那個自己沒有真實體驗到的正向感覺，而當我們這麼做時，就是在用空洞且無活力的點子，取代了那個感覺的真實性。

當我們強迫自己展現沒感覺到的快樂或愛時，就會跟塑膠花或廉價香水一樣顯得矯揉造作及虛假。刻意展現的笑聲和硬擠出來的微笑，它們所帶來的信任程度，就跟不誠實的政客和狡滑的二手車推銷員一樣。

若缺少情緒的完整光譜，我們就不是完整的人，而是像調色板上只能有明亮開心色彩的畫家。我們的自我表達會顯得無趣又膚淺，就像廉價商店裡筆觸單薄的平淡粉蠟筆畫那樣。

「負面」情緒為畫家的調色板加上深色，開啟了無限範圍的顏色、色澤與色調。要是調色板上少了黑色，就沒有濃郁的顏色、沒有深度、沒有對比，也沒有複雜性；要是沒有深色，就不可能捕捉到人生中無盡的多元主題和風景。

若是缺少較黑暗的情緒，我們與他人的連結就會缺乏深度和廣度，無法進入許多溝通方式的微妙之處，但正是它們才能使友誼豐富且保持有趣。如果我們只能在自己快樂且振奮的時候當他人的朋友，那麼這些友誼將是令人痛苦的膚淺。

若只能透過感覺良好的假象或態度與他人交往，「深刻的孤獨感」就是我們要付出的代價。只能同甘而不能共苦的人，是不懂得忠誠和信任的酒肉朋友。

　　大部分的人感覺到愛或快樂或寧靜時,都會喜歡自己,但是那些在情緒痛苦時仍與自己當朋友的人,擁有更穩固且真誠的自尊。

　　當我們試著直接體驗自己的感覺時,最終會發現「臣服於它們」是最有效率的回應方式,而且長期來說最不痛苦。並能理解到,並非在毫無痛苦的狀態下才能完全享受人生,而且新的失落與傷害不會主宰我們的覺知,或是壓垮活著的熱忱。

　　隨著學會與自己的情緒做朋友,這種逃離感覺的自我破壞行為就越來越不常來折磨我們,並能優雅地接受現實,也就是:情緒本質有如天氣,經常在各種令人舒服或不舒服的狀況中不可預知地改變,也能理解到,就像太陽不能被強迫持續閃耀,我們也不能誘導正向的感覺持續下去。

　　當我們臣服於自己的感覺並且軟化自己,就會重新連結那些感覺自然帶來的無價本能與直覺。有時候,我們會發現那些負面情緒的驚奇和美好之處。我看到其他人在修復情緒之後,擁有許多美好的體驗:悲傷熟化為慰藉、憤怒展開成笑聲、恐懼翻轉成興奮、忌妒敞開為欣賞,以及怪罪變成了原諒。

從怪罪中採收原諒

　　對大部分的人來說,原諒是一個歷程。當你被深深傷害過,原諒的過程可能要花上數年,其中會經歷許多階段:哀悼、暴怒、悲哀、恐懼和困惑……

　　　　　　　　　　　　　　　——傑克・康菲爾德(Jack Kornfield)

　　這些年來,我聽到許多關於原諒的「指導」,但它們卻是危險且不正確的,尤其是關於原諒施虐或忽視的父母。「你就是必須選擇原諒」是許多復原領域和新時代領域一再重複的論調。

　　關於原諒的這種非黑即白的忠告,似乎不可反駁,以至於許多倖存者毫無疑問地接受它。許多人決定要原諒,卻又偷偷地覺得自己很糟糕,因為他們從未真正有「原諒了對方」的感覺。其他人則真心相信自己原諒了,卻從未感覺到原諒的任何情緒內涵。

　　盲目接受那種建議而乾脆地選擇原諒,會製造一種假性原諒的狀態。假性原諒

是一層心靈的薄冰，掩蓋了底下關於童年的憤怒與受傷感受的水池。很不幸的，這種脆弱的心智建構，無法支持我們與父母擁有具情感深度和真正親密感的關係。

　　真正的原諒已經從西方文化中消失，它被不真誠的理想性原諒所取代，使我們對自己的痛苦失憶。對於在童年被嚴重傷害的人來說，真心原諒父母的感覺，極少會在他們以哀悼抽乾痛苦之池以前出現。然而，**真正的原諒始於自我**，我希望這本書會幫助你了解，怪罪你自己不「乾脆地選擇原諒」是多麼不公平。

先哀悼，才能解脫

　　死亡不是悲劇，而是我們因為經驗不同於自己可接受的情況，而使自己的心麻木及封閉一千萬次。

——史蒂芬‧拉維（Stephen Levine），《誰死》

　　「乾脆地選擇原諒」常常是一種無意識的企圖，要我們把關於童年的悲傷和憤怒埋藏在過去。諷刺的是，這個決定也會掩埋了我們真正的原諒感覺，以及完全感受情緒的能力。

　　如果我們要挖掘出自己完整的情緒本質，就必須先挖開那些掩蓋著它的一層層舊的情緒痛苦。在這種挖掘行動中，通常會發現許多童年所失落的殘骸，那些是我們自己一些重要層面的死亡，而且在當時不被允許為其哀悼。若我們現在能哀悼它們，就會發現自己擁有浴火鳳凰般的能力，可以從那些失落中完全重生。

　　很不幸的，在我們的文化中，哀悼被嚴格禁止。心理治療師喬登（Jordan）和瑪格麗特‧保羅（Margaret Paul）詳述了我們不願哀悼，並且不願用痛苦的感覺「弄髒我們的手」這件事：

> 我們從童年就開始無法運用建設性的方式來處理痛苦。父母努力保護孩子不要遭受任何惡劣的現實，例如家庭衝突、寵物的死亡，卻因此剝奪了孩子應付痛苦的練習機會。當父母不允許孩子公開表達痛苦，無論是小如失望或失敗，或是大如失去祖父母，孩子將永遠學不到自己可以體驗痛苦並

深受影響，而且依然可以存活。我們就是這樣學會了自己必須或看起來像
是不受影響的。

　　事實上，哀悼在我們的文化中是一大禁忌，以至於大多數人甚至無法在最愛之
人的喪禮上哭泣。

　　那些敢於積極痛哭的少數人，會被鼓勵要趕快「走過去」、不要再想（感
覺！）他們所愛的人、把亡者的照片移走，並且最好讓自己保持在忙碌狀態。在
《失落與改變》一書中，彼得・馬里斯（Peter Marris）研究了盎格魯薩克遜文化的
哀悼方式，並說：

> 陷入哀悼的情況，被汙名化成病態的、不健康的、令人沮喪的……朋友或
> 善意祝福之人的適當行為，應該是去分散哀慟者的注意力……哀慟被當成
> 是軟弱、自我耽溺、該受指責的壞習慣，而非一種心理必要性。

　　如果我們不被允許哀悼死亡，又會多麼不願哀悼其他的重大失落呢？我在三十
歲之前，從來沒想到要哀悼一份工作或一段感情的死亡。直到最近，仍然沒有人哀
悼自己最大的失落之一：童年時父母的善意之死。難怪那麼多人還背負著那個由未
釋放的哀悼所組成的大包袱。

　　我們被剝奪了只有透過哀悼才能獲得的療癒性解脫，而這是非常不必要的痛
苦。只有哀悼才能把我們從緊張和分散注意力的網絡中解救出來。

　　我們可以放掉對家庭規則的不健康式忠誠，因為那些規則不允許我們承認自己
童年的痛苦。所以，我們其實不再需要把生命力浪費在禁錮記憶，以及防止痛苦流
洩而出。

　　許多人就像被關在畜欄裡許久的動物，沒注意到那扇閘門在成年後已經打開，
可以通往充滿自由與機會的廣闊曠野。哀悼讓我們不再被束縛在自己的一小部分裡
面，而能自由地成長為本該被養成的那種擁有自信且熱愛生命的成人。我希望這本
書能釋放你的天生能力，讓你能驕傲地擁抱自己的哀悼歷程，並且得到第四章所描
述的哀悼之禮物做為獎賞。

如果不能怪罪你，我要怎麼原諒你？

如果我爸爸沒有傷害我的話，為什麼他要我原諒他？

——瑪麗亞（Maria），十一歲的案主

真正的原諒最常出現在「怪罪」的平靜暴風眼裡，而這種矛盾的情況隸屬於更大的諷刺，也就是：有時候，人類感覺「愉快」的能力，必須跟感覺「不悅」緊密相連在一起。

從沒感覺到悲傷的人，無法知道喜樂；不曾憤怒的人，絕少感覺到真誠的愛；那些一直在逃離恐懼的人，從未發現自己的勇氣；而那些拒絕感覺「怪罪」的人，從未真正原諒他人。肯恩・威爾柏（Ken Wilber）是超個人心理學的現代智者，他這麼說：

> 試圖區分對立面，並且緊握住我們判定正面的那些，像是沒有痛苦的愉悅、沒有死亡的生命……那麼我們在追求的其實是一點都不真實的幽靈，還不如去追求沒有山谷的山頂、沒有賣家的買家、沒有右邊的左邊、沒有裡面的外面。

在靈性領域與心理治療圈子裡，「怪罪」被普遍地「病理化」，並視為原諒的相反。許多原諒領域的專家對於「健康的怪罪」和「失能的怪罪」一無所知。

當我們隨便地把「怪罪」放逐到覺知之外，就永遠無法發現「怪罪」這種本能的極大價值。

「怪罪」是說不、設下限制、抗議不公、捍衛自己界線的基礎，如果我們無法說出「停，你弄痛我了！」「不要侮辱我！」以及「不，你不可以拿那個，那是我的！」這類怪罪的話，就永遠不會覺得安全。這些反射性的怪罪，是感覺本質提供給自我保護本能的重要貢獻。

失能的父母總是在孩子怪罪的天性出現時，例如怪罪父母不公的作為或是其他所有壞行為，就立刻壓垮這個天性。在我們的文化裡，那些挑戰父母的孩子會遭受

最極端的後果，因此大部分醫院的急診室裡，每天都要處理父母對於說不或回嘴的孩子所犯下的暴力行為之結果。

　　即使是宣稱在理念上反對體罰的父母，也經常在幼兒說「不」時，反射性地抓住孩子的手臂，把他們扯到離地，並且用盡全力拍打他們的屁股。你能否想像，如果有個體型比你大上三倍的人突然出現在旁邊，並且這樣粗暴地對待你，你會有什麼感覺呢？

　　許多人也害怕自己的怪罪情緒，因為我們在兒時曾經因為挑戰父母的不公，而遭到具創傷性的遺棄。有些人還曾遭受過被火冒三丈的父母推出門外（有時還附上打包的行李）的懲罰，並被怒吼道：「滾出我的視線！如果你不喜歡我們這裡做事的方式，就出去找別的地方住！」

　　當孩子不被允許怪罪父母的壞行為時，通常會轉為責怪他人和（或）自己。**當我們不能把責怪放到它所屬的地方時，就會無意識地被驅使去責怪及傷害他人。**喬治・巴哈（George R. Bach）和赫伯・高博格（Herb Goldberg）兩位博士介紹了這種後果：

> 常見的錯置攻擊性，像是找代罪羔羊、霸凌、歧視和殘忍對待，原本應是在家庭內的攻擊性感覺，但那個感覺被抑制了。於是強加痛苦給別人，至少證明了他可以影響某個人；如果他不能影響或碰觸任何人，至少可以透過傷痛把某人震撼到心情激動。他至少得確定雙方都能感覺到什麼……

　　錯置的怪罪就是找代罪羔羊，而威爾漢・萊克（Wilhelm Reich）在《法西斯主義的群眾心理學》中，介紹了錯誤導向的怪罪會造成什麼後果。

　　我們的社會中有許多法西斯主義[4]的次文化，幾乎每個弱勢群體（包括兒童）都遭受著駭人聽聞的歧視，也被當作代罪羔羊。萊克指出，次文化的法西斯程度，經常達到了要求絕對且不可質疑地榮耀領導者的狀態。相似地，家庭中的法西斯程度，幾乎達到了父母專橫獨裁的狀態。有些父母在外無法抗議領導者的不當行為，於是把孩子當成代罪羔羊；而無法怪罪父母的孩子，則把自己的憤怒錯置到次文化中被社會許可的那些目標。

　　無論我們是否會無意識地找尋代罪羔羊來發洩自己的怪罪，大部分的人都把不良養育對我們造成的失落，不公平地怪罪在自己身上。我們拿自己當代罪羔羊，而不去思考父母可能嚴重地傷害了我們，尤其「抱怨父母的糟糕養育」是文化中的終極禁忌之一。

　　知名心理學家艾瑞克・艾瑞克森（Erik Eriksen）指出，當你怪罪自我時，這種怪罪就變成了羞恥，而許多人之所以遭受無盡的毒性羞恥發作，正是因為我們往內的怪罪會持續造成自我嫌惡。

　　在了解到自己現在的痛苦來自於未化解的童年失落之前，我們很容易為了自己的麻煩而錯怪他人。第七章中介紹了怪罪的一種方法，它不需要我們去找代罪羔羊及獵巫 [5]，並允許我們使用不傷害自己、父母及無辜他人的方式，去感覺和表達自己的怪罪。

　　如果你想知道是否被自己的怪罪所毒害，請閉上眼睛，一邊試著想起以前挑戰父母的情況，一邊注意你內在的體驗。也許你完全想不起自己曾經抵抗他們，或許在你想起來之前，你的完全「謙卑」就發作了。但是，只要腦中一出現你為了任何事情而質問父母的想法或畫面，你的體內仍然可能緊繃起來、覺得有罪惡感，甚至責備你自己。

　　或者你記得自己不同意父母的言行後所發生的創傷性事件。如果你做這個練習時，感覺到任何失落或難受，我希望這能激勵你更徹底地探索自己與怪罪的關係。

原諒但不遺忘

　　原諒並非正當化或認同具傷害性的行為。即使你原諒了，也可以說：「我永遠不會明明知道這種事情，卻還是讓它再次發生。」

——傑克・康菲爾德

　　真正的原諒有賴於成年小孩清楚記得父母施虐和忽略的細節。人類不可能原諒那個依然在製造痛苦的傷痛，而那些不記得以及沒有哀悼的創傷，會擋住那些能讓你真心原諒的敏銳感覺。

　　我會了解到這一點，是因為明白自己永遠不會有那種惡名昭彰的「總有一天你會為此感謝我」的體驗，雖然我為了很多事情而感謝父母，但我的感恩始終與他們用來合理化其傷害行為的那句話無關。

　　若要真心地對父母感恩，我們必須先認清童年傷害，並達到顯著的療癒。因此，我希望你能區分值得感恩的養育，以及那些需要被否定的養育。

　　當我們真心原諒父母，會知道自己在原諒什麼，以及他們的行為有什麼確實應該被怪罪。

　　如果我們不認清父母之過失的確切本質，現在就會有容忍類似傷害行為的風險，因為那些不被允許怪罪父母壞行為的孩子，常常會變成無法保護自己免於虐待的成人。

　　許多壞人似乎有著第六感，可以認出哪個人失去了保護自己和怪罪不公的能力。如果我們對於傷害沒有「負面」感覺的反應，就無法知道自己正受到虐待，反而會默默地「原諒」施虐者，就像我們被迫原諒父母，無論他們持續做出了多少虐待行為。

　　因此，精神分析師茱蒂斯・維歐斯特（Judith Viorst）才會說：

在我們能哀慟過去之前……我們注定要重複它。

　　當我們能有效地哀悼童年的失落，那些舊有且未表達的怪罪感覺會自然地出現。通常我們不需要直接對父母表達這些感覺，除非他們仍然在進行虐待。怪罪的感覺可以用安全且沒有虐待性的方式表達，而我們的父母也不必在場。在我個人的復原功課，以及心理治療工作中，曾經多次看過這種表達奇蹟地產生了通往原諒的真實感覺，而當這種美妙的轉化發生時：

沒有記憶的痛苦，會被沒有痛苦的記憶所取代。

——安・哈特（Anne Hart）

　　不過，有些父母可能非常殘酷，以至於原諒不會是其中的選項。但是，揭露並

表達對於父母變態行為的怪罪，仍然很重要，因為未表達的怪罪往往會阻礙我們全部的原諒感覺，包括自我原諒，以及原諒重要的他人。

情緒復原的獎賞

> 麻雀啊，你的訊息很清楚：現在唱歌還為時未晚。
>
> ——泰斯・嘎拉格（Tess Gallager）

　　許多人在首度琢磨「情緒復原」的想法時，會變得非常焦慮。要一個人學會去感覺，有時候就跟要求他擅長使用義肢一樣難堪。不過，一開始要學會靈活使用義肢時，雖然相當不舒服，但是很少人會放棄辛苦的適應期，因為在適應期過後就可以重拾這個設備所提供的行動力。在學習適應感覺時，一開始可能也是如此令人難受，但是我相信修復感覺所得到的好處，更勝於義肢所帶來的走路、跳舞和開車的能力。

　　隨著我們的情緒變得更完整，健康與活力自然會增加，一旦卸下未化解的舊創傷之重擔，以前浪費在將過去拒於門外的那些能量，就能用來歡度日常生活了。

　　修復的感覺能使我們的感官更有活力，感知的濾鏡得以淨化，並且更新我們的美學眼光，而這會自然地邀請我們放慢步調，同時放鬆地重獲那個能夠被美麗所震撼的天生能力。

　　當代美國詩人瑪莉・奧利佛（Mary Oliver）在精緻的作品〈晨詩〉（Morning Poem）中捕捉了這個可能性：

> 每個早晨
> 世界
> 在橘色下
> 被創造
>
> 太陽的枝條

盈滿
夜晚的灰燼
再次化為樹葉
並把自己綁在高枝上——
而池塘出現
就像黑布
在被彩繪的島嶼之上

夏日百合
如果是你的天性……
你會隨著柔軟小道遊走
好幾個小時，你的想像
到處飄落
如果你的精神攜於其中

那刺
比鉛還重——
持續長途跋涉
如果這是你僅能做的——

依然
在你內在的某處
有一隻野獸吼叫著
地球完全是牠想要的——

伴有鮮豔百合的每個池塘
是被傾聽並慷慨地回應的祈禱
每個早晨，

無論你是否……

敢於祈禱。

　　完全感受情緒的人所能得到的獎賞是，與自己及他人之間越來越豐富的關係。當愛藉由感覺而根基於心和身體時，它會展現為明顯的溫暖和興奮。對於受困於思想的人來說，愛常常只是一種理想、一個夢想，或一種飢渴的期待；然而，富有情緒的愛，比起那些人的輕量級理智型體驗，更為深刻。

　　對成年小孩來說，若能去挑戰並推翻那些關於原諒、怪罪和情緒的虛假且具破壞性的信仰，是非常有益的。當我們為了沒有感覺「愉快」而去怨恨、羞辱或拋棄自己，人生就會充滿不必要且過度的痛苦。如果原生家庭鄙視喜悅情緒以外的所有情緒，而我們也繼承下去，那就可能永遠都感覺不到對自己或他人的真心原諒了。

▍譯注

1.　設計師藥物：一種化學藥品的統稱，其化學結構或功能類似於管制物質，但被特別設計過，以減少其原始藥物在藥理學上的作用。（摘自維基百科）

2.　Under the influence，「受影響的」，在英文中常用於酒駕（受酒精影響的開車）、濫用藥物下（受藥物影響時）的行為等說法，作者採用「受影響的」一詞來廣稱所有受到物質影響的人。

3.　英文的 repression 與 suppression 都常被譯為「壓抑」，但意義不同。Repression 是較不健康，可能不自主的壓抑；suppression 則如作者所說的那樣。因中文的「壓抑」較常意指 repression，故若作者的原文是 suppression，則在本書譯為「抑制」，以利區分。

4.　法西斯主義（Fascism）：一種威權的極端民族主義形式，其特點是獨裁的公權力、強大的社會和經濟統一執行力，以及強制鎮壓反對意見。（摘自維基百科）

5.　獵巫：原本是指搜捕女巫與巫師或施行巫術的人，將其帶上宗教法庭審判。今日大多用於搜索誤導或潛在的敵人（如次文化族群和異見分子），一般是指因歇斯底里、成見和不公正對待而被指控的人。

第 2 章

當「原諒」其實是「否認」時

美國人已經習慣不去看，並且說著關於人生的謊言，

而這種習慣就像吸附雷[1]般附著於美國人的靈魂上。

——羅伯特·布萊——

「**你**什麼時候才要停止哭訴你的童年？」「你不認為現在是該放過父母的時候了嗎？」「你為什麼不讓過去成為過去，好好過日子呢？」「你知道你的問題是什麼嗎？你就是無法原諒！」許多人在這些令人內疚的說詞下，被迫選擇了一種不成熟且空洞的原諒型式。

我們常常難以抗拒這種有毒的激勵。原諒的概念經常被當作奇蹟般的復原工具，而且被當作一切問題的萬靈藥，尤其是那些與愛和親密有關的問題，好像只要我們決定原諒、選擇原諒，就會從孤獨和分離的痛苦中解脫。

當倖存者開始感覺到自己對於過去有健康性憤怒（healthy anger）時，特別容易接受這種具傷害性的忠告。他們不會把這股憤怒視為自己遭到不當養育的證明，而是無情地反對自己，從而使療癒過程出問題：

> 我有什麼毛病？為什麼我不能原諒？如果我不是真的有毛病，就應該原諒
> 父母了。我真的很差勁，難怪沒有人愛我！難怪我的人生一團糟。我已經
> 決定要原諒了，我想我原諒了，我是要選擇原諒啊……但我還是孤獨！我
> 猜我永遠都無法做對任何事，我連原諒都做不到！

當我們所選擇的原諒方式是吞下對父母不公作為的憤怒時，就會落入否認的心理迷霧中。**否認（Denial）是「復原治療師」的廣義用語，指的是我們用來麻痺「感覺」的各種防衛方式，而不去感覺那持續卻又無法挑戰的傷害。**

（我在此使用「否認」一詞，與在藥物與酒精復原運動[2]中的用法略有不同。在該運動中，「否認」經常暗指物質濫用者所具有的一種羞恥且該被怪罪的意識歷程，濫用者透過這種歷程，來忽視其癮頭的破壞性影響。）

「否認」是一種心理的倖存機制，在那些持續受到虐待和忽略的孩子身上經常會無意識地自動發生。

兒童都需要至少理想化一位父母，以維持他們對生命的熱情，而「否認」可以使他們維持被愛的假象，無論那有多麼不真實。這個需求，強大到他們會自動把父母一切的漠視、不公和敵意，全部都放逐到自己的意識之外，尤其是他們所理想化的那位父母。

「否認」會保護受虐的孩子免於「他們的父母不是盟友」這種令人難以承受且無法消化的現實，因此哀悼專家史蒂芬‧拉維提出以下這個問題：

> 我們有多常像《洛杉磯時報》（*Los Angeles Times*）頭版的受虐兒那樣，被仁慈的護理長溫柔地從房間抱出來時，從護理長的肩膀探出頭來，對著在另一個房間裡，因為燒燙孩子的皮肉又打斷其骨頭，而被兩名警察逮捕的女人，大叫著：「媽媽，媽媽」？

許多人在小時候都依賴「否認」來拯救自己的精神健全狀態，有時也以此來拯救性命。那時候的我們太過脆弱也太依賴他人，不能去感覺遭到父母下毒手時那排山倒海而來的痛苦和失望。對許多人來說，嚴重的不公狀況是每天都存在的，永無止盡且不可能挑戰或改變；沒有可預見的解脫，也沒有人能讓我們尋求保護，我們除了麻痺自己，還有什麼選擇呢？

對於一些小孩來說，「否認」真的是攸關生死的事。那些無法麻痺自己，也無法漠視父母對自己長期惡意的孩子，比較容易患有精神疾病、在年輕時就濫用藥物，以及自殺。有些人容易發生死亡「意外」，或是發展出一種想死的願望，而這願望會毀掉他們打敗疾病的能力（當然，並非只有失能的養育才會使兒童可能有悲劇性的結局）。

不過，那些仍然在否認自己家庭失能的倖存者，不該被責怪或羞辱。多年來，他們必須使用「否認」的眼罩才行，也已經習慣它了，而且許多遭受野蠻虐待的倖存者真的相信父母有好好照顧自己。**要讓那些「只」遭受情緒忽略的人，了解自己被剝奪得多嚴重，是非常困難的事。**

比起知道否認的情況，要化解否認往往更加困難。由於小時候曾經因為顯露傷口而被羞辱，讓人不願意深入了解「否認」所掩蓋的痛苦，這是可以理解的。我們在周遭、現實生活和電視上，經常看到別人因為表達情緒而被奚落，所以怎麼可能相信現在表達自己的痛苦感覺是安全的呢？

有太多人都被「不要再哭了，要不然我會讓你真的有哭的理由」這類話語的各種版本給傷害過，許多人模仿這種虐待性的話語，好像它是有趣的陳腔濫調，而這

一事實凸顯了我們的否認有多麼普遍。當我們不去挑戰否認，就會繼續自我麻痺地被禁錮在舊傷痛裡，盲目地對童年的創傷與失落感到無所謂。我們受到自己有「快樂童年」這種過時的幻象所迷惑，在情感麻痺的情況下三心二意地過著自己的生活，就像著名的童年專家布魯諾‧貝特爾海姆（Bruno Bettelheim）所說的：

> 在發展成人人格的過程中，許多童年經驗出於必要而被深埋在無意識中。與童年的這種分離或距離，在成人人格完全穩定成形後，就不再需要了，可是到了那時，對大多數人來說，這種距離已經成為人格的一部分。與自己的童年分離有暫時的必要性，但如果永遠都處於這種狀態，將會剝奪我們內在的體驗，而當這個內在體驗能夠恢復時，將可以使我們童心未泯，並使我們與自己的孩子有更強烈的親近感。

幸好，我們不再需要否認了，因為我們不再依賴父母，而他們也不能因為我們正視及表達對於過去的痛苦感覺而懲罰我們。

現在該是挑戰「否認」，並且脫掉假性原諒的認知束縛衣的時候了，因為這件束縛衣限制了我們的情緒循環；我們必須哀悼，才能解救自己脫離焦慮和憂鬱的泥沼，因為這個泥沼是由尚未化解的、無意識的痛苦所造成的。

當我們完全地記起、哀悼並處理父母帶給我們的折磨，就能自由且暢行無阻地航向不可思議的成人之海，也許知名心理分析師艾麗絲‧米勒能給我們啟發：

> 每次看到在這種否認和自我疏離的背後，有多少「個體性」倖存下來，並且在哀慟工作為其帶來自由時重新出現，這情形就像奇蹟降臨……

否認掩飾了自虐

經驗教會了我們，在對抗精神疾病的苦戰中，只有一個持久的武器：在個人童年的獨特歷史中，對於事實能夠有情緒上的發現與接納。

——艾麗絲‧米勒

　　如果我們不從否認中醒來，可能永遠都不知道自己經常狠心地對待自己，就像父母對待我們那樣。兒童都是透過模仿來學習，因此失能家庭的成年小孩，大多是受到許多不必要的習得的 [3] 自虐和忽略所折磨。

　　這個月初，我發現自己有多次處在習得的自虐中。那是一個週六的下午，我以非常放鬆的心情準備午餐，同時聽著最喜歡的音樂。當我開始切除一小塊牛排上的脂肪時，也正奢侈地享受著剛磨碎的香料氣味和觸感。

　　但我突然注意到自己優閒的步調變得越來越急躁，並且氣餒地理解到，自己就像是耽誤了老闆的晚餐而可能被開除的廚師那樣，在廚房裡匆促地忙碌著。

　　幸好我已經在復原功課中學會了要停下來、往內聚焦，並且辨識到底發生了什麼事。

　　我立刻注意到，我覺得非常焦慮、急躁、易怒，還有我的胃緊縮成一個大結。音樂消失在背景中，幾乎聽不見了，我的食慾也消失了，而且我等不及要結束料理過程，這一連串事情似乎就像一個在鬧脾氣的小鬼，大叫著要求我立刻給予關注。

　　隨著我更往內聚焦於內在體驗，注意到自我對話具有嚴重的敵意，而我突然想到，切掉脂肪的這個動作誘發了我的情緒重現（見第四章，98頁）。在這個重現的影響下，我再次經歷了父親在餐桌上對我發怒時的嚴重恐懼，接著在進一步檢視後，我知道自己也加入了他的行列，並且身陷在一陣嚴厲斥責自己的內在風暴中。我使用他以前每次在家庭聚餐中攻擊我的那一連串批評，來狂吠自己；我在意識的邊緣聽到父親的謾罵聲迴盪著，並因此退縮了：

> 你憑什麼可以這麼挑剔？你得吃那塊油脂，要不然我就逼你吃下去。你總是要特立獨行，你為什麼不能跟別人一樣？如果你不停止弄那塊肉，我就把你打到不見天日。

　　比重複他這些欺負人的話語更糟糕的是，那些話語再度對我誘發了嚴重的恐懼和焦慮。在短短幾秒鐘內，光是無害地犯了童年時期的不公規定（而且已經超過三十年沒有外在的強迫執行力），就把我從享受料理變成徹底痛恨自己，而且痛恨到需要立刻遠離自己。

幸好我在這方面已經做了復原的功課（詳見第七章），讓我能夠挑戰這個歷程。我憤怒地聲明要放棄父親荒唐的肥油脂規矩，並且改成肯定且正向的自我對話，來反轉這個歷程。在我的憤怒反應停止了這種習得的自虐之後，內心卻立刻感到一陣傷痛，因為我竟然把他的責備背了下來，而且無數次地如同鸚鵡般說出這些話語來傷害自己。

以前有多少次，我無意識地落入了「自我破壞模式」呢？有多少次，我放鬆地享受一件事時，重複了父母說我做得不好的論斷，而立刻打破了那放鬆的享受呢？有多少事情我不敢嘗試，是因為我接受了他們說我「一無是處」的嘲弄呢？

難怪我以前總是受到「表現焦慮」（performance anxiety）所折磨，找不到一刻的平靜。這種無休止的自虐所帶來的心智與情緒痛苦，一直嚴重地困擾著我，而我最單純的想法和行動，一直受到他們嚴厲且殘酷否定的輪迴所控制。否認我父母的虐待，使我看不見他們的挑剔，怎麼在我的內心長出它自己的生命和動力；「否認」也害我無力反抗這種毒害自己的教條。

我非常慶幸自己處理了「否認」，使我能了解這個動態的變化過程。我能夠擺脫從過去而來的這種不受歡迎的情緒入侵，也透過哀悼，釋放了隨之而來的恐懼，並且回到悠閒完成料理的狀態，實在讓我欣喜地鬆了一口氣。

假如我不知道如何對付這種討人厭的情緒入侵，可能會焦慮地急忙結束這一餐，而且在接下來的一整天都把自己丟到能夠轉移注意力的活動去，就像我以前經常做的那樣。我相信，許多倖存者都被這些類型的情緒重現，以及虐待性自我對話的副產品，驅使到失衡了。

當我們正面對抗自己的否認，並且找出自己如何被威脅與控制的細節時，就可以開始打破「模仿父母的蔑視」的習慣了。

不成熟的原諒與罪惡感

「不成熟的原諒」是指在我們還沒有徹底體悟父母對我們的傷害有多嚴重時，就決定原諒他們。一般來說，這個決定會使復原的歷程戛然停止，因為它阻礙了記憶的提取，而我們需要提取記憶來為復原設下具體的目標。不成熟的原諒是假性原

諒，因為我們必須先做好復原的功課，所做出的原諒才會是真心的，而不成熟的原諒並沒有復原工作的基礎做為支撐。

假性原諒會把我們困在以下信念中：我們糟糕的自我形象和被禁止的自我表達，是天生的性格缺陷，而非差勁養育的結果。假性原諒也逼迫我們貶低這些狀況所帶來的痛苦，然後一直住在未解決的童年悲慘遭遇和低落的自尊裡。

在我們首次挑戰自己對過去的否認時，會出現強烈的罪惡感，而對此罪惡感的反射性反應往往是不成熟的原諒。大部分的人都被教導，要相信只有最壞的忘恩負義者才會質疑自己父母的養育表現。

許多來自失能的猶太家庭和基督教家庭的倖存者，被洗腦到相信「抱怨自己的父母是一種罪」，而且犯了「神聖」的第四誡：「要尊敬你的父母。」修女們一而再、再而三地告訴我，地獄裡有個特別的地方，是給那些對父母懷有「壞」想法或感覺的人。

許多成年小孩一旦開始說關於父母不好的事實時，就會變得非常焦慮。光是暗示說父母對我們失職了，就會使我們覺得有如要被天譴消滅了一樣。

我相信，第四誡是用一種非常壓抑性且全有全無的方式傳授給我們。把這條尊敬父母的誡律，如此普遍地扭曲成「無異議地接受不可接受的行為」，是對猶太教與基督教道德觀的扭曲，彷彿這條誡律的真正意思是：「無論你的父母如何傷害你，都要尊敬父母。」許多倖存者盲目效忠於這條誡律，把孩子交給仍然具有虐待性的祖父母「照顧」，這個畫面總會讓我的內心抽搐。我遇過一些倖存者，他們因為否認而麻木到讓孩子與曾經猥褻自己的父母單獨相處。我相信，第四誡應該要被重新翻譯成：「尊敬你的父母，如果他們尊敬你的話。」

不成熟的原諒與失去基本人權

愛的確已經變得自相矛盾，某些研究家庭生活者的結論是，「愛」只不過是較有權力的家庭成員控制其他成員的方式。隆納・連恩（Ronald Laing）仍然認為，愛經常是暴力的掩護。

——羅洛・梅，《愛與意志》

　　不成熟的原諒會拒絕讓內在小孩發聲，就跟親生父母不讓真正的小孩發聲一樣。許多人繼續禁止自己的內在小孩，並且延伸去禁止自己最基本的權利和需求。每當我們的內在小孩抱怨、感覺、「表達情緒」，或是需要什麼非基本必需的東西，我們總是習慣去羞辱及仇恨他們。可以說，不成熟的原諒保存了對我們內在小孩的持續性再創傷（retraumatization）與遺棄。

　　附錄 B 的〈自我表達的權利〉中，指出了一些父母經常拒絕給予小孩，而且被父母獨占的權利，許多童年創傷就發生在我們本能地試圖執行這些權利卻遭受懲罰時；許多人依然因為放棄那些基本權利，而承受一些不必要的苦，像是說不的權利、被尊重對待的權利，以及擁有自己的感覺、意見和喜好的權利，而我們的健康和未來成長，有賴於取回並執行這些權利。

　　成年小孩可以把〈自我表達的權利〉當作自己努力復原的目標和指南，若要成功地達成，我們就必須停止模仿「被原諒的」父母的挑剔，因為每當我們健康的自我利益出現時，父母的挑剔就會掐死它。

　　你現在可以花一點時間評估，看看自己是否已經把父母的責備背了下來，並且依然用它來管理自己。最近你是否聽到腦子裡有以下任何一種禁令？「你竟然敢對他說不？」「別這麼自私！」「別再自以為可憐了，你太情緒化了！」「誰管你想要什麼？你旁邊還有別人，你知道吧！」「你該慶幸自己擁有的，想想別人吧！」「別再喋喋不休了，你怎麼會認為有人在乎你想要說什麼？」

　　如果這些話語有任何一句使你的某個部分緊縮起來，你可能會因為這種反對自己的態度而喚起一些健康的憤慨。你可以運用正當的憤怒能量，來增強自己的努力，以獲得那些不公的話語所侵犯的基本人權。

　　不成熟的原諒並非只會來自於否認、恐懼或罪惡感。這種假性原諒的動機，也可能來自於克服創傷以及與家人保持愛的關係的正常渴望。**身為成人的我們，仍然有很多兒童的需求，需要認為自己是被愛的**。因此，決定要原諒，可能來自於渴望擺脫過去，以求與父母愉快地相處。

　　我們都可能輕易地召喚假性原諒，因為大部分的人都充分練習了如何忽略那些尚未癒合的童年傷口，來維持家庭和樂的假象，不幸的是，不成熟的原諒會把我們困在缺乏真誠的溫暖與親密感的親子關係中。除非我們處理好父母對我們造成的那

些恐懼和傷害，否則永遠無法自在地待在他們身邊，並且會與他們保持情感距離，即使他們已經不再具有虐待性了。

假性原諒與完美主義

經歷自己的不足，並且即使有所不足也依然繼續，是成人階段最大的兩項成就。在許多方面，成功並不比失敗更重要，也不比你如何應對失敗更重要。

——羅伯特‧漢德（Robert Hand）

完美主義是一種用神一般的標準來評估自己的自我毀滅歷程。奧利弗‧溫德爾‧霍姆斯（Oliver Wendell Holmes）警告我們別這麼做：「**年輕人，我成功的秘密是，我很早就發現自己不是上帝。**」

完美主義那難以觸及的標準，會使我們殘忍且無益地挑剔自己。永恆的快樂和穩定的頂尖表現，是折磨大多數美國人的廣泛性完美主義期待，被這兩個狡詐的價值觀拖累的人，可能會把其他各種存在狀態和表現，都判定為可恥的不及格。

完美主義蔓延在現代化社會裡，被織入美國人生活的布料裡，就像棒球和蘋果派的魔力那麼徹底。最近我看了一個電視節目，一個三年級學生被要求完成各種不完整的諺語，當題目是「一次不成……」時，那孩子非常認真地回答：「你就永遠是個失敗者和社會的負擔。」雖然觀眾放聲大笑，但有些人看起來跟我一樣震驚。[4]

完美主義可能是在生產線上誕生的，在那裡，工作者被迫要像他們照料的機器一樣沒有情緒、有效率、沒有需求、沒有麻煩，而現代化社會透過家庭的訓練場，幾乎在每個人內心創造了傾向完美主義，而且會毀滅靈魂的期待。

受到過度批評和處罰的孩子，會自動出現完美主義。父母不高興的原因如此明顯，而孩子希望消除這些原因，因此努力達到絲毫不犯錯的不可能目標，而出於害怕父母的責難，他們甚至會為了最微小的失策而批判自己。所以，許多人害怕當個討厭鬼，進而認為自己的許多正常需求是應該被消滅的瑕疵。

小孩也會自發地出現完美主義，以應對被忽略的處境。完美主義經常是小孩試圖贏得父母的愛時，孤注一擲的嘗試，只要他能夠毫無過失地勝出，並且完美地自

給自足，以及只要他永遠不需要新衣服，也永遠不打翻牛奶，以及只要他永遠不生病，也別麻煩媽媽，那麼或許他的父母會充滿愛地對待他。還有，只要她的鼻子小一點，只要她更像電視上那個完美的小女孩，只要她能記得永遠把微笑黏在臉上，那麼或許她的父母就會愛她。

我還記得，自己在小學時幾乎每次考試都拿到接近滿分的分數，但父親仍然連一句稱讚都不說。後來，九十九分令我失望，我像工作狂那樣執著於得到滿分，我希望滿分能夠帶來我所渴望的父親的認同。

漸漸地，我執著地聚焦在自己的錯誤上，以至於變得過度認同錯誤，直到我認為自己什麼都不是，只是醜陋的一團錯誤。如同約翰・布雷蕭指出的，失能的父母對於孩子的失誤的回應，就像孩子本身就是個失誤，有些父母甚至惡毒地斥責孩子，告訴孩子，他們的出生就是一個錯誤，讓這個家的姓氏蒙羞。

許多父母把孩子的天真錯誤和無害的缺點，視為把他們當作代罪羔羊的藉口。他們把自己的不快樂和挫折發洩在孩子身上，也把自己無法去愛的能力怪到孩子身上：「誰有辦法愛這樣的小孩？」有些人把人生中的一切不順遂都怪罪孩子：「我為了你而放棄人生，你是這樣回報我的嗎？」「可恥透了！你們小孩徹底毀了我的人生，你們會害我早死！」「如果我沒生你，就可以 ＿＿＿＿（請填空）。」

父母輕易就能說服自己的孩子，他們該為了自己的不完美而被懲罰。父母對孩子來說簡直就是神，擁有絕對的權力，可以徹底地將孩子洗腦，使其相信那些最殘忍的懲罰都是「為了他們好」。艾麗絲・米勒在那本敲碎否認的書《都是為你好》中，針對這個歷程寫了具說服力的說明。很多失能的家庭就像迷你邪教，父母在孩子非常容易受到影響的時候，對子女灌輸他們的信念和價值觀，然後嚴厲地懲罰任何偏離的想法或行為。

很多成年小孩被灌輸了父母邪教的想法和行為，以至於永遠不去掙脫並取得自己獨特的個性。雖然他們可能會搬出家庭邪教營，卻會繼續終身效忠這個邪教，無論教主對他們的福祉多麼有害。一而再，再而三，我看到成年小孩持續對父母卑躬屈膝，但這些父母極度不尊重子女，並且以自己也無法接受別人如此相待的方式，來辱罵子女。

最讓我氣到豎毛的事情之一，是電影原型的那一幕，英雄在回應一個關於他的

決定或選擇的問題時，自命不凡地說：「因為我父親這麼做，就是這原因！」這總是能令他有力地解決事情，而其他角色顯然都因為尊敬而順從他。我希望，有人能拍一部電影，讓這一幕有新的結局。如果我是導演，就會要求一位主要角色反駁這種盲從，說類似這樣的話：「如果你父親吃牛肉派三明治，我們也得吃嗎？」

否認完美主義

一個人的美德力量，不該以他特別的努力來衡量，而是以平常的作為。

——布萊茲·帕斯卡（Blaise Pascal）

那些貿然地原諒父母的成年小孩，可能永遠都不會發現自己被威嚇到變成完美主義者。

不切實際的價值觀和無法達成的目標，可能會持續刺著他們，並把他們的內心變成內在的釘床。

當我們深受完美主義的折磨時，就會害怕犯錯，以至於永遠不去嘗試任何新事物。我們忘記人生充滿了令人興奮的機會，而自由意志所帶給我們的美好禮物，被限縮成找自己麻煩的各種方式，一如一顆小痘痘被無情地摳著，最後變成了遭受感染的大傷口。

完美主義把一些人變成了吞吞吐吐的文法家，對於要說出口的一切變得猶豫不決。我們經常防備自己的想法，唯恐它們「不得體」，而在最糟的時候，我們甚至對自己的夢想有罪惡感和懺悔心。

我曾經自認為是完美主義者且自鳴得意，以大量的嘴上談兵來挑戰這個具破壞性的習慣。對於完美主義如何削弱自己的人生，我習慣不當一回事。我靦腆地為自己貼上「完美主義者」的標籤，但通常會露出一抹狡詐的微笑，顯示我偷偷地為這個失能而感到驕傲。

現在我回想起這件事，發現自己有點像是穿著印有這些字的襯衫的人：

我沒有喝酒的問題。

我喝酒。

我醉昏。

我摔倒。

沒問題！

呼應這件印字襯衫的完美主義版本是：

我沒有完美主義的問題。

我努力追求完美。

我無情地驅使自己。

我落入自我嫌惡。

沒問題！

完美主義會殺死自尊，如同虛假會殺死愛

如果我們做得對或是努力嘗試，就可以得到別人的認同；但我們對自己的認同，更值得一百倍……

——馬克・吐溫（Mark Twain）

失能家庭的孩子往往誕生在嚴重的孤獨中，那些應該「只能聽不能說」的小孩，將無可避免地陷入於疏離和拒絕所帶來的可怕感覺。許多在童年遭受「不准說話」規矩所噤聲的倖存者，在成年後繼續受到相同的無聲孤獨所苦，卻沒有學到真正的連結和歸屬，是來自於人們一起不壓抑地對話。

完美主義使「不准說話」的規定具有更強的噤聲與疏離效果，只要任何關於自己的事不是百分之一百一十地燦爛，許多人就無法表達它。我們如此害怕被視為不完美，以至於極少覺得可以安全地與他人分享任何事。

直到我快三十歲以前，聊天內容幾乎都是笑話和運動賽事，這種膚淺的對話始終讓我感到孤獨，即使我在任何地方與他人相識後總是會受到歡迎。

我的談吐很簡潔，因為我的家庭生活使我相信，談論一些能在兩人之間增加親密感的脆弱話題，是不明智的。在我家，談論感覺、需求、弱點或失望，總是會被奚落，就算是談論希望、夢想和成就也一樣。我失能的父母習慣去攻擊並貶低孩子熱情地自我表達的天生傾向，他們的隱性規則之一是，我不准表達自己的一丁點驕傲，但同時，他們最喜歡提出的反對意見之一是：「你難道一點自豪也沒有嗎？」這種雙重束縛在失能的家庭中非常經典，也就是：做也錯，不做也錯。

每當我忘了父母心照不宣的規定，透露出我可能說了或做了什麼有價值的事，就會被貶低。「別自以為是了，要不然我就打倒你」是我童年時的常態，尤其是我表達個人意見時，母親總會輕蔑地「歡迎」我的看法，說：「噓！大家來聽至高無上先生說的話」、「你有權那樣想……即使它很爛」、「你的品味很差」。

然而，**唯有當我們完全表達自己，才能知道自己真的受到別人欣賞；唯有透過完全的自我揭露，我們才能發現自己在各方面都能被愛。**開放且毫無保留的溝通，能夠療癒許多孤獨，我能與你分享多少個人體驗，就能感受到你多少的接納與愛。自我表達和自尊是相互依賴的，誠實分享會帶來親密感，而這親密感會使我們對自己的感覺良好，並且鼓勵我們更加直率。梅爾・尚恩（Merle Shain）這麼說：

朋友能幫助你更加做自己，更加成為你想變成的人。

那些鼓勵孩子說話的父母，能夠滋養孩子的自尊，而把孩子貶低到沉默寡言的父母，則會用完美主義取代孩子的自尊。

當完美主義勝出時，孩子就無法重拾自尊了，因為自尊在許多方面都與完美主義相反。真實的自尊不會因為一顆痘痘、弄掉一盤菜餚，或是週六晚上沒有約會就溶解；真正的自尊也不會在我們感到悲傷、憤怒、不悅或孤獨時就立刻揮發。

無論是健康和生病、成功和失敗、共處和獨處、開心和難過、熱情和憂鬱，我們接受並尊重自己所有狀態的能力有多堅定，我們的自尊就有多堅固，就像奧斯卡・懷爾德（Oscar Wilde）說的：

需要我們的愛的，並非完美的人，而是不完美的人。

　　當完美主義讓我們不去溝通自己遭遇的麻煩，我們就永遠學不到那個令人解脫的秘密，也就是每個人都有關於公平或不公平的痛苦。當兩個人相互憐憫時，會自然地出現療癒性的同情，但我們卻不曾被這種同情給撫慰過。相互憐憫是自古以來人類透過談論來化解傷痛與挫折的歷程，但我們的文化幾乎不再這麼做了。然而，相互憐憫以一種無可取代的方式，為親密感增加了深度和濃度。

　　在我們感到痛苦，以及對抗自己的限制時，最需要自己和他人的愛與支持，許多人在受傷時仍然自我隔離地躲在房間中，就像在原生家庭裡那樣缺乏愛又無人關心，這是非常悲哀且不必要的事。每當我們這麼做，就像是父母透過驅離我們，再度撕裂了我們的自尊，直到我們「把那個表情給擦掉」。

　　所有嬰兒在出生時都具有完整的自尊能力，當他們被歡迎表達自己時，自尊就會在他們的人生中成長並展開，而我在非工業化國家一再看到這種情況。在那些文化中，小孩的話語總是受到歡迎，而他們通常會成長為自信、溫暖、情緒完整，並且完全自我表達的成熟大人。那些人的自尊，一般都遠優於我們文化中的人。

　　除非我們學會在不夠完美的時候愛自己，否則我們對他人的愛將會是膚淺且過度有條件的，而且要是我們討厭自己的存在狀態，別人也很難接受這樣的我們。

　　完美主義使我們對自己過度嚴苛，或是絕口不提自己的麻煩，這樣會使我們更加疏遠他人，因為這兩種行為都對他人宣布了一種隱性的警告：他們應該要小心自己對我們揭露了什麼。

　　即使我們（對自己或他人）假裝不會論斷，可是那些尚未放棄的完美標準通常會使我們相處起來有距離感、有所防備和不安全。完美主義使我們無盡痛苦地幻想著，別人會發現我們真的如自己所想的那樣不夠格；完美主義也會剝奪我們與他人相處時那完全做自己且無可取代的樂趣。

　　完美主義也會阻止我們接受他人的愛，無論那份愛有多麼豐盛或真誠。當我們滿腦子都是自己的缺陷時，就會對別人給予的滋養無動於衷。許多人相信自己只有在開心或優秀時值得被愛，這是非常悲慘的事。也許詩人瑪莉．奧利佛的這段詩能鼓勵我們放棄自己的完美主義：

　　你不必很好。

你不必跪著
在沙漠裡行走一百里，並懺悔著。
你只需要讓你身體的柔軟動物
愛它所愛……

請愛你自己吧！自愛是一種自然且健康的人類狀態，這不會惡化到過度自我中心的狀態。

讓我們把「拒絕自我」換成「拒絕完美主義」，這完美主義是在我們還太小且無力抵擋的時候，就強加在我們身上了。沒有人可以無時無刻地保持快樂及維持巔峰狀態，所有好事都是來來去去的，人生中唯一絕對的事情就是改變，如同十九世紀的印度詩人迦利布（Ghalib）所知道的：

改變之路永遠在你前面，
這是唯一能縫補這個世界零散部分的線。

儘管「盡你所能」一開始聽起來很有說服力也無可反駁，但當它表示你必須做到最好及最多時，就是一個沉重的觀念。「盡你所能」是陰險的圈套，會把我們困在工作狂和無情的完美主義裡。

精神分析師西奧多‧魯賓（Theodore Rubin）這麼說：

我們必須積極地防範對於「高峰」的需求，也必須小心成功本身。對於成功的癮，無可避免地會導致深深的自我仇恨和憂鬱。就像任何成癮，當每一次的成功開始逼迫我們要有更多的成功時，成功往往會成為一種自問「你最近做了什麼」的內在要求。

無論你是男是女，都不是被創造來當超級機器的，我們應該抵抗這種必須變成超級有產能且不需維護的機器人的壓力。

許多有價值的表現其實並不需要「盡你所能」，而最高階的表現之一，僅只

是愉快、低調而放鬆的單純存在狀態。或許下面這段話能幫助我們對不必要的忙碌「說不」：

　　每天都充滿了給予自己的機會。每一點浪費的時間，都是推翻現代以生產力為尊的機會。每個花了太久時間的案子、每個花了比預期中更多努力的任務、每個被錯誤給拖慢進度的工作，都是練習耐性和自我原諒的美好機會。

沒有完美的「對」的伴侶

　　真正的朋友是，在你出糗時不覺得那是你永遠模樣的人。

　　　　　　　　　　　　　　　　——爾溫・T・藍道（Erwin T. Randall）

　　完美主義常會讓人永無止盡、徒勞無益地尋找完美先生或小姐，而且經常強力地出現在愛情的早期。那些還沒有拋棄完美主義的倖存者，在剛落入情網的時候，都會過度審查自己的表達方式，他們恐懼著任何的不完美將會使早年遭遺棄的經驗重複發生，所以努力對彼此投射出無瑕的形象。然而，「留下好印象」通常表示隱藏了自己許多重要的部分。

　　自我審查是相當累人的工作，而缺陷遲早會從浪漫的迷霧中浮現，如果兩個人長期以來只看到彼此毫無缺點的面具，那麼當前述的情況發生時，這種幻滅將是極具毀滅性的。建立於完美的海市蜃樓的虛假愛情，突然就在瞬間溶解了，而如果這種情形發生太多次，我們可能就會完全放棄愛。有些倖存者被完美主義切斷了「腳筋」，以至於永遠不再尋找愛，因為他們照鏡子時，看不到那個「理想的」演員或模特兒的模樣，就認定如果自己接近喜歡的人絕對會被拒絕。

　　我在青春期時，一想到要與學校的女生互動就感到害怕，只要在校外的路上看到同班的女孩從遠處走過來，我就會快速轉身，反方向繞著街區走，而不是面對她、來個肯定丟臉的會面。我的家庭把我的自我價值和自我表達，重挫到我「知道」自己只會出糗。我無意識地恐懼著，自己為了與她交流或留下好印象而說出來的任何話，都會換來跟家裡一樣的冷嘲熱諷，那就有如我的潛意識把〈只有傻子會戀愛〉那首歌重寫成〈只有傻子會開口〉。

快要三十歲時，在充滿恩典的一天，我終於對自己的傷痛敞開心扉，並且發現自從逃離那個孤寂的家之後，我的孤獨感並沒有改變多少，我仍然跟青春期時一樣感到孤獨，即使我終於有了女朋友，親近圈子裡的每個人都明顯認同我，我卻和誰在一起都不自在。每當我的這種感覺強烈到無法隱藏在自信的表象之下，我就會慣性地躲到房間的隱密角落。

在這個改變一生的體悟瞬間，我決定，如果完美先生的演技只能為我帶來這樣的生活，我乾脆就別裝了。我以最快的速度把這些沒好處的「歌舞表演」丟掉，並且決定要變得更真誠。

之後，就如我所恐懼的，許多老朋友不見了，但少數一些朋友仍然留下來，並且熱誠地歡迎我的新真誠，這情況遠超過了我最好的期待。不久後，我在人生中首次覺得自己被喜歡。

隨著我越來越能安處於真誠的狀態，在社交圈和這個世界中的歸屬感和自在感也逐漸增加。在經過二十年的練習後，我現在相信，沒什麼比不拘束的相互自我揭露，更能強而有力地實現愛與欣賞了。我願意用一整屋的普通朋友，來交換一個能如此親密交流的珍貴摯友。

對完美主義的奇想

我盡可能搞清楚自己不該做什麼，然後就去做那件事：如此一來，我可以在自己迷失的時候提出好理由；如果我不犯錯，誰會對我的失誤有信心呢？如果我活得像一名學者，沒有人會感到佩服。

好的，我會試著改進：小心謹慎地迎接他們，注意外貌，要投入，有熱情，直到我變成他們所要的，任憑他們的意願而存在和不存在，直到我完全變成其他的樣子。

然後如果他們不管我，我就會改變自己整個人，不認同我的皮膚，換個新嘴巴，改變我的鞋子和眼睛，那麼當我不一樣了，而且沒人認得我，我就會像一開始那樣繼續下去。

——巴勃羅・聶魯達（Pablo Neruda），出自《孤雌生殖》。

情緒方面的白癡特才

「馬上拿走！」公主暴怒地跺著穿繡花鞋的小腳。「我討厭真花！它們的花瓣會掉，它們會死掉。」

——漢斯・克里斯汀・安徒生（Hans Christian Andersen）

對於白癡特才（wise idiot，又稱「白癡學者」，例如電影《雨人》裡的達斯汀・霍夫曼〔Dustin Hoffman〕），以及他們驚人卻可悲地在某個狹隘領域有傑出的智能，許多人都覺得相當感動。我相信，我們有時候是在間接地同理自己，以及同理自己在情緒狀態的狹隘性上具有相似的貧乏狀態。畢竟，快樂是我們的文化中全面受重視的一個情緒反應，而且它重要到憲法保證我們有追求它的權利。因此，我們追求它，用強大的暴怒和無情的放縱來追蹤快樂，並且經常消滅當下的體驗中可能勝出的其他情緒。

對白癡特才的認可，幾乎完全取決於他對於數字的完美掌握程度，而一般美國人的自尊，在很大程度上則取決於他表現得非常快樂的能力。對許多人來說，「快樂」代表著「感覺愉快」，但這也代表要拒絕感覺不悅。社會提供了無數的物質和活動，給予我們這些渴望感覺快樂和美好的人，以修正我們對於完美幸福之幻想的任何動搖。

許多人在追求快樂的過程中，犧牲了自己生命的重要層面，並且嚴重地傷害自己。有些人只為了在夜晚前感覺良好，便用暴飲暴食、濫用藥物或酒精的後果，犧牲了每個明日的福祉；有些人把自己的經濟安全典當給衝動購物的短暫興奮，換來了無法還款的持續焦慮；其他人則為了立即的爽快而冒險毀掉自己伴侶的愛。

社會中，完美主義在情感層面表現為「永遠表現出偏好的感覺」。然而，如果我們要重拾完全感受情緒的健康人類本性，就必須拋棄對於「心理健康代表要一直快樂」這種信念的可惡忠誠。我們必須拿下領子上那個過度簡化的黃色笑臉徽章，並且避開那些試圖把「別擔心，要開心！」這種甜膩膩的流行調子當作陳腐忠告，來「修正」我們情緒的人。

隨著我的完美主義逐漸被削弱之後，有時候我會愉快地哼著十五世紀印度詩人

卡比爾（Kabir）的詩：

　　藍天越來越開闊，
　　每日的失敗感遠走了；
　　我對自己的傷害變淡了；
　　一百萬個太陽帶著光前來。

　　那些執著於單一情緒光譜而情緒破產的人，在把自己拯救出來之後，將會有一整個銀河系那麼多的豐富性在等待著他們。盡情享受人類感覺的完整情緒光譜，是下一章的主題。

▌譯注

1. 吸附雷：固定在目標上引爆的炸彈。
2. 對於從藥物與酒精的成癮或濫用中復原的活動。
3. 「習得的」（learned），為心理學中常用的用語和概念，意指不是先天的、自發性出現的，而是透過直接或間接經驗而產生的。
4. 這個諺語的正確答案應該是「一次不成，再試一次」（If at first you don't succeed, try, try again.）。

第 3 章

完全感受情緒

身體的生命力是感覺，包括：感覺活著、感覺有活力、感覺愉快、
感覺興奮、感覺憤怒、感覺悲傷、感覺喜悅，以及終於感覺滿足。
　正是缺乏感覺，或是對於感覺的困惑，才會導致人們去做治療。

——亞歷山大・洛文（Alexander Lowen）——

這本書並不是關於情緒本質的權威性論文，尤其「感覺」經常是教人無法理解的。事實上，佛洛伊德的知名學生卡爾‧榮格的理論認為：感覺（心理的情緒部分），與思考（邏輯的部分），在本質上是相反的。二十世紀的西班牙詩人安東尼奧‧馬查多（Antonio Machado）表達了相似的看法：

> 在我們的靈魂裡
> 一切都被神秘之手所引導而行動。
> 我們對於靈魂一無所知，這是可以理解的……

　　語言向來都不能完整描述情緒體驗，而英文特別不足以捕捉情緒體驗的微妙之處，例如，眼淚有許多不同種類：失落的淚、解脫的淚、肉體疼痛的淚、憐憫的淚、喜悅的淚、驕傲的淚、感恩的淚、讚歎美的淚；相似地，也有不同的笑：喜悅大笑、解脫的輕笑、犯傻的傻笑、緊張的竊笑、嘲弄的偷笑，以及被搔癢時矛盾的笑；憤怒也有多樣的調性，像是直言的憤怒、痛苦的憤怒、狂暴的憤怒、怨恨的憤怒、輕視的憤怒、自我保護的憤怒、得勝的憤怒，以及對於不公狀況的憤慨之怒。

　　雖然語言無法完全傳達情緒體驗，然而，文字，尤其是詩，能使我們更接近自己的感覺，在此借用東方的古老智慧：

> 即使指著月亮的手指不是月亮，但它把我們的感知帶向月亮的美，就像精
> 確的文字把我們的覺知帶向感覺的豐富性，即使語言本身不是情緒。

　　請記得這件事，我希望我對於感覺本質的月亮觀點，能激勵你去發掘完全體驗情緒時的豐富性。（我使用「月亮」這個詞，是因為月亮是感覺的古老象徵。）

　　雖然我們各自的情緒本質就像沙灘上的海浪痕跡一樣獨特，但是我們感覺的方式都極為相似。本書介紹了某些相似性，有些相似性只能透過個人對感覺的開放性來理解，而有些相似性如謎題那般難解，也許永遠在理解之外。

> 喔，生命！最近我看著你的眼，

我似乎沉入到深不可測之處。

但是你用金繩索把我拉出來。

當我說你深不可測時，你嘲弄地笑著。

所有的魚都那麼說，你說。

牠們所不能測的，就是深不可測的。

——作者不詳

　　我們被教導要去對抗自己的感覺，但透過在這場戰爭中宣布大赦，我們將會改善大多數層面的健康。當我們收回那些消耗在小心翼翼地控制情緒的能量，以及那些用於將情緒狹隘地引導成經過消毒似的善良和假輕盈的能量，我們就會變得有活力。或許十三世紀的波斯詩人魯米（Rumi）可以鼓勵我們重拾自己的情緒，他就像許多神祕主義者，用魚來象徵人類，用水和海洋來代表感覺及其本質。

……別漫遊離開。

看，魚，在你後面的海洋裡

回到你的來處，海洋生物。

你聽到水聲，而你知道自己想去哪裡。

為什麼等待呢？你對於曾去過的地方感到後悔，

只為了錢之類的東西。別再重蹈覆轍了。

水說：「住在這裡。別把我放進桶子和盆子裡而帶著到處走。」

假責任！休息，並且安靜。

情緒本質的根本動力

　　與憂鬱真正相反的，不是興高采烈或沒有痛苦，而是活力，那是體驗自然發生的感覺的自由。感覺並不只是愉悅、美麗和美好的，這只是生命萬花筒的一部分。

——艾麗絲・米勒

　　透過了解情緒本質的四個關鍵動力，我們將能夠更完全地感受情緒。**這四個動力是：整體性、兩極性、矛盾性和流動性。**本章將透過探討這些動力，來說明感覺與思考的不同之處。

　　雖然思考和感覺有許多不同的功能，但值得注意的是，它們彼此相輔相成，例如，當我們嘗試有詩意地書寫或述說的時候，思考使我們更能夠溝通自己的感覺；而當我們情緒強烈地說話時，感覺也使聽者更能夠了解我們。

　　思考與感覺的交互作用，也會反應在塔羅牌上，這在傳統上是用來算命的一套特定牌卡，但現在越來越流行做為自我探索的工具。塔羅牌有四組卡片，代表著不同的心靈功能，「杯」的那一組（傳統撲克牌的紅心）代表特定的情緒狀態，而「劍」的那一組（黑桃）代表抽象的認知狀態。

　　有趣的是，有一些劍牌代表著僵化的心智歷程，要是思想（劍）沒有被情緒（杯）平衡，就會自找麻煩，並且崩壞到具破壞性的心智狀態；同樣的，某些杯牌描述了情緒性的衝動和缺乏考慮所造成的痛苦情緒狀態。

　　假如能客觀地對我們的文化進行塔羅占卜，我相信它會全部都是劍牌，因為我們的思考歷程通常會主宰並抹滅我們的感覺。

　　在健康的人身上，感覺和思考是平衡且相輔相成的，當任何一方較為強勢時，生命力就會大幅縮減。

　　我曾多次體驗過其中一方的強勢，當我過度著重思考或感覺時，常常會做出不好的選擇或決定，尤其是在愛情領域中，當我單純地跟隨自己的感覺，並且把合理的小心謹慎拋在腦後時，就會沒注意到兩人之間明顯的不協調，正在清楚地警告我別進入接下來的失能關係。

　　同樣的，當我只把邏輯清單當作選擇伴侶的基礎，忽視了事實上我們之間什麼情感化學作用都沒有，那麼這段關係接下來通常會有許多未實現的承諾，並且也帶來了傷害。自從那些經驗後，我學到了最好的決定是，兩方面都要平衡輸入：感覺對，想起來也對。

　　最後，雖然感覺和思考都是心理健康的根本，但要注意一點，那是一九九四年的美國公共廣播公司特集《人類探索》（*Human Quest*）提到的，即人類和電腦的關鍵性差異是：「**我感覺，於是我存在。**」而不是「**我思考，所以我存在。**」

動力之一：整體性

　　每個人都是極為複雜的生物，因此，認知到自己的複雜性，就是在幫自己的忙。否則，我們就會住在一個夢境世界裡，那是不存在且只有單調黑白概念的世界，根本就不適合人類生活。沒有人是全好、全壞、全智、全蠢或全部什麼的，我們是每一種可能特質的大量結合……而令我們感動的世界，則充滿了微妙而明顯不一致的複雜明暗度。

──西奧多‧魯賓

　　「整體性」的意思是，情緒本質不能被拆解成個別的、分開的、彼此獨立存在的，而且感覺比思考更受限於整體性。我們對於自己的想法，大致上有更多的選擇（雖然並非完全自由），因為我們可以把想法分類並存在記憶中，選擇性地召喚它們，並且根據我們專注的能力，在想要的時候把它們留在覺知中。我們甚至可以去圖書館和書店「買」一些想要多加思忖的想法和點子。

　　對於感覺，就無法如此奢侈了。我可以決定要快樂，並告訴每個人我知道「我很快樂」。我可以在羊皮紙上用金字刻下來，對自己證明我很快樂。但如果我沒有真正覺得快樂，那麼宣告的感覺只是跟印出來的「快樂」兩個字一樣輕薄。

　　感覺的本質不同於超市，可以從一大堆的商品中只選擇喜歡的情緒品牌。心理的購物車不能只裝滿愉快的情緒，而把不愉快的情緒留在陳列架上。無論廣告商多麼老練地說服我們，它們所賣的東西會創造我們偏好的情緒狀態，但是在這些東西帶給我們愛與快樂之前，通常會先讓我們長疹子和腸胃不適。

　　如果沒有適當分量的傷痛，就買不到真正的喜樂，就像沒有衝突就買不到愛，或是沒有怪罪就買不到原諒。狂怒、恐懼和悲傷，就如同愛、信任和喜樂，對於完全感受情緒之人而言都是無可取代的。

　　如果我們能使用一整個衣櫥的情緒顏色，而不只是選擇粉紅色或嬰兒藍，那麼我們的生命會變得更加燦爛。

　　那些只認同「正面」感覺的人，常會變得平淡無味、毫無活力，並且孤立地待在缺乏感覺的沙漠之中，那是一個真正的無人之境。在這個否定情緒的心理沙漠

中，被壓抑的憤怒所造成的悶熱，會把我們對於愛和情感的感覺給揮發掉了，使我們陷入情緒缺水的狀態。要是因為情緒會使我們不舒服而拒絕情緒，那就像因為某些身體部位不好看而把它們切掉，有句老話說：

> 對於智者，好運和壞運就像他的左手和右手，他會善用兩者。

「好的」情緒和「壞的」情緒也是一樣，只「選擇」偏好的情緒，就像只「選擇」吃，卻不接受必要的排泄。難怪西方人的便秘人口，包括生理的便秘和心理的便秘，是全世界最多的。

動力之二：兩極性

> ……我是那些，但我也是那些的相反。要是除去了我的惡魔部分，我的天使部分就會有隨之離開的風險。
>
> ——謝爾登・科普

兩極性的動態變化主宰了人生的許多現象，而那些現象包含了相反卻相關的兩半。在化學中，兩極性顯現於電池的正極和負極；在物理學中，則顯現於原子中帶正電的質子和帶負電的電子。在日常生活中，兩極性可見於相依卻相反的二者，像是日與夜、冷與熱、男與女、餓與飽。

在東方，兩極性的原則稱為「道」，其象徵符號是「太極」，這個圓裡面有相互貫通的兩半；此符號圖解了人類生命，以及大自然和宇宙的一切，其特色即是由相反但互補的兩半組成的過程。

我們的情緒本質也是由似乎相反的一對或許多極端的經驗組合而成，常見的情緒兩極性有：快樂和悲傷、喜歡和不喜歡、信任和懷疑、歡樂和憂鬱。所以，就像磁鐵沒有相反的兩極就不能存在，如果我們不擁抱自己與生俱來的情緒兩極性，就無法完全感受情緒。有時候感覺「不悅」，才會讓我們感覺「愉悅」。肯恩・威爾柏這麼說：

……當我們試圖凸顯正面之處並消滅負面之處，就忘了正面只能被負面所定義。要是毀滅負面，就同時毀滅了享受其相反面的所有可能性。

很不幸的，我們的語言反映了我們文化的感覺饑荒，以及我們缺乏文字去描述許多重要的情緒兩極性，使得我們必須使用「愛」這個字與各種相反的感覺經驗配對：愛與恨、愛與孤獨、愛與忌妒、愛與厭惡、愛與狡詐、愛與遺棄。希臘人似乎不像大部分的西方人那樣遭受這種情緒的營養不良，他們對於「愛」這個字沒有這種問題，而是有十三個不同的字來說不同種愛的情緒體驗。

一個人有多願意完全感受與某個「正面」相關的「負面」，就能多真誠地體驗那個「正面」體驗；一個人的笑聲有多麼豐富與真誠，就等同於他多麼能夠流淚。勇敢的行為具有多少刺激感，是以它克服多少恐懼來計算的，而愛有多麼豐富，與相對的孤獨直接相關，因此原諒的深度，是根據感受到的怪罪強度而定。

在一對相反的情緒之間，是從淺至深的情緒強度變化。我們的情緒體驗在情緒光譜上從一端移動到另一端，而且在特定的情緒光譜上有許多不同程度的感覺，在各種情緒光譜的極端之間，我們都可能經歷漸進或突然的擺盪。

在害怕地疑神疑鬼和脆弱的信任之間，有不同程度的懷疑感或安全感；在歡欣鼓舞和悲傷到想死之間，有許多不同明暗程度的高興或難過；在心臟狂跳的愛和爆炸性的恨之間，有很多比較不強烈的喜歡與不喜歡的狀態。

在這個光譜的中間地帶，我們不會感覺到一丁點情緒激動，例如，「沒興趣」就在心臟狂跳的愛和強烈的恨之間，在喜歡與不喜歡的分界線上。我朋友賀比・孟羅（Herbie Monroe）如此解釋這個概念：「我愛西岸，我恨東岸，但我對內布拉斯加州毫不在乎。」

當我們拒絕感受自己完整的情緒強度，就會變得憂鬱，並且卡在情緒光譜上「安全」且陰鬱的中部曠野裡。「情緒淡漠」就是不接受某些感覺，而把情緒活力一起丟掉、因噎廢食的常見結果。寫到這裡，我想起一位沮喪的鄰居，我對他打招呼說：「王先生，你今天好嗎？」他回應我的方式總是毫無活力地說：「還好到普通之間，謝謝。」

完全感受情緒使我們學會在各種情緒的帶狀光譜上流動，每一天甚至每個小

時，任何光譜都有可能發生波動，例如，在愛與孤單的光譜上，我們可能經歷連結或分隔的微妙感覺。有時候，我們可能不知為何就突然覺得特別孤單及失去連結；然後，似乎沒來由地，我們可能突然感覺到與他人之有充滿愛的強烈連結。有時候，我們合理地在特定光譜的中間停留，沒有任何極端感覺。

在任何時刻，我們有可能不覺得孤獨或有愛，而每個光譜也有不同於無感和不在乎的中點，它就是真正的寧靜（restful）。當所有的情緒光譜處於真正的寧靜時，我們會體驗到放鬆和平靜（peace）。

然而，平靜也是短暫的體驗，當我們試圖要安裝永遠的安寧（tranquility）時，通常會再度製造出無感且無活力的中間地帶，而在這種狀況中，我們會浪費越來越多的能量來抗拒新出現的感覺，平靜也會逐漸轉移到令人沮喪的無望陰鬱之中。

最後，完全感受情緒之人會體驗到許多複雜的情緒狀態，有時候，當多個感覺光譜產生共鳴時，我們會經驗到混合的情緒；有時候，這會發生在深深哀悼的時候，失落的體驗是如此強烈，以至於暴怒與淚水會一起出現。

忌妒也是複雜的情緒反應，它通常是恐懼、憤怒、孤獨和遺棄的混合物，此外，愛的深刻體驗也是混合性情緒的另一個例子，可能同時體驗到喜愛、情感、希望、喜悅、信任和憐憫。

了解兩極性，能幫助我們應對正常的孤獨

許多人很難接受正常的孤獨感，而且許多倖存者在感到孤獨的時候，會立刻崩潰到深深的自我仇恨中。可是，無論我們生命中有多少充滿愛的人，某種程度的孤獨絕對是人類狀態的本質。

存在主義心理治療師歐文・亞隆（Irvin D. Yalom）這麼說：

> 身為人，就是會孤獨；要成為一個人，就表示要探索與自己的孤獨感共處的新方式。當我們願意接受孤獨是正常且會重複發生的生命經歷，就可以學會更仁慈地整合它。我們不必給孤獨或其他「負面」情緒加上羞恥、自我遺棄或自我嫌惡，來使它們更令人痛苦。

動力之三：矛盾性

只要你可以學習、養成新習慣，以及容許矛盾的情況，就能保持年輕。
　　　　　——瑪莉·馮·艾伯納·埃申巴赫（Marie von Ebner Eschenbach）

在所有的複雜情緒體驗中，矛盾性可能是最受到誹謗和誤解的，而當一個人同時有相反的情緒體驗時，就出現了矛盾。

矛盾也是在對立的感覺之間急速擺盪的狀態。你是否曾經感覺過這些矛盾的任何一種：「我不知道自己愛你還是恨你，不知道我想要你留下來或走開。」「你嚇死我了，但如果你再靠近一步，我就會揍你！」「我想要對你展現脆弱面，但是我不確定自己是否能信任你。」「我愛打高爾夫球，但是當那顆該死的球一直溜掉，我就恨自己在打高爾夫球。」「我喜歡那首歌的曲子，但是我受不了它的歌詞！」

每個人都會在某些時候感到矛盾，矛盾經常發生在工作或關係中，我們的一部分愛著工作或伴侶，但另一部分卻恨著他們。事實上，要維持長期的親密關係，卻沒有偶爾經歷過令人不安的情況及失和，根本是不可能的事。更宏觀來說，對於活著這件事，如果沒有感覺到熱誠和絕望這兩者令人困惑地混合在一起，就不可能當一個有感覺的人。

雖然俗世智慧認為我們應該要一直為自己的生命而感恩，但是我們偶爾都會在「希望生命永恆」和「希望一死百了」之間擺盪。在遭遇重大不幸或失落時，我們自然會覺得人生就是一個糟糕的詛咒，還不如死了比較好。

幾乎每個人都曾經在某個時候痛苦地思量哈姆雷特（Hamlet）的知名臺詞：「要生存，還是毀滅」（To be, or not to be）。例如，佛洛伊德就相信，生命是在生與死的本能之間持續掙扎，也就是在活著之中存在和歡欣鼓舞，或是斷氣並把一再發生的痛苦遭遇拋在身後。他稱這個矛盾為「生之本能」與「死之本能」的心理力量衝突。

當然，我們總有一天都會死。說不定，當我們的生活品質變得嚴重不良時，心理層面就會有想臣服於死亡的驅力呢？伊莉莎白·庫伯勒—羅絲（Elisabeth Kubler-Ross）的研究傷感地顯示出，當我們的時間到了，哀悼自然會讓我們放鬆地離開。

　　我也相信，**允許自己哀悼過去和現在所失去的一切，能夠為自己做好優雅地死亡的準備**。實踐哀悼，可以使我們在死亡歷程無可避免之時，免於不必要的掙扎和對抗。長期以來，我對於死亡有惡夢般的恐懼，而我持續的哀悼已經漸漸化解了許多這樣的恐懼。

　　矛盾有許多常見的型態，狂熱的運動迷對此相當熟悉，他們通常對自己的球隊有一種又愛又恨的關係，而且當他們的英雄表現得像蠢蛋時，他們會感覺到強烈的對比情緒。有一位棒球明星稱球迷是「又歡呼又發噓聲的鳥」（yea-boo birds），因為他們在歡欣鼓舞和嘲弄奚落之間頻繁地跳來跳去。

　　英勇和相思病是其他常見的矛盾，英勇經常是在面對恐懼時所採取的行動，而相思病是心碎後再度墜入情網的人所感覺到的不安矛盾。隨著新戀情而產生的希望與連結的愉悅感覺，經常與害怕「愛情最終會像之前一樣結束」的感覺強烈衝突，但那些無法容忍這種矛盾性的人，經常會逃離或是無意識地自毀新戀情，而不會再次冒著受傷的風險。

　　許多人都有過同時又哭又笑的經驗，這當中也具有矛盾性，然而，矛盾是那麼令人難以接受，以至於大部分的人都不知道自己此時是在笑還是在哭，在最糟的情況下，我們甚至會為了自己有這麼矛盾的體驗而詆毀自己。

　　同時體驗淚水和笑聲，是崇高的矛盾性，而當我們為了這矛盾的體驗而詆毀自己時，就無法欣賞它。這種特定的矛盾情況，是我喜歡的情緒體驗之一，當我的傷痛開始轉換為解脫時，這種矛盾經常自然出現在我的內心。當我透過淚水釋放痛苦，就從生活之死轉而重生去享受生活樂趣。

　　這類經驗中最讓我感動的其中之一，是我哀悼自己花了那麼多年相信我很差勁，只因為我父母老是說我壞。在我存在的最深處，突然真的懂了這件事：他們在說謊，而我真的是一個好人。我在喜悅的歡笑中大吼，並且在笑與哭之間美好地擺盪了將近一個小時。淚水本身就可能是完全矛盾的，同時表達了痛苦和愉快，當我終於達成一個辛苦得來的長期目標時，有時會矛盾地哭泣，此時，我的淚水代表了結束掙扎所帶來的喜悅高峰，也代表了對於長期緊繃的專注所造成的痛苦之釋放。我相信傑出的運動員麥可·喬登（Michael Jordan）接受世界籃球冠軍獎盃時，在全國性電視節目上所流下的也是這種淚水，因為那個獎盃是他奮鬥多年而不可得

的。值得注意的是，在一九九五年國家大學體育協會（NCAA）大學籃球冠軍賽的尾聲，兩隊的許多隊員都哭了，但加州大學洛杉磯分校隊是喜悅地哭，而阿肯薩隊則是悲傷地哭。

矛盾性與分裂

也許有必要把心拉寬到足以擁抱矛盾。

——湯瑪斯‧摩爾，《隨心所欲》

我們的文化幾乎無法理解，人們可能同時感覺到相互衝突的情緒，更別說是正常且健康的情緒。大部分的人會壓抑自己的矛盾情緒中比較不喜歡的那一半，並且把它當成是焦慮來體驗，就像我認識的一個朋友，他在終於覺得有勇氣去辭職時，告訴我，他的心臟狂跳而且胃部七上八下的，但是他並不害怕。我相信，有許多人都是以這種方式來否認自己身體所傳達的感覺訊息。

我們是如此受到非黑即白的思維所控制，以至於認為這種矛盾情緒證明了我們是愚蠢或是有缺陷的。當我們對於任何人或事有混合的感覺（或意見）時，社會就慣性地羞辱我們，例如，電影主角在感人的結尾流淚並說：「我好高興！」其實大部分的觀眾都無法理解這一幕，然而，那些完全感受情緒之人經常能愉快地對此感同身受。

公開譴責矛盾的常識性話語到處轟炸著我們：「你不愛就閃開」、「你不是站在我這一邊，就是與我為敵」、「你不能兩邊都要」、「你不是問題的一部分，就是解決辦法的一部分」、「別再猶豫不決了！難道你不知道自己的感覺嗎？」

當我們對某人或某事的感覺搖擺不定時，可能都被「別再猶豫不決了」這句話攻擊過。然而，這是很荒謬的事，要用我們的腦袋去決定自己的感覺，就跟控制海浪的大小、形狀、頻率一樣，是不可能的。

雖然我們能決定如何回應自己的感覺，但無法預先用認知層面去決定自己的情緒反應。如果你愛的人傷害你，你會本能地感到生氣，即使你立刻壓抑了自己的憤怒。許多倖存者拒絕這種現象，因為他們的憤怒在幼兒時期就被徹底消滅，以至於

他們的憤怒反射作用不再是有意識的反應。然而，當他們被傷害時，無論他們決定要當一個多麼充滿愛的人，仍然會無意識地感到憤怒。

　　如果我們不去抗拒那些因為我們有矛盾性而欺負我們的人，就無法復原情緒層面。我們必須拒絕再假裝自己的情緒完全一致，如果倖存者想要捍衛自己健康的矛盾性，可以使用「重點是，這是情緒面的事，顯然不是一個理智性或選擇性的問題」來應對「別再猶豫不決了」的攻擊。

　　我記得，我天生的矛盾性如何在小時候被羞辱到不復存在，如果我說不喜歡最喜愛的電視節目的什麼地方，就會被說：「那你還繼續看？真是愚蠢。」如果我津津有味地享用餐點，但不吃罐頭豆子，就會被說：「你根本不餓，你不喜歡吃甜點。」如果我對母親訴說心事，說我對最要好的朋友感到生氣，她會說我不該再跟他玩。後來，當我不再生氣並且跟他和好時，我那沒朋友的母親就會罵我：「你這個小騙子，你說過你不喜歡他！他再傷害你，就是你活該。」

　　母親把我的情緒多元性貼上了標籤，說我有瑕疵又不可靠，但事實上，那是一個健康小孩依然完好的矛盾性。如果當初她能正常看待我的感覺，並且幫助我去發洩及化解它們，我就不會孤獨了好幾個星期之後才跟朋友和好。

　　家庭和社會的影響，最終摧毀了我對矛盾性的容忍力，我屈服地相信著「真正的」愛人永遠不會對彼此生氣，而我的「智慧」發展成只要關係中一出現矛盾且非愛的變化，就會離開它。如果當時有刻著「愛就是永遠不需要說抱歉」這句話的濫情愚蠢商品，我肯定會買下來。

　　許多成年小孩對於愛有著不切實際且兩極化的期待，他們相信不和諧不應該存在於愛裡面，有時候會把自己的矛盾詮釋為他們有太多瑕疵而不值得愛的證據，而在最極端的狀況中，他們認為自己的矛盾性意味著精神狀況不穩定！

　　若是不能容忍矛盾性，將會殺死一份關係，也會透過所謂的「分裂」（split）來摧毀一份關係，這是因為「伴侶之間只能表達對彼此的好感」這種心照不宣的共識，壓抑了失望的感覺，於是發生分裂。

　　這些分裂開來的情緒並不會自己化解，它們會逐漸累積到具爆炸性的程度，直到一件小抱怨引爆它們，而當它們爆破到覺知層面時，愛的感覺就會消失，我們會落到相反的情緒極端，並覺得與自己的伴侶完全疏離。

　　如果被壓抑的失望累積太多，或是它引爆了強烈的恨意，愛的感覺可能就回不來了，永遠分裂成疏離感。

　　如果伴侶們對於分裂情況的反應不具有太大的破壞性，那麼愛的感覺可能會回來，但如果他們無法容忍最初的矛盾情緒，分裂最終會再次發生。

　　大部分的關係僅能忍受幾次這種災難性的分裂，但有些關係會像在坐情緒雲霄飛車那樣，有極高和極低的情愛與疏離，而這種關係會漸漸地消滅伴侶們在彼此身上找到喜樂的能力，在最糟的情況下，他們會在整個人生中都無法找到喜樂。

　　當一份關係因為極端的分裂而死亡時，如果其中一位或兩位伴侶能學著哀悼的話，這份關係有時候可以重獲新生。哀悼將會安全地釋放舊的受傷感覺，自然地翻轉分裂的兩極化歷程，舊伴侶可能在這時重新發現彼此原本的吸引力，甚至再次變成朋友。另一方面，那些不哀悼的人時常陷在對前任伴侶的怨恨之中，雖然他們對伴侶實際上是有愛的（但通常沒有意識到這份愛的存在），但他們永遠不會再去連結這個感覺。

　　另一種可能殺死關係的常見分裂型式，是不能容忍分開的感覺，因而產生了一些會悶死關係的行為。伴侶們必須允許彼此在親近與分開的感覺之間矛盾地波動，如果只允許有親近的感覺，那麼當其中一位伴侶為了不被悶死而突然分裂到極度退縮時，這份關係的親密感可能就會死去。

　　矛盾性和分裂是對於情緒兩極性的對立反應，而且極少是全有全無的歷程。分裂在光譜上有各種不同的程度，它是從完全的矛盾到極端的分裂；從感覺到互相衝突的情緒，到永久抓住某種相反的情緒；從在一次心跳之間對伴侶感到又愛又恨，到極度不滿的火山突然爆發，立刻殺死一段「完美的婚姻」。

　　「矛盾中」（ambivalating）是我從一位朋友那裡聽來的詞彙，屬於比較不極端的分裂。「矛盾中」是在相反的情緒體驗之間快速地來回搖擺，我朋友用以下這段對話，為我搞笑演出她處於情緒兩極的極端「矛盾中」的狀況：

我想要他。
不，我不要！他把我傷害得太深了。
但有時候他使我感覺很好。

對，但是他在這個過程中會榨乾我的能量。

但他是這麼好的人。

不，他不是！他是個混蛋！

但如果我和他同居，他充滿愛的那一面就會出現。

唉呀！那會是一場災難。我真希望他乾脆搬去阿拉斯加！

天啊，但我會想念他，去拜訪他得花我一大筆錢。

我愛他。

我恨他。

我愛他！

我恨他！

我愛他！？

我恨他！？

　　當我們歡迎自己正常的矛盾性時，將會達到更深度的自我了解，並且能對於複雜的人生問題做出更好的決定。「矛盾中」是心理治療的療癒歷程之一，當案主被鼓勵去徹底探索自己對於工作或關係的衝突感覺後，通常會連結到深層的直覺，並知道什麼對自己最好。

　　長期處於「矛盾中」的狀態可能令人難受，並時常導致我們衝動地做決定，只為了結束這種不舒服的情況。當我缺乏勇氣和自我尊重來與自己的矛盾同在時，以及當我不了解最有智慧的決定有時候是來自於數月甚至數年的矛盾中，就會做出人生中最糟的決定。因此，榮格才會說，容忍矛盾性是一種進階的情緒技巧，以及心理健康的指標。

　　另一個重點是，要注意對於矛盾性的一種常見失能反應。有些倖存者把他們的矛盾性「心智化」到模糊的程度，當他們沒有直接體驗這些迥然不同的感覺時，這些感覺就會以不具焦點的擔心和困惑，滲入到知覺中，使他們癱瘓，無法做出對自己好的決定和行動，而這不是健康的「矛盾中」。功能良好的「矛盾中」，包含了情緒性，甚至是「哀悼性」地，探索衝突的最深處。在我的經驗中，當我們徹底體驗某個選擇的全部情緒內涵之後，最終就會出現有效的解決辦法。

　　隨著我們在情緒方面越加成熟，就越能放鬆地處在矛盾中，進而接受這個的事實：在重要關係中反覆發生矛盾的經驗，是很正常的。當我們允許自己去體驗完整的感覺光譜，並且良性地與親密對象溝通，就比較不會有破壞性的分裂，因為我們不會壓抑自己的情緒，也不把它們累積到會發火的程度。

　　接受矛盾性，也會保護我們免於內在的分裂。我見過最普遍的自尊破壞情況，是那些被拋棄的感覺突然爆發到知覺中，把一個人分裂到排山倒海的惡性羞恥中。所以，我們越是全然感受情緒，就越不會從自我價值感完全分裂開來。

矛盾性與靈性

　　隨著一個人的靈性生活越發成熟，他會對於矛盾感到更自在，更能欣賞人生的模糊抽象、它的許多層次，以及天生的衝突。他會在慈善之心中，發展出對於人生的諷刺、隱喻和幽默感，以及擁抱整體的能力，包含人生的美麗與蠻橫。

——傑克・康菲爾德

　　雖然許多宗教傳統相信神是無所不在的，但我們對自己內在情緒世界的反應，時常就像它是一個荒蕪而無神的地方。十九世紀末的德文界詩人里爾克（Rilke）寫到這是非常不必要的事：

　　啊，不要被切斷，
　　不要通過最細微的劃分
　　被星辰的法則拒於門外。
　　內在——它是什麼？
　　如果不是變得激烈的天空，
　　被鳥兒猛力衝過去，並且深深地
　　隨著返家之風。

　　當我們將情緒體驗「負面」的那一半分裂開來，就暗示著那裡沒有神，而這就

像在說，自己的「負面」情緒是對神不敬，而且不是有用的創造物。當我們這麼做的時候，就會使撒旦成真，並且在自己內心創造了惡魔的地獄，那些被視為不神聖而遭到放逐的感覺，就會在無意識中以煉獄的方式顯化。

在我終於臣服於先前所否認的那些感覺之後，便讓內心最深處有了一些通往神之愛的開口，也使我直接理解到神無所不在，但這些開口通常會展現為純粹且深刻的矛盾性。

這種純粹的矛盾體驗，有時候會打開我們對超凡合一性的覺察力，而這種合一性會統一所有的兩極化。道家相信有一種看不見且根本的合一性連結，而且它會調合所有的差距，道的符號「太極」就是這樣的象徵，它在一個圓圈內統一了兩半，並且兩半各自含有顏色與之相反的小圓。

在大自然的美麗情境中，我有幸能數度一瞥更深層且遍及一切的統一性。有一次，我在山中漫步時，感受著深深的孤獨感，但後來遇見了壯麗的風景，便立刻被震撼了。出現在眼前的精美畫面，使我的心中充滿喜樂，淚水滾下我的臉龐，而我也大笑了出來，同時感受到自己的靈性面和情緒面透過一種慈愛的力量而合併了；那股力量似乎是一切的來源，也是統一一切的要素。現代神祕主義者 R・M・巴克（R. M. Bucke）描述了相似的經驗：

> 現在出現了一段狂喜的時間，強烈到宇宙停下來了，彷彿對於這個無法用言語形容的雄偉壯觀感到驚奇。
> 這無限宇宙中的唯一！那全愛且完美的那個……就在這可稱為天堂之樂的美妙時刻中，出現了光明……當我看到鎖鏈沒有斷，一塊都沒有缺少，一切都在它們該在的位置和時間，是多麼喜樂啊。各個世界、各個體系，全都混合成和諧的整體。

動力之四：流動性

> 一個人在一天中能夠經歷多少種不同感覺的氣候啊？這真是太有意思了。
>
> ——安妮・莫羅・林德伯格（Anne Morrow Lindbergh）

　　擁抱矛盾性，並不代表總是覺得矛盾，如先前所說，很多時候我們並沒有情緒上的共鳴，而且毫無感覺。很多時候，單純地感覺某個極端情緒，也是恰當的。

　　擁抱矛盾性只是讓我們更能完全感受情緒的方式之一，而且能夠擁有情緒彈性與流動性無可取代的好處。

　　「流動性」是指情緒一直在變化，具有無法預期的起伏。欣賞流動性，也就是欣賞情緒本質的液態流動特性，這能讓我們以健康的方式回應自己的情緒。當我們臣服於自己的情緒流動性，就會重拾與生俱來、令人興奮且自然的自發性，而我們能在還沒有被過度管教的小孩身上看到這一點。

　　不幸地，大部分的人只有在往自己喜歡的方向流動時，才會採取「順其自然」的態度。其他時候，我們反而在努力對抗不喜歡的感覺，努力到把自己困在裡面，就像經典的馬戲團小丑瘋狂地對抗一張捕蠅紙那樣。

　　這種試圖逃避不想要的感覺的情況，時常會困住我們，使那些感覺慢性地、微微地發酵，而許多長期存在的情緒，都是壓抑的情緒慢慢地滲入到意識中所造成的。當這些潛在的情緒（emotions）無法被有效地表達和釋放出來，它們所製造的心情（moods）就會汙染並主導我們的覺察，而且持續非常久。

　　以前，在我的憤怒完全沒有出口時，我承受了長期悶悶不樂的煩躁心情；而且在我結束長達數十年不流淚的情況之前，我經常退出生活，憂鬱地度過數週。

　　用悶悶不樂去處理情緒，是非常緩慢又沒效率的方式。那些不哭泣的人可能會意氣消沉，無止盡地鬱鬱寡歡；那些找不到建設性方式來釋放憤怒的人，可能會活在怨恨中，而且會有一種憤怒在長期發作且具敵意的自我批判中悶燒，並刺激著這種怨恨。快速度過不愉快的情緒體驗的方式，是擁抱它，並完全感受及表達它。

　　許多倖存者在自己偏好的感覺不存在之後，仍試圖要抓著它，那些愛、高興和原諒的感覺，好到令我們忍不住要它們永遠長在。然而，這反而會對自己造成更多的傷害。

　　我一再傷害自己的方式，就是拒絕自己的情緒流動，並且無意識地試圖緊抓著某個已經不屬於我的正面感覺。佛教徒說，這種執著就是人類非必要的痛苦中最大的來源之一。

　　不幸地，對於任何和諧的、愉悅的感覺，我們所能做的最好的事，就是「及時

享受」，沒有什麼比這句話更適合情緒領域了。**當一個情緒體驗改變了，我們能給予自己的最好支持，就是盡可能不帶羞恥感地接受失去它的情況**，並且無論我們感覺到什麼，無論我們的情緒天氣有什麼風暴，都要下定決心愛自己、接納自己。

　　當我們復原了哀悼的能力，就能更優雅地度過令人難受的情緒變化。當愛與快樂的感覺暫時離去時，有時候就像是我們的安適感死去了，在這種時候，哀悼會有幫助，而且能使我們偏好的感覺重生。

　　沉浸於令人精神煥發、完整且彈性的情緒感受之水，會帶來自我更新的美好恩典。對大多數人來說，這種沉浸的體驗始於我們願意哀悼童年之失落的時候，而這是接下來三章的主題。

第 4 章

哀悼所帶來的禮物

我想，對悲傷的厭惡，是受到世俗的快樂主義所影響的，

而這快樂主義用一種情緒謬論，試圖趕走正常人生可能會有的失落。

——彼得・馬里斯（Peter Marris），《失落與改變》——

在重拾完全感受情緒之能力的過程中，哀悼扮演了重要的角色。事實上，一個人的情緒復原狀態，反映在他重拾哀悼及習慣哀悼的程度，以及能把哀悼為提升生命的持續性歷程。

　　無論我們有多麼可怕又悲慘的失落經驗，哀悼都可以修復我們對人生的熱情。這一章介紹了哀悼的修復效果，而第五章會介紹有效哀悼的錯綜複雜情況。

重拾童年之失落

　　若是你不承認曾經發生過什麼事，那麼時間就不會療癒傷痛。你需要釐清自己的感覺，並且表達它們，而表達的方式是，仔細定義出自己失去了什麼，以及有多麼在乎自己失去的東西。

　　　　　　　　　　　── 彼得・里希（Peter Leech）和澤瓦・辛格（Zeva Singer）

　　「哀悼」是自古以來人類用來表達關於受傷和失落的悲傷及憤怒的健康歷程，也是心理以自然的方式釋放我們失去所重視的人、事、物時的痛苦。哀悼對於情緒健康的必要性，就如同大小便之於生理健康，其移除心理傷害與痛苦的情緒能量，就像排泄的生理功能會移除身體中的毒素。

　　倖存者需要哀悼，因為他們的個體性和表達性在童年時期就被殺死或消失了。詩人希拉・班德（Sheila Bender）曾經寫到父親在她童年失落中的角色：

在家中，你像清潔隊員那般進入我的腦袋
把我的夢想視為垃圾並將之掃去。
被清理的我
迷失在你的期待水流裡……

　　哀悼是把新生命與希望從失落與死亡中帶出來的自然歷程，當我們突破自己的否認，並且清楚認知到自己如何被父母貶低，哀悼會幫助我們挖掘出那些在童年時期就早早入土的部分。

　　若要準確地回想過去，並尋找失落在其中的自我寶石，通常需要努力和耐心。在挖掘童年記憶時，經常像是在土質不穩定的山腰徒手挖金礦那麼費力又危險，有時候我們未處理的陳舊痛苦之沉重，會讓人覺得好像全世界的重量都落到了自己身上，但幸好，哀悼的歷程可以如洩洪般排掉這沉重的痛苦殘餘物。在這些痛苦之下，我們經常會發現自我憐憫和自我保護之勇氣的豐盛礦脈，而這些礦脈將照亮每個人的核心，在這個核心裡，我們會找到內在休眠了一輩子的力量與才華。

　　哀悼會重新喚醒我們所擁有的「擺脫不必要的限制」的天生傾向，也會恢復我們與生俱來的持續成長和擴展的熱情。每個嬰孩都會自然地挑戰嬰兒床的限制、學會爬行、勇於面對摔倒的恐懼、忍受多次摔倒的疼痛，以及最終學會走路。每個幼兒都熱切地想要發展新能力，無論過程有多麼辛苦，直到父母的羞辱或過度處罰熄滅了這股旺盛的好奇心。

　　無論父母在何時阻擋了我們對於生命發展之持續歷程的熱情，哀悼都會重新點燃並激發這股熱情，並且讓我們重新連結上這個歷程。哀悼是對於遭受挫折的自然反應，能幫助我們反轉一成不變的隱士般閉關狀態，復甦我們承擔新風險的熱情，下文捕捉了承擔新風險的重要性：

風險

　　笑，會有看起來像傻子的風險。
　　哭泣，會有看起來多愁善感的風險。
　　對別人伸出手，會有參與的風險。
　　暴露感覺，會有暴露真實自己的風險。
　　對人們說出你的想法、夢想，會有失落的風險。
　　愛，會有不被回報愛的風險。
　　活著，會有死亡的風險。希望，會有絕望的風險。
　　嘗試，會有失敗的風險。
　　但我們必須冒險，因為人生中最大的危害就是不想冒險。不想冒險的人，
　　就會什麼都不做、什麼都沒有、什麼都不是。也許他可以逃避苦難和悲

傷，卻根本不能學習、感覺、成長、愛，也不能活著。他被自己的信念給
拴住，成了奴隸，放棄了自由。只有冒險的人，才是自由的。

——作者不詳

復原的情緒能加強意向性

父母可能在情緒方面拒孩子於千里之外，或是隨便就保持距離。但如此一來，
孩子的情緒依附可能會遭到嚴重的破壞……孩子學會了應付這種狀況，然而長大後
卻沒有由內而外的健康自我感……內在沒有任何感覺，也沒有發自內在的動機、願
望和感受。

——丹尼斯·霍利

哀悼能夠釋放意向性的激勵力量。「意向性」（Intentionality）是把我們的心
智能量、靈性能量和情緒能量完全投入到個人夢想與野心的歷程。

我們所能擁有的最好意向，或許是想要復原童年之失落，並且得到人生平衡的
正常獎賞。小時候，我們曾經全心全意地渴望某個特別的聖誕節禮物，而當我們用
同樣的熱情去追求復原，就是在透過意向性給自己力量。

這一單元最後的清單（94 頁），說明了能夠使人生更滿足的人類基本體驗，
然而許多人早在有記憶以前，就被羞辱到不敢想要這些日常的「活著的理由」；甚
至不知道，自己的許多持續性痛苦，就是因為缺乏這些正常應得的權利。

如果我們從未體驗過某件事物，就很難知道自己失去了它。如果一個小孩在市
中心貧民區的廉價公寓中長大，從沒見過花朵、樹林、未遭破壞的大自然，他怎麼
會知道自己有多麼貧乏呢？當我將這份意向清單提供給案主和學生時，他們經常對
這些合理的人生期待感到震驚。如果倖存者不曾擁有過主動給予的愛，又怎麼能知
道自己對於主動給予的愛的需求，幾乎就跟需要食物和空氣一樣重要呢？如果一個
小孩在成長過程中從沒被完整接納，長大後通常很難知道自己的痛苦大多是與沒被
看到、沒被聽到或沒被欣賞有關。

如果我們缺乏喚起意向性的能力，通常是因為我們成長的家庭會粉碎及消滅健

康性的希望。在療癒相關文獻中，有太多令人心碎的故事，都是父母消滅了孩子的志向、殺死孩子對生命的熱情，並且使孩子相信沒有值得活著的理由（參見珍・米道頓－莫茲（Jane Middleton-Moz）的《創傷的孩子》）。

許多倖存者在療癒過程中關鍵的一步，就發生在他們決定「想要」學會如何再次想要的時候！希拉・班德鼓勵我們採取她的詩〈家潮〉（Home Tides）中的這一步：

那是你父親的點子
軍事化地對待他的長子
你，十五個月大
爬出嬰兒床
蹣跚到你父母那兒。
當你到達時，他打了你
試著打破你的意志。

敏感的沙蟹，
孤獨黯淡的爬痕，
沒有鞋子的流浪者，
你有多少次沉沒
在水流成為你的家之前？

你現在必須努力記得
把你帶出嬰兒床的
勇氣與渴望。你必須起來
迎向你需要的一切。

哀悼會將我們心中所有痛苦的失望都清理乾淨，那種失望曾強迫我們不再熱情地渴望圓滿；哀悼會清除舊傷，於是我們心中再次有空間可以擺放願望和夢想；哀

悼也會重燃內在之火，那團火會使我們熱烈地把希望與渴望投入到下列的意向裡。現在我們可以拋棄「想要並取得這些生命之禮物是又壞又自私」這種謊言了。這一股渴望本屬於自己的一切的熱情，很容易就能轉化為實現它的動力。

我鼓勵你運用直覺，從下列的意向中選擇最吸引你的項目，就像十二步驟[1]聚會（Twelve Step meetings）所說：「挑揀最好的，放掉其他的。」在這份清單中加入你的個人化意向，也會對你有益。

如果你有關係依賴的情況，請特別注意第二十三條。許多關係依賴者仍然相信自己不值得擁有人生中正常合理的祝福，但是，就像每個人都值得擁有人生中基本合理的美好體驗，你也絕對值得！學會把那些給予別人的照顧和貼心，也同樣給予自己，對關係依賴者的復原大有助益。也許這句話對你有幫助：「**像對待別人那樣對待自己。**」

針對復原的意向建議

在尋找客人時，負責做這件事的，完全是你渴望客人的強度。

——卡比爾

1. 我想要跟自己發展成更有愛及接納的關係，我想要更接納自己。
2. 我想要變成自己最好的朋友。
3. 我想要以愛、尊重、公平和互相支持為基礎的關係。
4. 我想要釋放完全且無拘無束的自我表達。
5. 我想要盡可能獲得最好的身體健康。
6. 我想要培養平衡的活力和平靜。
7. 我想要吸引有愛的朋友和社群。
8. 我想要逐漸從毒性差恥中解放。
9. 我想要逐漸從不必要的恐懼中解放。
10. 我想要有回報且有成就感的工作。
11. 我想要健康的身、心、靈之平靜。

12. 我想要更有能力地玩樂和享受。

13. 我想要在人生中給予美與大自然很多空間。

14. 我想要充足的物質與金錢資源。

15. 我想要足夠的（自己、他人或上天）的幫助，讓我得到所需要的。

16. 我想要神的愛、恩典和祝福。

17. 我想要在工作、休息、玩樂之間取得平衡。

18. 我想要平衡的穩定和變化。

19. 我想要充滿愛的互動，以及健康的自給自足，而且兩者平衡。

20. 我想要笑與淚平衡的完整情緒表達。

21. 我想要性方面的滿足。

22. 我想要找到有效且非虐待性的方法去處理憤怒。

23. 我想要每一個人，包括我自己，都能得到這些。

喚醒自我憐憫

　　我們給自己這麼少的仁慈；我們把心築起圍籬，覺得孤身一人待在有敵意的世界裡；我們很少放下自己的論斷，並且在心中給自己空間。我們怎麼能給這個在心中受折磨的存在，那麼少的憐憫呢？如果我們全然承認自己的痛苦，對自己的福祉的關懷和憐憫，就會包圍我們。

　　　　　　　　　　　　　　　　　　　　　　　　——史蒂芬・拉維

　　不帶羞恥或不帶自我仇恨地完全感受童年時期深深的悲傷時，心就會美好地渴望重拾失去的自我，並以這樣的渴望來打開心房。詩人暨小說家愛麗絲・華克（Alice Walker）動人地寫道：

　　現在，我告解內心

　　的哀愁

　　隨著眼淚流下

而我再次透過記憶的亮眼看見
我最親愛的陪伴被砍倒
並且可以忍受重新看見我自己
如此孤單和渺小
在童年的
那陽光普照的草地
和陰影處的樹林
在那裡，我被粉碎的精神
和被打擊的心
繞著圈子跑
尋找一個朋友

很快地，我會認識五十個夏天。
或許那是為什麼
我的心
一棵被監禁的樹
長久以來緊緊抓著
它的內在核心
堅持著
脫皮
像是鐵片
離開囚房
的柵欄。
　　喔，我出生的風景
你從未遠離我心。
是我自己遠離。如果你願意讓我回來
　　知道我是
　　你的。

當我不再覺得自己為童年之失落所流下的淚水是羞恥的，便發現自己感受到一股逐漸增加的渴望，想要給予自己從未得到的關懷。我的眼淚使我在困難的時刻對自己（和別人）越來越溫柔和仁慈，因為眼淚喚醒了我內在一種健康的養育本能，可以更加對內在小孩打開心房，尤其是在他傷痛之時。

哀悼能幫助我在當下更有效地度過人生中經常發生的不可預期的失望，並且讓我恢復對於生活及持續獲得獎賞的喜悅感恩。每個人都得面對未來的失落，而且有很多失落是超過我們所能控制的，而**哀悼會自然地除去挫敗裡的羞恥和沮喪，幫助我們從不幸中恢復**。我很高興看到許多案主和朋友，透過練習哀悼而發現自我憐憫，在數百次甚至數千次的諮商會談中，案主都是從深深的絕望開始，並在沉浸於哀悼過後，於復甦的希望中結束。

我會，我會接納自己
以希望和恐懼和驚奇
而我已經參加的
不會讓任何人拆散。

——多莉‧普列文（Dory Preven）

增強自我保護的本能

我會照顧自己！我越孤獨、越缺乏朋友、越無依無靠，我就越尊敬自己！
——簡‧愛（Jane Eyre）

當我允許自己對於早期受虐經驗去感覺帶有悲傷的憤怒時，就知道如果再發生這種事，我不會再沉默地投降。當我不帶羞恥地談論自己童年的失落，並且連結了對於不公不義的怪罪本能，就自然地更渴望投入時間與精力去復原了。

哀悼的憤怒是溫暖的，特別有助於讓恐懼解凍，並溶出被恐懼冰凍的內在小孩。一旦我學會用安全且無虐待性的方式，去表達對於父母欺凌行為的憤怒，我發現自己的恐懼就逐漸減少了。回想起來，這就像是在恐懼中嚇呆了的內在小孩一直

在躲藏，等著看成熟中的成人自我會不會為了個人力量和自信表達而表態。我的成人自我是否學到了如何對虐待說不？他會不會要求尊重及合理的成人權利？他是否會學到要為了內在孩子挺身而出？

　　有效的憤怒工作，經常自然地喚醒我們基本的自我保護本能，而這個本能是健康地自信表達的基礎，也會讓許多倖存者在這輩子第一次感到安全，並且召喚出熊媽媽那樣的強悍本能，那是熊媽媽在必要時會用來戰退敵方的攻擊性。

　　即使我們被無意識的恐懼嚇到了，覺得自己會像童年時期那樣，因為替自己著想而被懲罰，健康性的憤怒也會讓我們有持續復原的力量。習得的自我仇恨習慣，以及無建設性的自我批判，都會阻礙我們的成長，若要消滅它們，憤怒是至關重要的（詳見第七章）。

安撫情緒重現的情況

　　事實上，最好把感覺視為路途上的路標，它指向了我們需要學習的功課。每當我們真的憤怒或害怕什麼，就是有強大的功課等著我們去學習，而那個功課通常是我們過去所退避的，而我們現在有機會擁抱它。

　　　　　　　　——蓋伊・漢德瑞克（Gay Hendricks），《學著愛自己》

　　長期受虐的倖存者經常出現「情緒重現」的現象，**情緒重現是指突然或持續地退化到童年創傷時的情緒狀態，而這些情緒狀態是過去的恐懼、憂鬱、自我仇恨和羞恥的強烈痛苦體驗。**

　　情緒重現與有創傷後壓力症候群（PTSD）退伍軍人的重現很相似，但情緒重現極少含有原本創傷事件的幻覺。然而，如果倖存者聚焦在那重現的感覺上，有時候會在覺知層面記起造成這些情緒的事件。

　　情緒重現往往會使我們覺得失去行為能力，當倖存者試著要求自己在童年時期曾被拒絕的權利時，常會經歷到令人癱瘓的重現。

　　我協助過許多案主，當他們試圖重拾說不的權利時，就會有嚴重的焦慮。光是想到要說不，他們就會被大量的恐懼或罪惡感給淹沒，以至於無法說不。對於此時

主宰著意識的內在小孩而言，這就像是他回到了小時候的家中，即將因為唱反調而被嚴厲地處罰。這種重現的強烈程度，使許多案主為了重拾說不的完整能力而掙扎多年，而他們最難說不的情況，是面臨到會使他們聯想到父母的人，或是童年時期從不被允許拒絕的要求。

重拾自我表達權利的難度有多高，通常與這個權利在小時候被奪走時所經歷的創傷程度成正比。

因此，能否勇敢表達自己，有時候不是單純的選擇或意志力問題，所以只採用認知技巧的「敢於自表訓練」（assertive training，又稱自我肯定訓練），對一些人來說沒有什麼好處。對於倖存者來說，在需要自信表達的情境中往往自動附加了恐懼，然而在他們透過哀悼來降低這種恐懼之前，通常覺得太難以承受而無法發聲，許多倖存者甚至從未想過要接受敢於自表訓練，因為他們光是想到要學著把話說出來，就會引發痛苦的情緒重現！

失能家庭如戰場

退役軍人和失能家庭的倖存者，其情緒重現通常有相似的背景，這兩群人都被迫長時間處於高度焦慮的狀態。士兵經常有好幾週甚至好幾個月都住在敵區，長時間凍結在「隨時可能被殺掉」的恐怖情境中，以至於他們變成慣性恐懼，而那些與總是憤怒的父母同住的小孩，從來不知道自己在何時會被另一波感覺宛如謀殺的暴怒給炮轟。

這兩種情況都會把人嚇得提心吊膽，讓人總是預期著會有埋伏出現或炮火射過來，而小孩的情況有時更糟，因為他們通常得在家庭戰場中服役更久。

生長在具虐待性的家庭裡的孩子，經常毫無預警地被打或被怒吼。我協助過的許多倖存者，會自然地運用戰場畫面來描述自己的童年家庭，許多人在餐桌上正常表達自己時，會反覆地遭遇「埋伏」，並且延伸這個譬喻，說自己像一個戰俘，他們只有很少的權利，或完全沒有；他們不能逃離；而且無論他們遇到多糟糕的對待，都沒有可以求助的人。

有些人的遭遇甚至比戰俘更慘。目前，戰俘至少有〈日內瓦公約〉所保障的某

些表面權利。不久前，兒童無處可爭取合理的對待，即使是現在，如果父母在不當對待小孩時，沒有在小孩的身體留下可見的痕跡，兒童保護服務（Child Protective Services）[2] 也幫不上忙。關於這個主題，心理治療師珍·米道頓—莫茲在《創傷的孩子》一書中，引用了詩人南西·普斯理—何立（Nanci Presley-Holley）的詩：

我沒有武裝
我的服役期並非只有一年
在某個遭戰亂破壞的國家
我在那兒的期間
是從出生到十八歲
像個戰俘般逃離
卻又被彈回坑窪
當他們發現我住在哪裡
或我崩潰並說出來
像遊戲那種正常的童年活動？
我不是這樣的孩子，我總是準備好戰鬥
訓練我自己存活
我必須保持警戒，警覺
以面對肚子上的一拳、頭上的一掌
因為我在該安靜的時候說話
或要求吃什麼東西
或甚至塗顏色時超出了線框
我從不知道高射炮何時會射過來
從來沒有任何警告
我希望有人會喊一聲「來了」

夜晚最糟
但不像武裝的軍營

沒有任何哨兵
躺在我床上
在透支和睡著之間盤旋
注意聽著入侵者的低語
以防他躡手躡腳地來到我房間
或是醒來發現他已經入侵
並且疊在我身上
我還能做什麼
……除了裝死？

　　當一個人被迫花大量的時間恐懼地預期遭受攻擊，可能會發展出「創傷後壓力症候群」，其特色是嚴重的焦慮和恐懼，經常造成一種末日即將到來的恐怖感，使倖存者產生障礙。被創傷後壓力症候群折磨的人，可能會被最無害的訊號而誘發了持續的情緒重現，有時候他們感覺就像痛苦地身歷其境，再度完全體驗到過去的創傷，而當情況特別嚴重時，他們會被困在永遠的情緒重現中。

　　有時候，只是看到他人的虐待行為，也會引發創傷後壓力症候群，有些退役軍人最糟糕的惡夢（睡著時的情緒重現），主題圍繞在看到朋友受傷或是被殺。這種情緒上的影響，與小孩看到自己的母親或手足被創傷性地虐待，是差不多的。我的快樂童年假象最早遭遇到的挑戰，是我突然回憶起父親打了妹妹一頓，而害怕與恐懼的情緒重現立刻伴隨著這個回憶而來。

　　有許多種刺激都會誘發情緒重現，令人聯想到童年的人、地方或事件的一切，都可能引發讓人深陷的情緒重現。

　　但有時它們可能不太相似，如果童年時期遇到的全部或大部分的重要成人，都具有威脅性或主動地有攻擊性，那麼每一次的新接觸都可能誘發我們的恐懼；如果以前只有男人是具虐待性的，那麼我們可能會害怕每一個新男人；如果以前我們只要在家裡的餐桌上講話，就會被批評，那麼我們只要跟別人一起吃飯或是想要講話，就可能會歷經「重現」的情況。

　　事實上，大多數人的說話能力似乎都被傷害了，因為調查顯示，公開說話是大

眾最大的恐懼，這可能意味著，光是想到要在一群人面前講話，就會產生這麼嚇人的情緒重現，以至於大部分的人都不想做這件事。

如果你想知道自己是否也是其中一員，可以試著想像你在一群聽眾前面說話的畫面。這是否誘發了你早年說話時被攻擊的相關回憶呢？

如果你感到任何恐懼或羞恥，請試著聚焦在那個感覺的身體感受，你可能會發現，你的感覺使你想起童年的某次談話經驗，也許你想起父母對你在餐桌上或長途車程中所說的話的反應；也許這接著使你充滿一種渺小且不受保護的感覺，覺得某件糟糕的事即將發生；也許你對此會有一些悲傷或生氣的感覺。如果你把這些感覺哀悼出來，可能會注意到自己的緊繃感被釋放了。

即使我們沒有被主動虐待，但成長於嚴重忽略且冷漠的家庭，也可能被情緒重現所折磨。當下成人關係中的小小失望，可能會再次對你誘發相同的空虛、無價值和孤獨的感覺，這些感覺通常會糾纏著情緒被忽略的孩子。在那些情緒重現最糟糕的時候，我們可能在心中痛苦地迴盪著過去每一次被遺棄的經驗，並且覺得自己彷彿又要再次被拋棄了。

要是成年小孩不明白情緒重現是什麼，會對這種情況感到特別難受，因為這些突然出現的情緒爆發對倖存者來說毫無道理，所以他們的恐懼感和羞恥感會迅速加重，可能會把這些情緒重現詮釋成自己又笨又有嚴重毛病的進一步證據。

憤怒是解決當下情緒重現的強大工具，每當過去的恐嚇再度出現，而我們允許自己對此感到生氣，就會提醒自己，我們不再是無助的小孩，而是有力量的成人，擁有自我保護的能力。

我發現，對於原本的虐待以及當下必須忍受情緒重現的不公狀況感到生氣，特別有幫助；這種內在的自我擁護，經常使我的恐懼消散。

值得注意的是，追蹤研究那些歷經喬奇拉（Chowchilla）綁架案[3]的兒童的近期結果。那些兒童當時待在被掩埋於地下的公車裡好幾天，而研究發現，從恐懼的情緒重現中快速復原的唯一一名兒童，是憤怒大叫、大捶公車天花板的那一個（他的行動也導致這些兒童能夠被發現並獲救）。

許多倖存者在離開失能家庭好幾年後，才開始被情緒重現所圍攻，其原因至少有兩個。第一，慣性的壓抑會增加並累積我們無意識的痛苦，於是心理機制越來越

需要釋放情緒。當累積的壓抑情緒強烈到無法克制，痛苦就可能開始以情緒重現的形式爆發出來。

第二，有時要等到倖存者已經可以（雖然不見得願意）哀悼童年之失落時，情緒重現才能出現。要是倖存者已經藉由挑戰自己對於不良養育的否認，而感到得意及解放，那麼情緒重現的情況則會讓他感到特別難堪。有時他們會認定復原工作使自己變得更糟，而無法理解自己的情緒重現其實是在宣告，自己正往復原歷程的下一個階段前進。

情緒重現一點也不可恥，而是心理機制健康地試圖重建生動的過去，好讓我們可以更精確地看到它，並且解決由它而來的持續性問題。不幸的是，很多人不知道如何接收那些在重現時所提供的機會，一遇到情緒重現的情況時，都不會從中學習，而是自動地認為自己很糟、活該被懲罰。父母使我們相信，他們會傷害我們都是因為我們的錯（「這是你自找的，現在我得處罰你！」），所以我們對於情緒重現的反應通常是羞恥和自我仇恨，事實上，自責已經變成我們對於每一種痛苦的立即反應，無論真正的原因是什麼。

自我憐憫會從哀悼中誕生，並且讓我們清楚地知道，遭受惡劣對待，以及因這些惡劣對待而引起的情緒重現，並不是我們自己造成的。自我憐憫幫助我們把情緒重現詮釋為父母有錯的證明，而不是我們有錯；並且幫助我們了解，我們感到痛苦，是因為我們受傷了，而不是因為我們很差勁。這種理解會激勵我們在情緒重現時要自我滋養，而不是自我攻擊和自我遺棄。

當我們對於哀悼真的感到自在時，甚至可能會歡迎情緒重現，學會把它當作清理那些未化解的痛苦的機會。

情緒重現逼真地展示了，我們現在大部分的掙扎都是習得的，不是天生的。對我來說，無數的情緒重現已經幫助我了解，我不是生來對抗自己的。

反覆出現的情緒重現也幫助我了解到，自我貶低的習慣是很頑強的，因為它是長期養成的，這使我對於復原進度有時候會慢到讓人疲累的情況，能夠更有耐心和同情心。情緒重現鼓勵我繼續努力，以逐漸削弱完美主義，並繼續取得我的成人權利，自從我大量地重新獲得完全表達及參與世界的能力之後，情緒重現已經更少出現、更輕微，並且更容易化解。

減少身體化

　　那些被困住的感覺就像籠中鳥，或是陷阱裡的兔子，會試圖用各種可能的辦法逃出來。它們會啄我們的頭，使我們頭痛；它們抓我們的肚子，使我們肚子痛。

——海瑟頓冥想（Hazelden Meditations）

　　「身體化」（Somatization）是一種把累積的情緒痛苦轉化為生理症狀和疾病的心理歷程，目前已經廣泛接受的觀點是，許多生理疾病都有情緒方面的原因。我甚至聽過一位陽剛的知名體育播報員的假設，他認為一位新進巨星會發生一連串造成失能的受傷情況，可能是新球隊不歡迎他、使他感覺受傷的結果。

　　關於身體化的機制，有許多不同的理論，最簡單的一個理論認為，無論是哪種痛苦，都是給予那個有機體（具有生命的個體）的訊號，告訴他某件事有問題且需要注意。如果這個人持續忽略自己的情緒困擾訊號，這些訊號就會增強為生理的疼痛，來吸引這個人的注意力去解決問題。著名的榮格學派分析師瑪麗恩‧伍德曼（Marion Woodman）闡述了這個歷程：

> 身體成了鞭刑柱。如果這個人很焦慮，身體就會挨餓、大吃大喝、用藥、喝醉、強迫嘔吐，被驅使到精疲力竭或是做出一些自我破壞的狂亂反應。但當這個美好的動物試圖送出警告訊號時，就會被藥物給消音。比起傾聽自己鄙視的身體，許多人更用心地傾聽自己的貓，以一種珍惜的方式照顧寵物，而寵物也會回報他們的愛。然而，他們的身體可能必須發出震撼山河的吶喊，才能被聽見。

　　另一個理論則進一步解釋身體化的機制，指出情緒壓抑會用掉大量的重要能量，以至於許多身體系統的資源會被耗盡，因此更容易出問題及生病。肯恩‧威爾柏對這個歷程的說法如下：

> 因此，如果你壓抑敵意……必須用一些肌肉來制止其他肌肉的動作，結果

就是肌肉間的戰爭。你有一半的肌肉努力地要用攻擊來釋放敵意，而另一半努力地避免攻擊發生，這就像是一腳踩油門，另一腳踩剎車，這衝突最後會變成非常緊繃的僵持狀態，有大量的能量消耗在結算為零的動作上。

身體化會經由第三個動態過程而損傷身體：為了避免感覺而長期持續地緊繃身體的肌肉系統。用肌肉收縮來對抗感覺，是一種生理性的自我仇恨，也是對健康自我說不的惡毒方式，這種對自我的鎮壓，不只會耗盡整體的能量，也會限縮流到身體各處的血液，使身體更容易生病，許多消化性疾病似乎是這種內臟收縮的難受感覺所造成的。

有效的哀悼可以消除身體化，因為哀悼允許我們在情緒痛苦「身體化」成為生理問題之前就處理它，而使我們越來越健康。我已經重拾了「每日輓詩」（daily lament）這種愛爾蘭老習俗，而且覺得自己在接近五十歲時，比二十幾歲、三十幾歲時更健康、更有活力，都是因為哀悼的貢獻。

我的情緒不適是極有價值的復原工具，能讓我去調適那些未解決的童年痛苦，並且將這些痛苦哀悼出去，這就像是肉體的不適會指引我去注意那根刺到我的小木屑，於是我可以把它拔出來。照料我的痛苦，也會讓我知道造成此痛苦的原因，並幫助我除去那些原因。就像被小木屑刺到時所感覺到的痛，讓我學會不要用手滑過粗糙的木扶手，而我在童年受虐時所感覺到的痛，也使我學會要避開像父母那樣具傷害性的人（詳見第七章的「強迫性重複」）。

開啟通往平靜和解脫的大門

　　昨晚，我睡覺時，夢到了我的心臟裡有一個蜂窩的美妙幻覺，金色的蜜蜂群正在使用我過去的一切失敗，製作著具有甜美蜂蜜的白色蜂巢。

——安東尼奧·馬查多

當我們把情緒痛苦當成必須逃離的惡魔而逃開它，那麼這個惡魔就會吃下我們所迴避的日常感受並越長越大，而只要我們放慢下來，地獄般的感覺就會戳著我們

的覺知。排隊等待和塞車等日常狀況，都會激發強烈的焦慮，而晚上就寢也成為引發焦慮的事，以致我們服用安眠藥、整晚熬夜，或是把自己累到嚴重的耗竭。

出現焦慮情緒的原因，通常是感覺在痛苦地躁動，試圖從無意識浮出到覺知層面，但那個覺知層面已經被訓練去拒絕這些感覺。焦慮就是腹部、胸口、喉嚨、下顎的緊縮，使得我們的感受處於保密狀態，諷刺的是，這種緊縮會使原本單純的難受更強烈，以至於我們體驗到的難受，比起它沒有受到妨礙時更加嚴重。

許多倖存者總是處於緊張和焦躁的狀態，在我學會如何哀悼之前，我的焦慮嚴重到讓我停不下來。如果我沒有預先安排好的活動可讓我逃離這些滲出來的情緒痛苦，就會無意識地用無止盡的坐立不安，也就是腳趾頭跟著內在無聲的不協調節奏點著地面，來使自己不去注意到這些情緒痛苦。身為成人，我們可以把自己從這種無意識的焦慮中解放出來，可以放棄壓抑情緒，告訴自己我們已經不住在那個因為展現情感就會羞辱及懲罰我們的家庭了。

哀悼會釋放我們的情緒痛苦（包括過去的與現在的），進而化解焦慮，並讓焦慮轉化為一種提醒功能，在我們退步到壓抑情緒的狀態時警示我們。

藉由足夠的哀悼，我們會發現在壓力之下其實有著與生俱來的自在感、安康（wellness）和平靜。內在的平靜會使我們更有能力享受獨處、休閒，以及他人的陪伴。我們的睡眠會得到改善，而且作夢會變成有趣且充實的時光，而不是象徵性地重演童年創傷那種讓人無法安寧又不安的鞭笞。用莎士比亞的話來說：「現在我的（我們的）靈魂有了一個手臂的空間。」

好好地哭一場所帶來的平靜，與透過放鬆技巧或冥想所得到的平靜相當不同，而是最踏實、最有身體感覺的平靜。有效的哀悼會帶來「超越理解的平靜」，讓我們體悟到，自己的內在沒有任何需要逃開的東西。

修復能夠去愛的心

你在人間的任務不是尋求愛，而是找出你為了抵制愛而在心內打造出來的所有障礙。

——《奇蹟課程》

　　哀悼是打開那扇通往內心與生俱來的愛之門的鑰匙，而隨著哀悼把我們從「過度警戒的自我表達」（這是童年的詛咒）中釋放出來，我們就更能夠向他人展現情緒脆弱的一面，並且打破以下這個魔咒：相信自己必須要是最好的，才能夠給予愛或接受愛。

　　真誠的溝通會使我們更有活著的感覺，如果我們在說話時加入了情緒表達，談話會變得更有活力，也更令人愉快。交談時的自由，經常會擴展到人生中的其他部分，鼓勵我們採取更自由的態度和行動，而這種自由能使我們更享受人生，並且使我們越來越能夠去愛人，包括生命中的人們和我們自己。當我們以身作則地展現脆弱，就會鼓勵他人也嘗試這種自由，而我們也會更容易被愛。

　　展現脆弱和真誠，是通往親密感的兩條金色道路，當兩個人深深地共同揭露自我，那條通往情緒性且堅實的愛之道路，就會在他們之間開啟。

　　如果我們限制別人只能表達缺乏感覺的話題，彼此相處起來就會覺得不自在和不安全，而且，如果我們一直絕口不提自己的情緒體驗，那麼對方就不會覺得可以向我們展現真實的感受。

　　我最好的朋友是那些我能夠真誠表達真實感覺的人，以及相處時不用擔心自己情緒狀態的人，而我身上的每一個部分，尤其是我的心和腹部，都清楚證明了這一點。相對地，一想到要向那些會嘲笑我表達感覺的人展現情緒脆弱面，我體內的每個細胞就會緊繃及收縮。現在，當你想像自己在父親（或是在不熟識的、習慣嘲笑自憐的人）面前哭泣，或是展現其他脆弱面，你有什麼感覺呢？當你想像自己在德蕾莎修女、聖母瑪利亞或是最好的朋友面前哭泣，你有什麼感覺呢？

　　哀悼能幫助我們勇敢面對在親密關係上的恐懼，並且激發那種以情緒性之愛的方式去溝通和連結的渴望。但這不是說，愛只是一種情緒；然而，當愛沒有建立在感覺上時，就會乾枯且令人不滿足了。事實上，許多人之所以不離開那種建立在愛的假象上的不健康關係，是因為不知道被愛是什麼樣子。

　　在我們從內心的情緒層面體驗到愛之前，無法分辨父母是真心愛我們，還是嘴上說說而已，許多人被父母制約去相信空洞的愛的說法，例如，「我當然愛你」和「我這麼做完全是因為我愛你」，都是許多人在根本沒有愛的情況中聽過無數次的陳腔濫調。

環遊我的孤獨

雖然我們旅行全世界去尋找美麗，但我們必須帶著美麗，否則就找不到它。

——拉爾夫·沃爾·愛默生（Ralph Waldo Emerson）

當我終於脫離家庭和軍隊之後，就跟傑克·凱魯亞克（Jack Kerouac）的小說《在路上》中的達瑪·邦（Dharma Bum）一樣，上路追尋冒險。我自喻為「獨行俠」，並對此感到自豪，下定決心要極力模仿書中角色那樣快樂至上的冒險，以及半吊子的靈性追求，藉此找到人生的意義。我輟學了六年，並在那段期間巧妙地逃避投入事業或關係。就這樣，我相信自己這輩子都會很開心地當個世界旅行者，直到在因緣際會下開啟了我的哀悼。

哀悼逐漸使我不安地了解到，我是在逃離自己，而不是衝向更偉大的天命。我在地球上繞呀繞的，其實與我追求充滿感官和靈性體驗的生活無關，我所做的只是逃離那些不被自己承認卻如影隨形的童年痛苦。我需要一直被刺激、被轉移注意力，來超前內在傷痛的熔岩一步，要是我在任何地方停留太久，那熔岩就可能會吞噬了我。

隨著繼續哀悼，我震驚地感覺到，我的孤獨有多麼深刻。一直以來，我很確定自己不需要任何人，但眼淚洩漏了我孤獨而可怕的悲慘狀態，當我知道自己從來沒有一刻與任何人有過真實且舒適人際關係時，實在感到相當氣餒。

漸漸地，我開始了解到，我那獨行俠世界旅行者的「勇敢」、「高尚」、「無懼」姿態，只不過是在防衛自己於對親密的無意識恐懼，以及防衛這份恐懼會在內心挑起所有我不去感覺的感覺。

隨著我的哀悼和復原工作的進展，我發現了自己恐懼親密的原因：若是與另一個人變得親密，遲早會釋放我對於愛的巨大饑渴需求，那是我未被滿足的愛。我無意識地恐懼著，如果任何人開始滿足我的這些需求，我就會開始依賴他們並且需要他們。

我發誓要放棄依賴，怎麼可以打破自己的誓言呢？藉由拒絕需要任何人，我才能夠存活下來。我在童年時期就已經學到博士學位程度般的教訓，使我相信「要是

依靠他人，就會愚蠢地招來某種背叛和心碎」，從別人身上找愛，就是在錯誤的地方找愛；從別人身上找愛，就像用仙人掌當寢具一樣，既無用又痛苦。

我不敢承擔關於愛的再一次失望的風險，我的心充滿了未釋放的情緒痛苦，以至於不敢奢望愛。如果再遭受一次遺棄或背叛，我的心就一定會爆破。

我很高興，大量的哀悼漸漸釋放了三十年來，那些令我窒息的傷害的痛苦壓力，並且最後使我能感覺並認同一個自然的渴望，就是「想要與他人更親密地連結」。然而，如果我沒有重新連結自己的憤怒，不會相信自己能夠追求這個渴望。

在哀悼中出現的憤怒，幫助我相信可以安全地冒險向他人展現脆弱，而我重拾的憤怒也變成自信表達工作的情緒基礎，讓我學會如何保護自己遠離那些跟父母一樣不公的人。帶著憤怒進行角色扮演，幫助我修復了在關係中完整的所有權，而吸引我將會是重視公平和尊重的人。我的人生終於開始綻放真正的親密關係。

大量的哀悼使我相信，人際關係方面的任何失望（無論是過去或現在），都可以透過哀悼而使其中的傷痛流出，進而獲得療癒。尼采（Nietsche）說：「**那些殺不死我們的，必使我們更強大。**」我想，哀悼就是使這句話成真的煉金術。

在我的經驗中，透過哀悼而療癒的破碎之心，比沒受過傷的心更強壯、更有愛。我人生中的每次心碎，包括童年時期的心碎，都使我變得比哀悼之前更強大、更有智慧、更有愛。哀悼讓我能夠繼續冒險地帶著情緒與重要的人交流，也帶著情緒追求人生，因為哀悼總是能讓我從失落之苦復甦回來。透過每次全然地哀悼所失，我都有更強大的能力去歡慶生命之禮物，甚至更相信自己可以再愛一次。

或許哀悼永遠不有趣，但透過一種不帶羞恥和自我仇恨的練習，哀悼會變成越來越能協商的過程，並且給我們的獎勵是，我們會越來越能愛自己的生命和生命中大部分的經歷。在我不知道自己有一顆心的時候，這種愛就從我的心中被驅逐出去了，後來我在為了初戀而建蓋的小屋中找到了它：

最終我失去她的愛
但在我的哀悼中找到自己的愛
以及透過眼淚和憤怒
為她而創造的

我心中的一個不朽之處

我的哀悼留了一個特別的空間
給每一個來了又走的愛

我的心現在是一座大宅
在大解脫的花園裡
我的眼淚是泉水
灌溉著我靈魂的花朵
我的憤怒是太陽
靜靜地將憐憫照耀在
我有機會認識的每一個靈魂上
以及所有的小孩身上
　　他們沒有辦法
　　逃離父母的恨
　　他們割斷心弦
　　如困住的土狼
　　啃斷自己的腿
　　來獲得逃脫。

引導式冥想

或許你還不知道自己的心中有著前述的大宅，如果感覺適當的話，你可以閉上眼睛，試著想起生命中曾經愛過的人，或是曾愛過你的人。你對那些特別的人仍然有愛，而傷痛會妨礙你感覺到這份愛；想像你在某個時候已經哀悼並療癒了這個傷痛。現在是團聚的時候了，你在夏季海灘的營火旁，所愛的人一個個走向你，走在滿月灑在海面的金光之道上。讓他們加入你，一起圍繞著營火；隨著你們重新連結，你感覺到心中的愛在擴大，反映了每個人的可愛本質。

減少否認和貶低的情況

如果一個人可以⋯⋯體驗到，自己小時候並非因為他所是的樣子而「被愛」，而是因為成就、成功和優點而被愛，並且為了這種「愛」而犧牲自己的童年⋯⋯他就會渴望停止這種追求，也會在自己內心發現根據「真實自我」而活的需求，不再被迫要贏得那種根本上會使他一無所有的愛，畢竟那種愛是給「虛假自我」的。

——艾麗絲・米勒

「否認」這個詞彙可以廣義地描述我們保護自己的幻想（擁有快樂童年）的一切方式，包括在第六章所談的防衛機制。

「貶低」（Minimization）是否認的次類型，這是承認自己在童年有所失落，但認為這沒什麼大不了。許多倖存者用開玩笑的方式轉化自己的痛苦，來貶低這些痛苦的童年回憶。我們訴說父母駭人的殘酷故事，好像它們是歡樂故事似的；我們在敘述關於父母的破壞性狂怒或不稱職的悲慘故事時，還會捧腹大笑。

不適當的狂笑，經常是在扭曲地表現被否認的傷痛，試圖達到某種釋放（不過，在我們感到悲傷時，笑的確可以幫助我們釋放痛苦）。

當我們斷然抹煞童年傷痛的嚴重性時，也會出現貶低的情況，進而阻礙我們的復原，就像佛洛伊德所發現的：

不帶情感的回憶幾乎總是沒有效果。

以下是一些貶低的例子：我在十歲時告訴自己，當母親把我推下樓梯時，我太過誇張地看待自己摔下樓梯這件事；當她用有關節炎的手打我時，我習慣性地貶低自己的疼痛，並且與她手上的疼痛相比。此外，我告訴自己：「她的手沒辦法打得太大力。」畢竟，我的疼痛根本不能跟耶穌被釘上十字架的疼痛相比，這些是修女不斷提醒到讓我想吐的話。

我聽過來自「完美」家庭的案主貶低自己童年時期挨打後的黑眼圈、流鼻血和瘀血情況，說自己只有被一隻手掌打而已；我還聽過倖存者笑談著，那一根用來打

他們裸露的屁股的樹枝，被打到斷掉了；我也見過認識的人在被父母狂揍時害怕得蜷縮起來，然後聽他們說：「那沒什麼，真的！」

　　「貶低」是承認自己有受苦，但是沒有真的感受它，或受它的影響，知名心理分析師弗里達．弗洛姆．賴希曼（Frieda Fromm-Reichmann）這麼說：

> 病人並不是絲毫沒注意到過往人生中發生的事，而是沒有察覺伴隨那些事件的情緒，或是由那些事件所引發的情緒。

　　「貶低」也反應出否認有許多不同的層次或程度，在復原的歷程中，否認不會一下子就消失，而是隨著對於自己成長經驗的負面影響，重新獲得更深層及更精確的感覺後，就會越來越少出現貶低的情況。

　　就像復原工作的進展歷程中大部分的情況，放掉否認的過程通常是前進三步又後退兩步的，當過去某個特別痛苦的部分將要再度進入覺知時，我們可能會反射性地暫時躲進否認裡。

　　遭到大量持續虐待的受害者，可能需要花一輩子來終結這種貶低童年之失落的情況。我發現，隨著一層又一層地剝掉自己的否認，對於自己早年家庭生活中充滿敵意一事，就越來越感到震驚。我其實知道這件事，但如果我不在一開始就貶低它，隨之而來的創傷可能會衝擊並壓垮我，讓我無法繼續復原工作。「貶低」能允許我們運用可管理的方式，一點一滴地處理一層層的否認和童年痛苦。

　　我永遠不會忘記在我旅外十一年後第一次返家時的情況。那時我只做了短暫的復原工作，主要聚焦在我的父親，關於我的童年，我仍然緊抓著非黑即白的假象，相信父親是「壞人」、母親是「好人」。結果，母親一直用言語虐待父親，每次吃飯時，她就會用充滿情緒的酸言酸語或明顯的敵意批判，來攻擊父親所說的一切，這令我感到相當震驚。

　　有好幾個晚上，我清醒地躺著，想著記憶中的美好母親怎麼會變成這樣，最後，我做了一個關於她的惡夢，在夢裡，那些她刻薄地輕視我的回憶淹沒了我，而那是我已經遺忘的回憶。

　　當我醒來，一層層的否認突然被剝開了，我突然了解，沒有發生什麼改變她的

事情，她一點都沒有變，她的話語一直都很殘酷及惡毒。這時，我終於感受到一股刺痛，那是源自我整個童年被她數不盡的傷人話語猛戳的刺痛。

在我進行關於父親的復原工作之後，了解到自己已經準備好處理關於母親虐待行為的惡夢了。哀悼父親對我的傷害，把我的否認減少到足以開始認清母親。

再過了好一陣子，當我更加理解母親虐待行為的重要性並為此充分哀悼後，就把我的否認化解到足以讓我知道自己是多麼受到雙親的忽略所苦。

哀悼會自然地把否認侵蝕掉，並且提供了我們能夠用來辨識及復原童年之失落的資訊。

以下是關於否認如何運作，以及被否認的現實如何變成夢的另一個例子。

我的案主佩卓，最近分享了她那失職的母親來造訪的故事。佩卓的母親一抵達，就開始挑剔佩卓所說所做的每件事，並且沒完沒了地謾罵其他家庭成員與社會「寵兒」。她母親不停地發表那錯置的怪罪，以此來釋放自己的痛苦，並且對這種做法上癮了。

佩卓的母親也過度控制孫子，但是足夠善待孫子，因此孫子很期待她的來訪。因為這個孫子還小，他的意識層面還無法維持對外婆的矛盾觀點，需要把外婆理想化，並且把外婆對母親有敵意的許多畫面推到覺知之外（否認）。

然而，他對於外婆的動輒責罵，並非沒有印象。有一天早上，佩卓的兒子走出房間，顯然是為了剛剛做的惡夢而相當不開心。他告訴母親：

> 我夢到外婆穿著大斗篷，她把斗篷打開時，裡面有好多用來切人的大刀和
> 工具。

因為他知道外婆絕對不會做這種事，所以為此而心煩意亂。

佩卓安撫他之後，發現自己對於這個夢感到相當震驚。當她聚焦在這個夢如何引起她的共鳴時，就大幅減少了貶低母親惡毒行為的情況。

這個夢展現了那些被否認的傷害並不會消失，而是被壓抑到無意識層面，而且有時會透過惡夢和情緒重現而浮現到意識層面來。

許多倖存者都體驗到，在做了關於父母的惡夢之後，會揭開自己的否認。這些

夢可能是童年創傷的精確紀錄，或是象徵性的呈現，但無論是精確或象徵性，或是兩種的結合，這些夢往往帶有未處理的陳舊情緒痛苦，而這些情緒痛苦是與原本的創傷事件同在的。這些夢能夠給予復原者強大的機會去化解否認，並且用哀悼送走舊痛苦。

哀悼過去的歷程，通常需要我們一次次痛苦地經歷快樂童年假象的瓦解。哀悼有時會揭發一些讓人涼到骨子裡的回憶，而那些回憶裡常隱含著倖存者的迷思，像是「父母總是支持我」、「跟別人相比，我過得真的很好」。要讓這種假象死去並不容易，我們不只要用哀悼送走埋藏在它們底下的傷痛，還要為了失去那些我們曾經珍惜及重視的假象而哀痛。有一天，我為了摯友賽特（Sat）搬到地球的另一邊，允許自己哀悼失去多年摯友這件事，卻嚴重侵蝕了我心中的完美家庭假象。

當我哀悼賽特的離去時，對於自己的痛苦之強烈，感到相當震驚。我們的友誼也許永遠不會再有立即性交流了，而我哀悼著這些失去：我們深刻地相互接納、我們輕鬆地多面向溝通、我們共同的活動和相互支持的豐富往事；然後，我突然理解到，他關心我的方式，遠勝過我父母所做的。有生以來第一次，我了解了什麼是真誠的愛。跟他相比，我父母更像是陌生人而非盟友，他們的愛是空洞的概念，不是有感覺的行為，是面紙而非木頭。

除去恐懼和羞恥

> 一個人若沒有受苦就無法改造自己。人是大理石，也是雕刻師。
>
> ——艾列克西斯·卡聶爾（Alexis Canell）

如果我們在童年時期一直感到被威脅及被羞辱，不必要的恐懼與羞辱可能會長期持續地折磨我們，有些人會被日常生活中最無害的活動，誘發了痛苦的情緒重現，或者與任何人不期而遇，就可能把我們彈射到未解決的恐懼與羞恥的私人地獄中。這樣的恐懼把許多人困在家中，因為他們太害怕或嚇得要命，以至於生活中無法做必要事情以外的事。

當我們被恐懼或羞恥給淹沒，就等於處在死亡般的狀態。恐懼相當於我們身體

安全感的死亡，而羞恥則相當於自我接納和自我價值的死亡，恐懼和羞恥都會殺死我們對人生的熱情。

沒被哭出來的眼淚，以及往內的憤怒，都會把恐懼與羞恥困在內心中，而哀悼會自然地療癒這種情況。有效的哀悼會使我們從恐懼和羞恥的死亡掌握中重生，從而擁有安全感和自尊感。當我們用無傷害性的方式哀悼並送走憤怒時，恐懼與羞恥的內在烈火就會安全地燃燒殆盡，然後我們哀悼的淚水可以熄滅悶燒的餘燼。

哀悼比任何一種認知行為療法的傳統技術，更能有效地化解恐懼。我會進行這樣的比較，是因為認知行為療法是美國現今主流的療法，卻往往不重視甚至會批評行為的情緒原因的重要性。**恐懼和羞恥基本上就是情緒狀態，雖然它們通常具有大量的認知成分，但透過哀悼的情緒歷程，最能有效地改善它們。**

這裡有一個例子。我這一生有數十年的時間都處於瘋狂快速的步調中，當我終於理解到這個習慣具有破壞性，並且決定要改變它時，我發現到讓自己慢下來的關鍵瓶頸是：每當我停下來或試圖休息，就會有一個內在聲音用刺耳的「移動你的屁股，你這個懶惰蟲！」之類的話語來攻擊我。

我在心理治療的初期、尚未哀悼的那些年，一直努力關閉這個內在聲音。我用認知技巧，像是正向自我對話、思考停止、自我催眠和系統性放鬆法，去關閉那個聲音，並且減少停不下來的行為模式，然而，這些嘗試只為我帶來了持續忙碌中的短暫暫停。

直到我進行多次的哀悼之後，才終於理解，自我攻擊的想法是更深層、更無意識的歷程的次級產物。哀悼把我丟到思考層面之下，去發現許多痛苦的童年記憶，也想起父母為了我沒有一直維持生產力而詆毀我。

與這些回憶共存的是，由父母灌輸給我並驅使我不斷努力的大量恐懼和羞恥，而這些未化解的「傳家寶」，使我無意識地害怕著，如果自己慢下來或休息，父母、修女之類的人，就會打我、羞辱我、吼我，就像他們在我童年時常做的那樣。

帶著「懶惰蟲」這種內在的洗腦歌詞，就如同馬靴上的刺，提醒我不該偷閒度日，它們透過使我停不下來，而讓我感到安全，漸漸地，這種驅動力也使我一直躡手躡腳地走在恐懼與羞恥的內在之海。

成年後，雖然我不再需要利用忙碌來得到安全，但我還是一直停不下來，因為

我無意識地恐懼自己會淹死在情緒痛苦之中，而我還沒有學會如何運用哀悼，來排乾內在之海或是漂浮在它之上。

於是，雖然我相信自己主要是受害於那些背負而來的舊批判，但主要折磨我的是痛苦難耐的感覺狀態之暗流，就像哲學家尼采說的：

思想是我們感覺的陰影——總是更黑暗、更空洞、更單純。

當感覺不能自由流動時，就會濃縮成情緒痛苦的一灘沼澤死水，那些混合且尚未釋放的悲慘，會阻礙我們與生俱來的自愛與自我接納的內在之光，黑暗的想法，以及過度簡單的全有全無思考的陰影，將會覆蓋意識層面。我內在的苛刻和強迫性的驅使，主要源自於童年時期就開始累積的未處理的感覺。

這種情況就像是有一個邪惡的元帥在主控我那些遭拘捕的感覺，他分派我的思考歷程當作副手，使我一直潛逃，也阻止我回去幫助那些感覺逃脫。在我學會用哀悼釋放情緒痛苦之前，我一直都在逃離平靜。

現在我已經釋放了大量的童年痛苦，因此，強迫性的忙碌和破壞性的自我對話，幾乎不復存在了，而且我在大多時候都覺得很放鬆。

最後，有一個關於「哀悼的有限性」的重要提醒。**雖然哀悼絕對重要，但它不能取代復原工作認知層面的功課**。正向思考、意志力、自我肯定和憐憫地自我了解等，也是復原工作中不可取代的方法，但要是以它們來取代感覺或跳過復原歷程的情緒層面功課，這些方法就會無效。如果能透過哀悼去催化這些方法，它們就會很有效。

如果你想要更了解哀悼所帶來的禮物，伊莉莎白・庫伯勒─羅絲和史蒂芬・拉維具啟發性的工作是極佳的資源。

彼得・里希和澤瓦・辛格的書《承認》提及哀悼的力量與價值，也非常容易取得。一九九三年在總統就職典禮上朗誦詩歌的詩人馬雅・安傑洛（Maya Angelou）談到這本書，並且暗示了哀悼的重要性：

所有的生物

看著死亡
帶著反感。

所有的生物
享用所有物
看著失去
帶著反感。

然而，如果我們活著
我們就會死去。
如果我們擁有
我們就會失去。

里希和辛格的書
《承認》
幫助我們去承認
幫助我們去感覺，並往前走
走出那兩種
不可避免地苦惱
人類靈魂的狀況。

譯註

1.　十二步驟：最初由匿名酗酒者（Alcoholics Anonymous）組織所發起，透過一套規定了指導原則的行為課程，來改善上癮、強迫症和其他行為習慣問題。

2.　兒童保護服務（Child Protective Services）是美國政府機制中專責處理兒童保護工作的部門。

3.　一九七六年七月十五日，在美國舊金山的喬奇拉，二十六名乘坐校車的兒童及校車司機被綁架並活埋。

第 5 章

哀悼的重要歷程

當我們逃避了處理問題而產生的必要之苦，

也就逃避了那些問題對我們所要求的成長……

讓我們教孩子受苦及其價值的必要性吧。

——史考特·派克（Scott Peck），《心靈地圖》——

許多人往往把哀悼視為因為失去或死亡而哭泣的歷程，然而，哀悼要完全有效，也必須包括「發怒」、言語抒發和感覺的歷程。本章會介紹主動與被動釋放未解決的童年痛苦的健康方式。主動解決情緒痛苦，是透過哭泣、發怒和談論它；被動解決，是單純聚焦並感覺儲存在我們體內的舊傷痛。

哭泣

就像河流進入大海時失去了自己的名字和形態，人類也在痛苦以眼淚形式離開時失去自己的痛苦。

——出自《奧義書》

哭泣，是用眼淚健康地釋放痛苦；哭泣，是透過身體的運動、聲音和哭泣的淚水，把痛苦的能量帶出體外。其真正的意義是拉丁文所指稱的「移出」（emovere），讓我們能夠表現出自己的痛苦。

淚水是身體釋放緊繃情緒最強而有力的方式，而不帶羞恥的哭泣，將會創造以身體為基礎的深層平靜感和放鬆感，有好幾十次，我「帶領」真的要自殺的案主哭出淚水，而化解了他們的自殺意念，一旦他們能夠透過哭泣而釋放痛苦所帶來的巨大壓力，自殺的衝動就會快速地消散。我只安排過一位要自殺的案主住院，因為我沒辦法幫他把痛苦哭出來、並減輕他那持續增加的絕望感。

威廉·H·弗雷（William H. Frey）是生化學家，也是位於明尼蘇達州聖保羅市的乾眼症與眼淚研究中心（Dry Eye and Tear Research Center）的董事。他認為，人們在哭過之後會覺得比較舒服，是因為「他們可能在眼淚中移除了在情緒壓力下累積的化學物質」。他會這麼相信，是因為科學家從一九五七年就已經知道，情緒性的眼淚與眼睛不舒服的眼淚，在化學結構上有所不同。

把自怨自哀升級為自我憐憫

每一朵被暴風雨浸透的花朵，都有一顆美麗的眼睛。

而這是冷冽溪流的聲音：

「只有男孩保持臉頰乾燥，

只有男孩害怕哭泣，

男人則為了眼淚而感謝上帝……」

——韋切爾．林賽（Vachel Lindsay）

　　在我們的文化中，很少有真正的自我憐憫，因為許多人被洗腦到相信「為自己感到難過（悲傷），是差勁和自我放縱的」。西奧多．魯賓在《憐憫與自我仇恨》中提到：「在很多地方，悲傷被認為是一種具傳染性且骯髒的毛病。」

　　我們與生俱來就對自己具有同理心，但它通常在童年時期就被沖刷掉了，我的經驗告訴我，許多父母總是因為孩子哭泣而羞辱或懲罰他們。

　　你能否記得自己曾經被這些惡劣的話語給痛罵呢？「不要再自以為可憐了！」「還有人比你更慘！」「你已經不是嬰兒了，只有愛哭的嬰兒才會為這種事情不高興！」「誰告訴你人生很輕鬆？別哭了，給我去做！」「你臉上那可悲的表情，你看起來真的很醜！」「成熟點！振作起來！」

　　當我們因為一直哭泣而被懲罰，後來就學會了，在悲傷即將冒出眼淚之前就反射性地壓抑悲傷。我們憋氣、縮腹、繃緊胸、喉嚨和臉部，來壓抑悲傷，但這會阻止自然的傷痛情緒透過身體浮現到覺知層面，讓人無法透過哭泣而釋放這些情緒。

　　有些倖存者能哭，但痛恨哭泣，因為哭泣為他們帶來的痛苦多於釋放，這通常是因為當他們在釋放悲傷時，身體就會收縮來對抗悲傷。當我們的眼淚必須硬擠過緊縮的身體，哭泣就會變得令人痛苦，但這種痛苦是不必要的。我看過一些成年小孩，以前曾經被哭泣給嚴重創傷過，以至於他們的悲傷終於從喉嚨浮上來，要透過哭泣的聲音尋求釋放時，他們就會噎住、窒息、彷彿被勒死那樣。當這種痛苦和哭泣連結在一起，便會使哀悼變得非常討人厭，這是另一個「來自試圖逃避可避免之痛苦的可避免之痛苦」的例子。

　　幸好，這種痛苦真的可以避免，以前我們會緊繃肌肉來收住眼淚，而當我們學會放鬆全部的肌肉時，哭泣就會變成不痛苦且深度釋放的體驗。當我們要完全放鬆地哭泣時，一開始身體可能會發抖，而這是身體在釋放多年持續忍耐的方式。當這

種情況首次發生時，許多倖存者會很害怕，並且立刻收縮身體來停止發抖。然而，臣服於這種發抖，極有療癒性，因為它代表你釋放了最深層的痛苦，另一方面，哀悼者會在體內感覺到極大的自由感和輕鬆感。

許多倖存者也很難放聲大哭，因為他們以前必須靜靜地哭（如果他們有哭的話），來避免被父母發現。然而，哭泣的最深刻釋放，來自於讓哭泣的自然聲音從身體最深處出現，愛爾蘭人稱之為「哀號」（keening）。

當我哭泣並讓自己啜泣或嚎啕大哭時，總是感覺到自己的聲音和眼淚正在把傷痛帶出身體外，我也注意到，有一種特別的高音有時會自然地出現在嚎啕大哭的過程中，當我允許這種聲音在體內迴盪，時常會體驗到恐懼被強大地釋放了。我協助過的許多案主，對於自己允許哭泣的自然聲音和動作自由地流過身體時，竟然能強而有力地安撫自己，感到十分驚奇和開心。

許多人都被教會、家庭和大社會弄得對哭泣有罪惡感，尤其是很多宗教教導我們，為自己感到悲傷是糟糕的罪惡，而非健康的聖禮。如果你是基督徒，我鼓勵你記得，即使是耶穌也曾經為自己感到難過，你可以透過這一點來重新獲得自我憐憫。當祂在客西馬尼園（Gethsemane）[1] 哭泣，還有當祂在十字架上哭喊「我的神，我的神，為什麼離棄我？」的時候，就示範了正面的自怨自哀。

我們偶爾都需要為自己感到難過，**為自己掉下眼淚，是復原工作最強效的療癒體驗之一，在你有真正的自怨自哀體驗之前，復原的進展通常極為有限。**

自怨自哀不必然是全有全無的體驗，雖然我們都遇過那種永遠在為自己難過的人，使得自怨自哀這件事給人很糟糕的形象，但大部分的人卻是在另一個極端：只要為自己感覺到一丁點悲傷，就滾落到自我嫌惡裡。

這世界上最能撫慰人心的，莫過於不害羞地為自己的麻煩處境大哭一場，而自我憐憫是我們所能得到的最美、也最具修復性的情緒體驗之一。假如以前我們在哭泣時，父母能抱著撫慰我們，也許我們現在就能這樣對待自己！

我們沒有正面的詞彙可以用於健康的自怨自哀，這正是對我們文化的控訴。當我們為別人難過，會被稱讚很有同情心，可是在為自己難過時，卻沒有相同的讚美！難怪有那麼多倖存者總是會因為犧牲自己去滿足他人的這種關係依賴行為，而傷害了自己。

　　社會對於自我憐憫的禁忌，使得我們只在乎別人的痛苦，而這種禁忌給我們的唯一安慰，是我們在別人受傷時進行安慰，所得到的替代性滿足。

　　除非倖存者能為兒時的自己感覺到不帶羞恥的悲哀，否則他永遠無法真正了解自己失去了多少。**為內在小孩而哭泣，會喚醒真心的渴望，讓人想要重新母育（remother）自己，給予自己那些過去沒得到卻絕對應得的無條件之愛。**

　　我邀請你運用這個重新母育的技巧來呵護自己，想像自己回到過去，當你的內在小孩受到傷害並且需要父母安撫時，你溫柔地安撫他。把內在小孩未哭出的淚水哭出來，這能夠療癒童年遭遺棄所造成的可怕傷口。

　　當我們對於自己痛苦的人生經歷表達正常的悲傷、「發牢騷」或是「為了一點小事而哭泣」時，有些人會因此羞辱我們，而我們需要抵抗這些嘲諷，因為唯有拒絕接受「為別人難過很好，但不能為自己難過」的這種謬論，我們才能有所收穫。大部分的人為了復原「為自己的悲哀而哭泣」的權利，必須非常努力地戰鬥，而我們必須永不放棄這辛苦贏來的權利，也永遠不要有「長大了就不需要這種權利」的態度。在我們受傷時，必須一直在心中為自己保留一個特殊的位置，讓我們從齊佩瓦族（Chippewa）的這首傳統歌曲獲得啟發吧：

有時候我忙著自怨自哀，
而在那段時間
我被強風帶上了天空。

哭泣會療癒災難化和誇大化

如果眼睛沒有淚水，靈魂就不會有彩虹。
　　　　　　　　　　——約翰・萬斯・切尼（John Vance Cheney）

　　「災難化」（Catastrophizing）和「誇大化」（Drasticizing）都是復原工作的術語，代表兩種毒性羞恥的類型，它們會用沒根據的恐怖和末日觀點，腐蝕我們的思考歷程。當我們把自己人生的每個層面都視為糟糕且無望的，羞恥就會以誇大化

顯現出來;而當我們陷在災難化中,就會認為自己現在與未來的一切都在分崩離析且無可救藥。

當我被情緒重現所掌控時,我的災難化往往會聚焦在生理症狀上,有時候還會爆發成「恐癌症」。有一次,我為了過敏所苦,陰鬱地懷疑人生中的每一個層面,我的腦袋發作了數個小時,誇張地列出長長的可能原因清單:

是我的飲食習慣吧?我得極力改變它。但是,我要怎麼搞清楚得除去什麼呢?可能的食物有那麼多種。也許這與食物無關,也許是我房間裡的植物;喔,老天,我愛那些植物,但我猜我最好把它們丟掉。嗯……可能是這整個地區的植物,老天啊!我怎麼會搬到這裡?也許是我的直覺試著要我在大地震發生以前搬家。喔,我不知道啦!也許是更糟糕的,也許這是某種沒被診斷出來的嚴重醫療狀況;可惡,我希望我沒得到呼吸系統的癌症,我在一九七二年工作過的那個地方,肯定有石綿天花板。

等一下!這些過敏可能根本不是生理問題,而可能是心理問題。我打賭,它們是來自我的無意識層面的訊息,說我太常社交、需要更常待在家裡;不,其實是相反的,我太少出門,所以才會這麼慘。唉!也許我就像史都華‧斯莫利(Stuart Smalley)和伍迪‧艾倫(Woody Allen)合併在一起那樣糟糕。

或許我只是厭煩了我的工作?……我的固定作息?……我的社交圈?……我的嗜好?……我的伴侶?……我自己?不!沒那麼簡單。不只其中之一,可能是它們的綜合,我永遠都無法搞清楚。我可能最後會怪罪了真正對我好的並且拋棄它;或者我可能會選擇某種新的偏方,而它其實會把我害得更慘。

也許是我去年做的心理治療?我在騙誰啊?是我心理治療做得不夠吧。不,不是不夠,而是做錯種類了。喔,可惡!也許我應該順其自然……但我們不是應該要創造自己的命運嗎?

就這樣,沒完沒了,我相信這種折磨人的自虐,是那些被否認的情緒痛苦以折

磨人的思考形式，洩漏到意識層面所產生的。那些我未表達的淚水似乎對這種歷程火上加油，因為只要我流淚，痛苦就會流出去，而這種討厭的心理引擎似乎就會缺少燃料了。可能有過好幾百次，都是哭泣保佑了我，立刻停止我的災難化思考，而我幾乎每天都會看到同樣的情況發生在案主身上。

哭泣與正向的懷舊

你的笑容會在淚水中永遠發亮。

不要害怕受苦；把沉重感交還給地球的重量。

——里爾克

　　我打開淚水之後得到的最甜美禮物之一，是感動地回憶起過去真正的好事。這些回憶相當不同於我以前的否認所引起的枯躁且無生命力的幻想和理想化的記憶，而是童年美好的記憶庫，以前它被埋藏在一堆創傷之下。我在成長過程中，把那些創傷驅逐到覺知之外，但有許多次，我在深深地哀悼那些創傷後，會感動地記起童年時維持我有力量活下去的特殊人、事、物。

　　對於自己竟然能清晰地在腦中看見家附近的每個細節，有時依然令我感到震驚，可是我對於在那裡吃了十三年餐食的廚房，卻只能記得一點點的裝潢樣貌。當我想到住家內部時，會感受到內在的一種黑暗感，可是當我想到外面的社區時，我的呼吸會變得深層，並覺得充滿光明。

　　當我想像院子的模樣時，懷舊的甜美眼淚溢了上來；當我允許自己做白日夢時，總是可以聞到後院圍籬旁的紫丁香和忍冬花的氣味，也會嚐到我從忍冬花蕊裡擠出來的花蜜的味道；在房子的西側，我看到一整片紫羅蘭和百合花，巨大的木蘭樹對它們撒下了粉紅色與白色的花瓣；我還聞到地上芳香的蘋果和梨子，而蒲公英頂端的絨球狀果實，把降落傘般的種子撒落在蘋果和梨子之間。

　　我看見球滾到繡球花叢下，而我最好的朋友丹尼斯（Dennis）、肯尼斯（Kenneth）和強尼（Johnny）試著把它撿回來，好讓我們可以繼續在街上玩棒球。我們熱情地玩著各種球類遊戲，尤其是在陽光閃耀的暑假！我們不停地聊天及玩

樂，創造無窮無盡的遊戲和冒險！我們非常相愛，並且使用真正的兄弟結盟儀式和永遠忠誠的誓言，來許下對彼此的熱情承諾！

在家庭之外，我從一群朋友、一位非常特別的老師、一位比親生母親更像母親的友人之母，以及某位當時顯然誤以為我有什麼優點的神父，找到了希望和滋養，並獲得了撫慰。

甚至在家裡也有一些珍貴的時刻：與我的姊妹、來訪的親戚，偶爾還有我的母親在一起時，曾經擁有的美好時光。母親有時喜歡笑，而當她的笑對我們無害時，也有極為開心的時候。

透過哀悼的歷程，以及對於自己的過去完全敞開心扉，進而提取許多豐富的童年回憶，是非常美好的。

發怒

憤怒可能是人類情緒中受到最多毀謗的情緒，比其他任何情緒都更受到壓抑。我相信，對於憤怒的壓抑，以及憤怒必然出現的情況，比我們使用的其他任何心理機制，更會產生焦慮，而這將會造成有關對自己的暴怒或自我仇恨的大量症狀。我們身為足夠健康地感受一切的人類，必須在人生中非常多次地產生憤怒，即使這與文化壓力和社會所提倡的相反。

——西奧多·魯賓，《仁慈與自我仇恨》

我用「發怒」（Angering）這個詞來說「用安全健康的方式主動表達憤怒的歷程」。在有效的哀悼中，發怒就跟哭泣一樣重要，它允許復原者釋放一部分的童年痛苦，那是對於父母的不公所累積且尚未表達的敵意感。發怒，能允許痛苦的能量透過表達憤怒時的聲音和身體動作，而被有情緒地表達出來（移到體外）。

許多人直到成年了，還不知道埋藏在內心深處的熊熊怒火，而這股儲存的憤怒，由於不被允許直接且完整的釋放，經常在覺知之下悶燒，使得我們長期處在怨恨、憤世嫉俗和自我仇恨當中。有些人每隔一陣子就會出現有敵意的話語和行為，而許多倖存者都不相信自己有壓抑的憤怒，就算他們有岩漿般的熔化核心也是如

此。很少人記得自己在嬰孩或幼兒時期曾經有過怒火像火山那般爆發的時刻，艾麗絲·米勒說明了那座火山如何進入休眠狀態：

> 如果病人在孩提時代可以表達自己對母親的失望，體驗自己的暴怒和氣憤，他就能活著。但這麼做將會導致他失去母親的愛，而這種情況對一個小孩來說就如同死亡，所以他「殺死」自己的憤怒和一部分的自己……

許多人很難歡迎憤怒重新回到自己的人生，關鍵原因之一在於暴力。由於父母對我們的暴力行為，以及現今社會莫名的暴力流行病，使我們認為憤怒非常醜陋。

我們與自己的憤怒不愉快地相遇，更加深了我們對憤怒的反感。然而，當憤怒的表現絕對不被允許時，我們就會受到易怒所苦，無論我們是否展現出來；還有，我們的易怒難免會爆發，若不是透過語言或行動的方式，就是透過具攻擊性的想法，有許多倖存者會因為暴力幻想反覆入侵到意識中，而憎惡自己。

在社交模式的諷刺和貶低中，偽裝的暴力是如此普遍，也使得我們疏遠了自己的憤怒。我們的文化嚴重否認了「有時候話語是致命的武器」之事實，有些父母光是用不斷地挑剔，就謀殺了孩子的自尊，而嚴重的言語折磨可能會驅使一個人去殺死自己或別人。在《遊行雜誌》最近的一篇文章中，安德魯·維克斯（Andrew Vachss）挑戰了社會對於言語虐待的否認：

> 它就跟身體攻擊一樣令人痛苦，而且這份痛苦可以持續一輩子。它沒有留下看得見的痕跡，但它在心中留下傷疤，並且傷害了靈魂。

而且大多數人對自己施行的言語暴力，比對別人更嚴重，我們會因為自己憤怒而對自己生氣，我們追著自己的尾巴、逮住它、把它扯碎，而在努力不生氣的過程中，我們粗暴地責難自己好幾個小時，甚至好幾天。

有時候，我們壓抑的憤怒所產生的壓力，大到使我們無意識地渴望釋放它，進而使我們對自己進行肢體暴力，像是當我們沉浸在自我怨恨的長篇大論中時，就可能不經意地製造痛苦的「意外」，這些意外往往是對自我的憤怒和無意識的暴力之

釋放；或是當我「意外地」用榔頭砸到自己的大拇指，就有了「大聲尖叫怒罵」的藉口（當然，有些意外就是單純的意外，就像佛洛伊德說「有時候一根雪茄就只是一根雪茄」那樣）。

當我們內在累積的憤怒變得特別難以忍受時，我們也可能用粗暴的言語或行為對別人發洩。許多人都曾經因為自己壓抑的暴怒，突然以燙死人般的言語攻擊對他人爆發出來而感到沮喪，但有誰不曾因為自己一次惡毒的口誤而深深傷害了親密的人，以至於永遠傷害了那個人對我們的信任感？

這些傷人又扭曲的憤怒，自然會使我們討厭自己的憤怒。事實上，對於憤怒的破壞性展現，會感到不悅及有罪惡感，是健康的；然而，要是因此做出「所有憤怒都是不好的，應該徹底拋棄憤怒」這種結論，就是不健康的。我們只是因為家庭和文化沒有提供健康發怒的模範，才會落入這麼有破壞性的表現。

如果我們不停止拋棄憤怒，就可能會繼續使用無意識的憤怒行為，不小心傷害了自己或所愛的人。微不足道的挫折感，每隔一陣子就會打翻我們一大鍋壓抑的憤怒，而這些倒出來的易燃物就會用灼燒的自我仇恨在別人身上發火，或是燙傷我們自己。「發作」和「收斂」憤怒的過程，使我們覺得自己糟糕到得加倍努力去永遠消滅自己的憤怒，卻不知道自己只是重複進入搧風點火的「壓抑—累積—爆發—罪惡感—壓抑」的循環。有那麼多的暴力，其實是我們真心努力要滅絕自己的暴力衝動所造成的，這實在是非常諷刺。

發怒的方法

我們必須有能力使用不同的方式來表達憤怒，例如，有時候必須只在深思熟慮和自我評估後才表達，而其他時候立刻自然地表達，對我們更好；有時候最好冷酷冷靜地表達，其他時候則是要大聲激動地表達。

——史考特・派克

我們可以打破「壓抑—累積—爆發—罪惡感—壓抑」的循環，不再成為自己的憤怒的受害者；也可以與自己的憤怒做朋友，並且拒絕在它出現時帶著罪惡感去壓

制它。**有很多安全且無虐待性的方法可以釋放憤怒，而且這些方法具有從淺到深的不同強度光譜，像是想一想、寫出來、說出來、用吼的、打拳擊、打枕頭，以及打破消耗品等等。**

「昇華」大約落在這條光譜的中間，這是有意識地把憤怒能量導入到具有樂趣或建設性的活動裡，像是跳舞、運動、園藝、打掃等。

在復原過程中的某個時候，做一些更誇張的憤怒活動，像是尖叫或打枕頭，通常具有療癒性。在復原過程中，大部分的人會逐漸到達這個階段，開始承認並談論自己的憤怒。

發怒會釋放我們的喜樂，當我們終於結束對於憤怒的長期壓抑，經常會有朝氣蓬勃的輕鬆感。我的釋放憤怒工作坊的許多參加者，在進行比較強烈的發怒方法後，明顯變得輕鬆快活。那些盡可能狂怒、尖叫，並且讓憤怒完全進入自己的聲音中的人，最後常常以愉快的笑聲結束。

我相信，這就是運動比賽和流行音樂演唱會這麼受歡迎的部分原因，我們的文化中，只有這兩種地方可以接受吼叫，而在這些場合中，喜悅通常會自由地流動。

無害地破壞消耗品，是一種強大而有效的憤怒釋放方法，通常會激發笑聲和安適感。我教過許多倖存者怎麼使用六十公分長的橡膠水管把電話簿打到粉碎，這是由伊莉莎白・庫伯勒─羅絲發明的方法，而許多案主和學生都說，這個方法讓他們有很大的收穫。

我也在家庭治療中教小孩這個方法，結果除了受創最嚴重的小孩以外，每個人都覺得很好玩，把它當成遊戲。有趣的是，大多數父母的反應就像是孩子做錯了練習方式一樣，在這種時候，我會試著協助父母了解，孩子其實做對了、釋放憤怒會自然地促進喜悅、若他們學習孩子示範的練習，也可能對他們有益。

我也使用這個水管打電話簿的方法，來降低我照顧的兩個孩子之間逐漸升高的敵意，把他們的憤怒重新導向這種無害的釋放。

關於無害的憤怒釋放方法，我的第一課是在軍隊中學到的！在我所駐紮的三個不同地方，當人與人之間有不好的感覺時，經常透過有安全防護的打架儀式解決。對手穿戴好「普吉爾裝備」（包覆全身各處的保護墊），用一百五十公分長、包覆著泡棉的棍子互相攻擊，他們通常會打到筋疲力竭為止，過程中沒有人受傷，而彼

此的關係通常會修復，然後雙方和觀眾都覺得非常開心。我相信，我之所以未曾在駐紮的軍隊中看過或甚至聽過任何真正的打架事件，這些儀式是部分原因之一。

我最喜歡的憤怒釋放經驗之一，是我和最好的朋友賽特決定要用斧頭砸爛電視機。我的電視機因為在重要時刻壞掉而被判了死刑，而這個砸電視機行動的強烈爆發和放肆，使我們笑到哭了，這件事也變成我們後來設計並帶領憤怒釋放工作坊的動力。

雖然「殺死」電視機的行動很令人興奮，我們也很幸運地沒有受傷，可是這就跟把豆子塞入鼻子一樣有風險，所以我不建議使用這個方法。在大垃圾桶裡砸爛舊盤子或罐子，更加安全，也一樣令人滿足，但這麼做時一定要戴上護目鏡。

從憤怒中復原，有時候比從眼淚中復原更容易。如果倖存者真的想要重拾自己的憤怒，持續練習發怒方法的話，大部分的案主都會被激發到真的生氣了。有幾位案主在資源回收中心砸爛桶子裡的罐子而有所突破，其他人在砍木頭時有所突破，而許多人使用較「傳統」的方法，像是用拳頭、網球拍、塑膠棒子打枕頭，意外地進入真正的憤怒。

我經常希望有類似的方法可以逼出眼淚，有許多倖存者真的想哭，卻發現自己很難擠出眼淚。我知道，如果自己能流淚就會帶來釋放，但在復原的早期，我有很長的時間苦於無法流淚；在某個階段，只要我特別想要以哭泣來釋放，就會去機場，因為我發現其他人淚眼汪汪的團聚畫面，經常會使我感動到哭泣。我的一位朋友曾因為迫切地渴望眼淚，而把洋蔥汁擠到眼睛裡來逼自己哭，但他只試過一次，也完全不建議使用這個方法。

波斯詩人魯米在詩作〈哭泣的權利〉（The Rights of Crying）中，表達了對眼淚的迫切渴望：

為何這麼愛逃走？我有某個權利
和你一起，哭泣的權利。

如果我周遭都是笑聲，
而你不在的話，我會感到封閉。

與我的孩子和我愛的每個人在一起，
我仍會分心。

我如何能束縛你的一隻腳？
我沒有足夠的力量和耐心。
無論你走了多遠，甚至
超越日光到了看得見耶穌之處，
我會過來並等著被告知你為何離開我。

　　雖然大多數人無法逼出自己的眼淚，但許多人有時可以透過淒美的電影情節和音樂把眼淚哄出來，而我也曾經使用本章的「強化感覺能力的方法」（140頁）中介紹的方式，幫助案主開始哭出來。

發怒能建立信心

　　採取行動的好憤怒，就像有力量的敏捷閃電那般美麗；好的憤怒會吞下黏液般的血塊。

——瑪吉・皮爾西（Marge Piercy）

　　發怒能夠建立信心，我的許多案主直到在心理治療中做了憤怒釋放工作後，在真實世界裡的自信表達能力才有了顯著的收穫，而在我自己的人生中，憤怒工作多次幫助了我突破恐懼，並且接受個人持續成長所必須面對的風險。

　　在這方面，我最強烈的經驗是克服公開說話的恐懼，其實跳出飛機、阻止搶劫、在韓國非軍事區的鄉間埋伏處巡邏，對我來說都沒有比授課更可怕，授課這件事的確會「把我嚇到失禁」，好幾年來，當我站在一群聽眾前面時，總是在開口前的半小時內跑了三次廁所。

　　正向的自我對話、催眠和冥想，對於解決我的這種情況沒什麼幫助，直到我把憤怒工作應用在這方面，才開始降低了自己對授課的恐懼。

　　我從完全感受及探索自己的恐懼開始，並且震驚地發現，我無意識地幻想著聽眾會使用與父母相同的方式來攻擊我，而在這些幻想的背後，是父母突然出現在聽眾裡「打破我自命不凡」的恐怖畫面。

　　因此，我最大的恐懼就是對於父母的害怕，但這一點震驚了我。我怎麼還會被他們嚇得害怕呢？他們現在已經衰弱到我可以輕而易舉地擊退他們的任何攻擊。然後，我想起自己曾看過一些擁有職業美式足球員般身材的男人，待在那個以言語虐待他們的衰老母親身旁時，嚇得發抖。

　　無論實際上是否可能發生，這些恐懼就是強大真實地存在於我的身體中，並且成為我淒慘的授課狀況的根本來源，於是我利用自己的發現，來實驗如何反擊這種恐懼。我發現，這股恐懼通常會在我憤怒時自然消散，所以就在講課前以「角色扮演」的方式來捍衛自己，對抗任何可能在我授課時攻擊我的人。

　　我第一次做這個實驗時，方法相當簡單，當我的恐懼製造出父母因為不喜歡我說的話而打我耳光（這是我童年時期一再發生的事）的畫面時，我就召喚自己的憤怒，並且以模擬拳擊賽的方式把他們打下擂臺。在這個過程中，我提醒內在小孩，我保證要是有人要打他，我一定會動手對抗他們。

　　（我已經讀上面的回憶三次了。每一次，最後那句話都會激發我哭出最美好的釋放之淚，並且感恩著我因為復原了為自己辯護的意願，而帶來的所有收穫。）

　　憤怒的角色扮演（打敗我父母），後來演變成更實際的自我防衛計畫，以保護自己免於遭受更有可能發生的可怕後果。除了害怕被打以外，也有被言語攻擊和羞辱的恐懼，因為那是遲早會發生的事，而我在這些嚇人的時刻到底能做什麼呢？

　　當我聚焦在這股恐懼上時，聽見內在迴盪著父母的貶低嘲諷，而我決定讓自己憤怒地對著他們吼回去。這個發怒的過程以一種獨特的啟發性和賦權的方式，讓我突然想到，我有權利堅持自己每次授課都應該得到尊重。我是主導者，有權利決定聽眾是誰，也有權力要求過度好辯、搞破壞或是具虐待性的人離開。

　　事實上，我可以用冷靜理性的聲音這麼堅持。如果他們抗議地說自己已經付錢了、有權利留下，我可以退費給他們；如果他們繼續找麻煩且不肯離開，我可以宣布休息十五分鐘，以避免在聽眾面前處理那些人造成的尷尬狀況；我可以私下處理這個問題，或是如果他們不馬上離開的話，我可以請警察協助。

　　我以各種版本練習這個過程一年之後，我對公開說話的恐懼逐漸減少到我在講課前不會有焦慮發作，而在多年以後，我發現自己對於教學已經成功建立了安全感，幾乎不害怕公開說話，甚至到了偶爾不會有焦慮發作而導致腎上腺素釋放的程度，其實以前我有時能運用這種焦慮發作來讓演說更具有活力。

　　就算過去的恐懼現在已經不能傷害我們了，但除非我們重新取回自己健康的憤怒，否則可能會一直被過去的恐懼給癱瘓。發怒會為我們喚起必要的勇氣，去解放完整的自我表達，也能夠移除那些塞住我們嘴巴的情緒重現情況，這些情緒重現帶著我們童年時因為說話而被打擊的回憶之幽靈，讓我們沉默不語（蘇珊‧傑佛斯〔Susan Jeffers〕撰寫的《恐懼OUT：想法改變，人生就會跟著變》一書，務實地鼓勵讀者如何在面對恐懼時保持決心）。

　　當倖存者善於發怒時，就比較不會像是行走的憤怒地雷。發怒會安全地釋放並解決那股可能引發破壞人生的情緒和行為的深層怒火。

暫時分裂到憤怒之中，有助於復原

　　在矛盾發生之前的和諧天堂，是許多病人所希望的，但這是不可得的。然而，體驗自己的事實，以及對此事實的矛盾認識，讓人有可能回到成人程度的感覺世界，那裡沒有樂園，但有哀痛的能力。

──艾麗絲‧米勒

　　在情緒復原過程的某個時候，許多倖存者會對父母感覺到強烈的怒火。倖存者在瓦解一定程度的否認之後，往往會從對父母的那份沒有矛盾而理想性的愛，分裂到暫時的怨恨之中，而有些治療師認為這種情況就像是離婚般的分裂，能幫助倖存者從仍在牽制他們的童年限制中復原（參見鮑伯‧霍夫曼〔Bob Hoffman〕的《和父母離婚》）。

　　如果我們從不挑戰父母所要求的絕對忠誠，就永遠看不到自己如何透過那些承襲自父母的、對於自己的過度苛刻觀點而傷害了自己。要是沒有暫時的情緒距離，我們就會難以認知到並放棄父母對我們的破壞性論斷和信念。在感覺上與他們疏離

一陣子，會給我們所需要的時間，去打破自貶自嘲的習慣，並且用自我支持的習慣
來取代之。讓自己分裂到憤怒中，有助於突破累積的怒火，並保護自我表達不會受
到父母的譴責。

父母的影響有時會造成我們變得呆滯遲鈍，而當我們試著把自己從這種情況中
解救出來時，可能會經歷一連串的兩極化分裂，在愛他們與恨他們之間來來回回；
我們可能會在這兩種極端之間多次擺盪：再度擁抱否認機制與明確的愛，以及極端
地感覺到自己被尚未完全消除的累積怒火所燒毀。

隨著哀悼有所進展，我們的分裂通常會變得沒那麼極端，且可以在不必將父母
理想化的情況下，也能真心愛他們，而在對父母感到愛意或憤怒時，我們的心理也
能有空間來承受正常的持續波動。

然而，如果倖存者的父母在過去或現在是過度失能的，即使他們處理了對於父
母的大量憤怒，可能還是無法回到愛他們的狀態。有些倖存者很震驚地發現，他們
以前以為自己愛父母，但其實那種愛從來沒有任何真正的內涵。人類根本不可能去
愛一個始終是痛苦來源的人，而在這種情況中，分裂真的就像是把一位配偶從具虐
待性的婚姻中解救出來的「離婚」情況，這會促使倖存者了解，自己必須徹底斷開
仍是現行犯的父母。

言語抒發

> 給悲傷一些字句；那些沒說出來的傷痛
> 會對負擔過重的心低聲私語，並把它弄碎。
>
> ——莎士比亞

「言語抒發」發生在言語充滿情緒的時候，是一種以說出或寫出痛苦的方式，
來釋放痛苦的哀悼歷程，也是許多正式心理治療的主要療癒歷程之一。關於這方
面，羅伯特·布萊寫得很好：

> 一個人的成長，可以被想像成漸漸往下擴張的力量：聲音往下擴張到帶有

情緒的母音，然後進入像是關住水閘門的送氣音；傷痛的感覺往下擴張至
憐憫。

當我們不再用自我審查的方式來思量自己的過去，並且說出浮現的想法、感
受、感覺和畫面，就能釋放童年痛苦帶來的陳年壓力；當我們透過訴說來排出哀悼
時，言語抒發會驅散憤怒並揮發悲傷；當我們允許自己在訴說時去感覺情緒，並允
許自己哭泣或表達憤怒，會有最強大的效果。

言語抒發所能提供的助益，與傾聽者的不論斷和憐憫程度成正比。真正親密的
人可以一起哀悼，而在許多非工業化的文化中，朋友間都習慣彼此相互憐憫，並不
需要找治療師才能有安全的抒發之處。

許多倖存者在生活中建立了多個相互憐憫的關係後，對於心理治療的需求也會
逐漸減少，而復原了言語抒發能力的人，對於靠在朋友的肩膀上哭泣，或是讓朋友
靠在自己的肩膀上哭泣，都不會感到羞恥。他們已經體驗到，透過彼此的言語抒發
而產生的溫暖與連結，將會越來越深刻，因此很高興有這樣的機會。

不幸的是，很多時候我們沒有可以相互憐憫的對象，然而，就算沒有傾聽者，
我們也可以抒發，所有小孩很自然地就會做這種自我安撫的行為，直到他們被羞辱
到不再這麼做為止。這是值得重拾的本能，但最好在私下做，以免被誤以為該去住
精神病院。

我們也可以透過高唱富有情緒的歌來做言語抒發。有一次，我聽到知名的藍調
歌手瑪麗亞·馬爾道（Maria Muldaur）在訪問中這麼說：

我愛唱藍調。我在某些非常不舒服的感覺之中開始唱，但是唱到最後，我
覺得自己有點解決它們了。

書寫也是言語抒發的強大工具，我有許多次突破痛苦感覺的經驗，都是透過自
由而不壓抑的方式去寫。

這對我的憂鬱情況特別有效，我會完全聚焦在自己的陰鬱面，並且記錄進入腦
袋裡的一切印象，沒多久，我通常就能發現自己是為了什麼而難過或生氣，那些原

因大多是被我舊有的壓抑習慣給忽略的，而當我把這些感覺哀悼出來後，憂鬱情況通常就改善了。

許多倖存者藉由寫日記，記下自己復原之路的經驗與發現而得到極大的好處，有時候我也會用「日記療法」來指稱書寫的療癒力量。專長於寫作療癒法的心理治療師瑞秋・巴隆（Rachel Ballon）宣稱：

> 在書寫（問題）的時候，會有神秘又神奇的事情發生。筆的力量毫無限制。在口頭訴說的時候，腦袋裡一直會有喋喋不休和合理化的情況，而透過書寫，人們可以繞過這種情況。書寫，會用訴說所做不到的方式觸及無意識層面；它能超越舊的故事，到達真正故事裡的事實。

我想要鼓勵你寫復原日記，你可以利用它來抒發感覺、記錄夢境、與自己的內在小孩對話、肯定自己，並且寫下從書籍、朋友、老師和冥想蒐集而來的忠告。

記錄笑話、軼事和使你發笑的事件，也很有療癒性，在悲慘的時候，它們可以激勵人心地提醒你生命中的喜樂。基於同樣的原因，我喜歡在日記裡的每一頁貼上美麗、感人或其他具特殊性的圖片。我已經這樣做了二十年，堆疊成九十公分高的大日記本，而當我在翻閱它們時，時常會產生濃郁豐富的感覺，像是懷舊、感恩、驚歎、安適、驕傲和對美的欣賞。

寫日記是花時間獨處的自我滋養方式，它能接觸到我們的直覺，幫助我們對自己的生活做出有智慧的決定和務實的計畫，也幫助我們挖掘自己與生俱來卻休眠中的熱情和興趣。

咒罵也是很強大的言語抒發形式，尤其是說話時總小心翼翼地避免咒罵的人。咒罵在沒有被過度使用，以及無虐待性地使用下，是非常有幫助的方法。

有時候，我會很高興地看到以前一本正經的案主發現了咒罵的療療價值。這通常自然地發生在他們做發怒練習的時候，他們突然連結了真正的憤怒，接著咒罵聲像源源不絕的油一樣從他們身上噴湧而出，然後他們會立刻出現一種綜合了震驚、解脫、歡樂和輕微嚇呆的可愛狀態。當我告訴他們不需要道歉，並把他們的行為視為正常，還恭喜他們發現這個有益的方法時，他們的歡喜都會勝過尷尬。

完全表達情緒

　　無論我們試著忽略傷痛或是看輕它，它就像一噸的羽毛或一噸的石頭那樣，對我們來說都是一樣重的。這是肯定的：如果我們把傷痛鎖在裡面，它會變重和變長；如果用哭泣和話語打開我們的心，別人就會幫忙搬起它。

——海瑟頓冥想

　　當我們同時又哭泣又發怒又言語宣洩時，對於過去將有最強大的療癒力。那些情緒性的自我表達尚未受到傷害的小孩子，會本能地完全表達情緒，使自己從迷你的死亡（像是受傷或失去重視的東西）中重生。

　　任何一天，你都可以在熱鬧的遊樂場上觀察到幼兒完全表達情緒。典型的情節就像這樣：一個孩子跑過沙坑時絆到了，摔倒在地，因此傷了膝蓋。他感覺到自由自在又開心的體驗短暫地死掉了，於是跳起來用啜泣和眼淚哭出自己的痛；他看著地面，藉由生氣地說話，把自己對於疼痛的憤怒發洩出來：「笨地地！老笨地！我討厭你，地面！」這短暫且誇張的情緒發洩完全釋放了他的疼痛（除非他嚴重受傷），然後他又跑掉了，重生去歡欣鼓舞地玩樂。

　　你也可能在同一個遊樂場上看到不同且沒那麼神奇的版本。同年紀的小孩發生了完全一樣的意外，但這個小孩是由失能的父母「照顧」，當這孩子摔倒後哭著爬起來時，父親對他吼道：「別哭了，你這個娘娘腔！那又不會痛！別再抱怨了，要不然我就讓你哭個夠！」這孩子不哭了，然後像前一個孩子那樣對地面發洩自己的憤怒。此時，父親生氣地走過來說：「你有什麼毛病，你這笨手笨腳的混蛋？你才是笨蛋，不是地面。如果你沒辦法跑來跑去而不摔倒，就給我坐好。」

　　然後他坐下來了，但他不像其他孩子那樣輕易地從意外中恢復，可能會坐在那裡，一整個下午都困在恐懼和羞恥裡，試著忍住內在的眼淚和憤怒。

　　你有沒有發生過類似的情況呢？也許你沒有視覺上的記憶，但隨著你想像這樣的場景，或許現在你體內有焦慮或情緒在騷動？也許你以前對於一些受傷經驗和倒楣事件的自然憤怒與眼淚，仍然鎖在內心，渴望被釋放。

　　你現在是否會讓自己哀悼無數次不被允許發洩的某些迷你死亡的痛苦呢？你也

許會發現在憤怒與悲傷的另一面，有股堅不可摧的渴望再度浮現，也就是你想要充滿活力地表達自己和盡情玩耍。

有時候，我看見到別人復原情況的大躍進通常與完全表達情緒的歷程有關，如果案主能記得過去的不公經歷、為那件事哭泣和發怒、說出自己從不被允許說出來的抱怨，就能夠激勵他們改變人生。

最後，一個人同時哭泣及發怒，是比較原始但同樣強大的完全表達情緒版本。我第一次有這樣的體驗時便馬上停了下來，因為我以為自己聽到小嬰兒在房間裡嚎哭，但我突然發現那是自己在用單純、原始的聲音將傷痛嚎哭出來，這讓我非常震驚，我的聲音帶有嬰兒在極度沮喪、憤怒且哭泣時所發出的混合宣洩聲音。我很珍惜這少數幾次的深度哀悼經驗，因為它們以真正超然的方式使我恢復活力。

我想到某些朋友說過的，他們聽到自己發出土狼嚎叫般的聲音或是允許自己像狼一樣全心嚎叫時，會深深地感動，也許這種嚎叫是哀悼的一種原始形式。

日光的最後
已死在西邊的
依然再活一首歌
在畫眉鳥的胸中。
在撐住的黑暗遠端
有畫眉鳥的音樂——
就像一個呼喚進來
來到黑暗與悲痛。

——羅伯特・佛洛斯特（Robert Frost）

感受情緒

孰能濁以淨之徐清，孰能安以動支徐生。保此道者不欲盈，夫唯不盈，故能蔽而新成。

——老子

　　感受情緒是允許倖存者以靜態方式處理童年痛苦的哀悼歷程；**感受情緒是刻意地鬆懈抗拒並聚焦在痛苦上，於是痛苦可以通過並離開身體**。我們所習得的生存機制是，一遇到痛苦就蜷縮起來，並且把痛苦驅逐到覺知之外，然而感受情緒的過程與這種生存機制完全相反。

　　「感受情緒」與「表達情緒」是對比的，表達情緒是用哭泣、發怒或言語抒發等方式，主動地將痛苦表達及釋放出去；雖然這兩者是相反的，但在哀悼歷程中同等重要。「感受情緒」和「表達情緒」的不同之處，在於感受情緒是一個靜靜體驗情緒的歷程；感受情緒是接受性的、「陰性」的體驗，而表達情緒是主動性的、「陽性」的體驗。當覺知以接納和順其自然的意向，完全往內聚焦於情緒狀態的時候，就能夠感受情緒。

　　感受情緒最純粹的形式，是不思考、不干涉地專注於身體的情緒狀態。當我透過感覺傷痛來釋放它時，我的覺知似乎變成溶劑，漸漸地溶解了這些情緒痛苦。

　　感受情緒也可以說是與內在體驗的無意識部分冥想般地合而為一。佛教的「內觀」傳統包括許多練習，都是聚焦去覺察全部的感受。知名的冥想老師暨心理治療師傑克‧康菲爾德在《踏上心靈幽徑》一書中，介紹佛教的感受方式：

　　感覺可以像天氣變化一樣在我們內心移動，我們可以自由地感受它們像風　　那樣移動……「自由」不是沒有感覺，而是自由地感受每一個感覺，讓它　　離開，不怕生命的變動。

　　在感受情緒時，需要直接注意思考之下的身體內在體驗，因為它經常伴隨著心臟附近或內臟的體感。感受情緒是具有身體動感性的，而非一種認知性的經驗，它通常會發生在身體內臟區而不是頭部，就像我的編輯說的：「**感覺會在你心裡融化，而不是頭裡面。**」

　　我們可以將「感受情緒」比擬為「慢慢消化」，當我們放鬆地進入一種感覺，就可以柔和地把它吸收到我們的體驗中，而這跟我們消化食物的過程非常相似，消化道越放鬆，我們越能有效地吸收養分。不幸的是，許多人在有感覺時，會慣性地收縮內臟肌肉，我相信這種情緒壓抑的生理相關性，是許多消化性疾病的病因。

感受情緒與表達情緒的歷程是互補的，而且兩者對於完全有效的哀悼都是必要的，但許多解決情緒痛苦的哲學觀點，都排除了哀悼的感受情緒或表達情緒的部分，因此並不完整。

許多冥想的提倡者相信，只靠感受情緒就可以解決所有的內在痛苦。然而，在我的經驗中，這似乎不是真的，有些感覺是那麼的強烈，以至於需要積極地表達憤怒和眼淚來解決，無論靜態地感受悲傷或憤怒多少次，都無法完全處理童年時期累積下來的傷痛。

另一個極端則是像原始的尖叫療法那樣，試圖透過赤裸裸的表達情緒，來解決過去的痛苦。與其花時間靜靜地感受情緒，「原始的尖叫者」則是立即把情緒傾倒出來，但這往往會使人相信「感覺很差勁、很糟」，必須盡可能清空。

充滿愛地把注意力地導向自己的情緒體驗，可以提升我們感覺的能力，這個做法就如同功能完整的父母會溫柔地抱著並撫慰受傷的孩子一樣，會把內在小孩從「自己傷痛時不值得陪伴、支持或憐憫」的信念中解救出來。

哀悼的平衡取向，包含了對於感受情緒和表達情緒都抱持著開放的態度，如果我們不接受並重視這兩個歷程，就不會變成完全感受情緒的人類。

強化感覺能力的方法

如果你的胃裡有蝴蝶，就邀請牠們到你的心裡去。

——庫波‧伊登斯（Cooper Edens）

你可以用以下的方法來展開或加強感受情緒的練習。先閉上眼，把全部的注意力聚焦在腹部和心臟區域的感覺；接著，慢慢地、深深地、有節奏地呼吸，每一次呼吸都先充滿你的內在再清空，同時單純地注意體內的體驗。注意肌肉的擴張和收縮，是它們讓你可以完全接受和釋放呼吸；在這個過程中，聚焦於軀幹中浮現的最主要的感覺。

內臟的感覺經常與情緒感覺有生理關聯，如果你持續注意那些感覺並感受到它們，會意識到它們真正的情緒內涵。藉由把覺知維持在一個身體感覺上，伴隨著它

而來的情緒感覺，可能會漸漸地溶解並流過你，或者變得強烈到足以冒出來讓你表達它。這樣的聚焦也可能會喚起痛苦的童年事件回憶，而伴隨這些回憶而浮現的任何痛苦，都可以藉由感受及表達那些儲存在身體內的情緒，來處理並排解。

感受情緒等同於靈性的實踐

如果思考的力量是非凡的禮物，那麼不思考的力量更加非凡。

——斯瑞・奧羅賓多（Sri Aurobindo）

對於感受情緒的實踐，使我學到自己的內在絕對沒有什麼需要逃開的東西，沒有任何想法、能量、情緒感覺、畫面、身體感覺或技藝，是我需要感到羞恥、痛恨或恐懼的。

就如許多經驗豐富的冥想者所知道的，持續地靜靜聚焦於任何內在現象，能讓它在意識層面整合及化解。

也許我們所能獲得的最大自由，來自於無論內在揭示了什麼，我們都一直願意帶著愛與接納留在當下，而有時這樣的練習會給我們啟發性的恩典，讓人了解並接納自己一切的存在性困境。

佛教禪宗稱這種體驗為「開悟」；開悟會以無法想像的提升和蛻變之方式來照亮認知層面，讓我們堅定地相信，過往至今所有的一切，都是完美地發生在該發生的狀況。

開悟為我們注入了堅定感，可以深深地撫慰從童年時期就困擾著我們的絕望的無意義感，減輕我們揮之不去的童年孤寂感和疏離感。它用閃閃發光的、被照顧的感覺震撼我們，讓我們覺得自己完美地處於一張精緻的網當中，而這是充滿愛且團結一切的交互聯結之網。

雖然開悟的效力是暫時性的，而且會漸漸消退，但它通常會使我們在許多層面永遠地蛻變。

開悟使我們更容易取得深度平靜的體驗，提升我們感受情緒的能力，並且漸漸打開我們對於感受的精細微妙之處的覺知。我們內在有一個無限而不可思議的世

界，比任何可以想見的外在體驗更令人生畏且有所得。神秘主義波斯詩人魯米在以下兩首詩中掌握了這一點。

> 我是站在紅寶石礦坑裡的裸男，
> 身上穿著紅絲。
> 我吸收光芒，現在我看到海洋，
> 幾十億的同步動作
> 在我裡面動著。
> 一圈美好安靜的人們成為我的戒指。
> ／／／
> 「神啊，我總是與你同在。」這表示當你在尋找上帝，
> 上帝就在你的眼神之中，
> 就在注視的想法中，比你自己更靠近你，
> 或是比發生在你身上的事情更靠近你。
> 不必到外面去。
> 成為融化中的雪。
> 把自己從自己洗掉。
>
> 一朵白花在安靜中生長。
> 讓你的舌頭變成那朵花。

感受情緒的歷程有助於溶解痛苦和未化解的傷痛，那痛苦的傷痛會使我們無法得到具有擴展性的原型人類體驗。我要再次向讀者建議康菲爾德的書，它可以指導你以非反應性的方式去感覺，進而培養內在的平靜和擴展。他說：

> 絕大多數控制我們內在生活的，是感覺的層次……當愉快的感覺出現時，
> 我們自動地抓著它，或者當不愉快的感覺出現時，我們試著逃避它，這讓
> 我們建立了一連串糾纏和受苦的連鎖反應，使得恐懼的身體一直存在。

理性如何迴避哀悼

他找到自己的時刻會自然到來……握住死亡之神或離婚之神乾燥的手。他會發現自己注意到掃帚或舊木板裡的眼淚……他會理解到，在他所選擇的理性生活方式中，自己已經失去了多少，以及下週他還會輕易地失去多少。

——羅伯特・布萊

理智可能是復原之路的巨大阻礙。當邏輯和理性被用於否認機制的時候，思考的頭腦會找到無數的理由和方式來使哀悼歷程出狀況。

美國人非常擅長說服自己不該把痛苦當一回事，習慣拿別人更誇張的不幸來比較，把自己的傷痛和失去當作小事，像是挨餓的孩童以及無家可歸的人，就經常被拿來當作否定痛苦感覺的理由。

我們也常常被告知事情可以更糟，叫我們不要為此痛苦。小時候，我用石頭打架，結果頭皮被敲破了，母親責罵自覺可憐的我，說：「你只需要縫傷口，你的頭顱沒裂開，你該感恩了！」

在最近的一個醫療保單廣告中，住院的病人讚美照顧者很有同情心，因為照顧者提醒了她，沒有因為頸部斷掉而癱瘓，是非常幸運的事。

理智地運用「比較」來把痛苦消除掉，就像因為倒楣的鄰居家整個地基都有白蟻，而忽略自家後陽臺的白蟻。只因為自己的痛苦沒有在芮氏地震規模上面得到夠高的數字就忽略痛苦，並不會使痛苦本身神奇地化解掉，要是把痛苦驅逐到覺知之外，它會在無意識層面進行具破壞性的運作，就像後陽臺中被忽略的白蟻一樣。

許多使傷痛無聲的方法，被當作普世智慧而不會受到挑戰。

男人通常偏好這種忽略性的說法：「沉溺在裡面只會更糟，想一想滑雪或是在夏威夷度假！」關係依賴的女人偏好這種說法：「做點什麼事去幫助比你更慘的人！」而大多數人則會自動地向美式自力救濟萬靈丹致敬：「別耽溺了！找一點有用的事情讓自己忙碌。」

許多人在痛苦時會自動背誦這些教條，並且以最大的善意把這樣具傷害性的忠告傳給他人。不幸的是，我們很難挑戰這種忠告，因為它聽起來很理性，然而，它

只不過是邏輯大於感受、腦袋大於靈魂的破壞性暴政罷了。當代美國詩人理查・艾伯哈特（Richard Eberhart）在〈土撥鼠〉（The Groundhog）這首詩中，描述了這種暴政對他所造成的損失：

> 但那一年失去了它的意義，
> 並且在智力的鎖鏈中
> 我失去了愛和厭惡，
> 被監禁在智慧之牆內。

比起其他情緒，憤怒或許是最常被理智所否定的。

我們總是會用邏輯教條來否定自己的憤怒：「為了小小的挫折就讓自己這麼激動，這實在很蠢！」「生氣解決不了事情。」「你不能為那件事生氣，因為你自己也是這樣！」「如果我為了每一件小小的不公而生氣，整個人生都會充滿怒火。」但諷刺的是，當我們慣性地壓抑自己的憤怒時，其實整個人生都會無意識地在憤怒中翻滾。

實際上，甚至是很中肯的說法，像是「我不是故意傷害你的！」和「那是意外，不要怪罪任何人！」把我們哄騙到斷然否定自己的憤怒時，也會有害處，但這並不是指這些說法本身具有傷害性或是不值得考慮，只是在一有憤怒的跡象時就反射性地吐出它們，將會剝奪我們無害地宣洩憤怒的機會。

當朋友無害地發怒時，我們激勵他們「理性一點」，這其實是在幫倒忙。充滿愛的人會允許甚至鼓勵朋友表達並釋放憤怒，只要這個過程不具虐待性。喬治・巴哈與赫伯・高博格說明了這一點：

> 除非一個人先知道另一個人會如何應對自己的攻擊性，尤其是憤怒、挫折和憤恨，否則無法與另一個人建立真實的信任和安全感。那些總是甜美討喜、微笑、基本上很被動的人，是最不能被真心信任的人，因為我們相信他表現的不是人類真實的樣子……我們（本能地）覺得開放地抱怨和對抗的人，比起假裝接納一切的鄰居，更為安全、真實，更能被信任。

　　我經常對以下這個諷刺的狀況感到驚訝：貿然地分析自己的憤怒情緒，經常會阻礙我們理性回應苦惱狀況的能力。我的朋友或案主通常只對自己的問題使用減法，而當我鼓勵他們先宣洩關於某個挫折的情緒之後，他們的反應總是會更合理，也更有效。

　　無論我們的憤怒可能看似多麼不合理，如果否認它帶來的真實體驗，就會傷害我們自己。如果我憤怒，我就是憤怒，若只因為我偏好溫和的感覺，就否認自己「很激動」，就像是因為我喜歡陽光就否認現在正在下雨，但假裝沒有在下雨，會使我全身溼答答，就像悶住我的憤怒會使我悶燒。

　　在我早期的復原過程中，最重要的許多體驗來自於接受心理治療師的邀請，她邀請我徹底探索心中原本被視為微不足道又沒道理（於是不當一回事）的不悅，並鼓勵我允許自己的無意識層面帶出困擾我的一切畫面和記憶。我很快就發現了，我的憤怒極少「屬於」一開始引發它的事情，我小小的不悅總是那些未化解的童年痛苦的線索。當我允許自己在那些時候宣洩，我的憤怒經常會自然地轉向那些早已被我遺忘的虐待情境，而那些虐待比我現在的不悅更加沉重。

　　（這個方法是「自由聯想」的變形，其療癒性歷程是：在想著不悅的經驗時，邀請並表達腦中自然出現的一切想法與感受。）

　　漸漸地，這個發洩的方法幫助了我想起自己壓抑的舊怒火並處理它。有一次，我把對於一位朋友慣性遲到的不滿，連結到一個已經遺忘的童年創傷；我突然想起，有一次父母因為我遲到一分鐘而嚴重地懲罰我，不讓我解釋原因：我是因為停下來幫一位老太太熄滅汽車引擎蓋下方的火才會耽擱。而在與這個不公狀況有關的憤怒被重新喚起之後，又引發了一大堆有關父母殘酷惡毒地施以無盡不合理規定的憤怒回憶。

　　還有一次，我被一位朋友搞不清楚狀況的發言給惹毛了，而我追溯這個感覺後，也發現了被我壓抑的怒火，那怒火是關於與一位總是羞辱我和言語虐待我的伴侶同居的經驗。如果那時我沒發現那股憤怒，可能會永無止盡地默許她的虐待。

　　關於壓抑的憤怒如何自動連結到現在的挫折，並且變得可以被釋放，這裡有一個例子。有好幾年，我為了自己開車時會發怒，而相信自己很笨、不理性、不長進；每當我在塞車時發怒，就會徹底地羞辱自己，到了後來，我把自己耍得相信我

已經徹底超越了所謂的公路憤怒（highway anger）。後來，我持續的憤怒工作幫助我了解到，這股憤怒是對於機車騎士危險駕駛的健康性本能反應。

　　然而，沒什麼大不了的駕駛小錯誤有時還是會惹怒我，這種情況仍使我困惑了一段時間。

　　我持續進行自由聯想的練習，最後終於知道，當我累積了一堆壓抑的憤怒後，就會對於其他駕駛無害的錯誤感到不滿。這種時候，就像是我的心理機制迫切地在尋找可以釋放憤怒的合理對象。

　　為了把我的憤怒朝向最該接收的目標，我現在會問自己，是否在情緒上想起了過去某些不被體諒的經驗？我真的是被那輛無害的、換車道沒打方向燈的汽車給惹火了嗎？還是被過去或現在的生活中某個難以忍受的不公狀況有關的無意識感覺給激怒了？

　　如果當時的情況足夠安全，我會利用這個機會立刻抒發並釋放所發現的任何相關憤怒，但如果當下的路況不適合安全地發洩，我會等到有適合的地方再宣洩。（我不建議你直接對其他機車騎士發怒，就算他們騎車的方式冒犯到你，因為這麼做不僅是相互虐待且不安全，在這年頭也特別危險，很容易引發暴力的報復。）

　　當我們使用合理化來排除憤怒時，就浪費了這個可以發現並解決自己尚未處理的舊傷痛的機會。

　　許多案主處於深深的自我仇恨中，而他們來到我的辦公室，是因為他們相信自己的憤怒感覺或憤怒幻想是可恥且不正當的。那些願意用自由聯想去抒發憤怒的人，都會發現自己突然憤怒發作的正當解釋，並且會從痛苦壓抑的感覺和不必要的自我疏離中解放出來。

　　我鼓勵你實驗這個方法，尤其是你的不悅程度似乎和引發它的事件不成比例時。無意識地把未解決的童年憤怒和怪罪轉移到朋友身上，將會傷害友誼；而這種發洩方法會減少這個可能性，因此我很推薦。自從我哀悼出大量的舊怒火後，就絕少為了與朋友無關的原因而對他們不滿。

　　由於我看過許多人透過這個方法而健康地發現並釋放許多憤怒，我相信我們從來都不會沒理由地發怒，只是我們發怒的表面原因大多不是真正的原因。透過足夠的探索，我從沒遇過任何案主是沒理由地憤怒。

因此，我相信感覺憤怒永遠沒錯，也永遠不是壞事，只是可能以錯誤或具破壞性的方式去表達（或壓抑）憤怒。

哀悼並非一日速成

鑽石越被切割，越是閃耀。

——作者不詳

要歡迎哀悼的歷程，一開始很困難，因為我們「必須」回去重新感受那種痛苦，而這會讓人覺得真的很不公平。但事實上，我們從未完全感受童年遭虐待與忽略所帶來的傷害。

要從自己的童年失落中復原，我們需要哀悼許多次，這好像是更不公平的事。我們的哀悼有時候似乎沒完沒了，然而，要達到並維持顯著的復原狀態，許多倖存者都需要大大地哀悼。二十世紀英國作家大衛·赫伯特·勞倫斯（David Herbert Lawrence）這麼寫道：

我不是一組機械，不是各種部分的組合；我不是因為這組機械運作不當才會生病。我生病了，是因為靈魂的傷、深層情緒自我的傷，而靈魂的傷得要花很長很長的時間療癒，只有時間能幫忙，還有耐心……

然而，我們對於自己復原過程的進展通常很難保持耐性。我們住在一個速成的社會，醫師和精神科醫師的專長是提供我們立即的紓解，這讓我們認為，如果沒有立刻解決自己的問題，就是有缺陷的。就連我們在即將死去之前，都被期待要隱藏自己的痛苦，直到最後一口氣。

哀悼之所以是長期的歷程，有許多原因，而其中最主要的原因可能是：童年創傷持續存在於許多發展階段，從幼兒、幼稚園、小學到青少年時期，許多人都必須壓抑自己的痛苦。

過去那些沒有被發洩的痛苦，會在無意識中層層累積，因此，那些關於虐待和

忽略的記憶，會像三明治那樣夾在層層的哀悼之間，每一層的痛苦回憶會漸漸地浮現，雖然不見得是依照時間先後順序。

當任何一層被壓抑的特定創傷浮上意識層面時，就會帶來我們當時無法表達的悲傷和憤怒，而如果我們現在把這些感覺「哀悼出去」的話，接著通常會有一種解脫和充滿活力的感覺。在哀悼的早期階段，有時這種解脫感會稍縱即逝，因為被埋在更深處的痛苦將浮現並取代它，而當這痛苦被哀悼了，就會開啟新的解脫，然後解脫的感覺會越來越持久。根據原本創傷的嚴重程度與時間長度，這種循環過程可能持續數個月到數年。

接下來出現的每一層痛苦，都是來自於新浮現的回憶，或是深刻地理解到原本就記得的那些創傷究竟把我們傷害得多嚴重，而這是哀悼之所以需要時間的另一個原因。特定創傷所製造的痛苦，也經常是有層次的，隨著我們撕開那一層貶低它的包裝紙，就越來越能感覺到每個特定的童年虐待與忽略所造成的全部影響。

這裡有一個例子。當我即將死去的母親對我告解說，她在我幼兒時期經常打我時，我幾乎沒有任何感覺，而且我記得的比我感覺到的更少：

我以前經常痛打你，打到你會在地上滾去撞牆！

並非我不相信母親，但我那時仍被自己的否認給麻痺，不記得她的手曾經那麼有力氣地瘋狂打人；還有，我幾乎不記得七歲以前發生過什麼事，而且那時候她的關節炎已經使她打過來的巴掌感覺沒那麼痛了。

直到一整年後，我才對母親的告白有情緒反應，那是發生在我閱讀一本記錄著她的遺言的日記時，我突然因為她打我的恐怖畫面，感到非常心煩意亂；而當我理解到自己幾乎完全壓抑了她所告白的事件，就越來越難受。自從她死後，我就沒想過這件事，我相信，如果不是我的日記，我就會再度對這件事失憶。

關於恐怖到匪夷所思的事件，我們通常會驅逐並否認對它們的感知，這種本能是非常強大的。

隨著我記起她打我的畫面，並且開始感覺到她傷害我的程度之深，我的心理機制突然連結到當兵時的一個回憶。我記起，我在基礎訓練基地剃頭時，一些同梯

的夥伴開玩笑地說我看起來像是已經去過越南了，因為我的頭皮上有好多疤痕。但對於這十個大疤痕，我只記得其中兩個是怎麼來的，那時我對這種情況感到困惑，但很快就拋諸腦後，直到這天我聯想到這些疤痕與她的告解內容的關係，才清楚地知道這些疤痕是她打我所造成的。難怪她告解時看起來那麼驚恐，並且哭得那麼淒慘。那一刻，我終於理解到自己以前曾被暴力地虐待，而在這份否認被侵蝕後，令人痛苦卻帶來解放的哀悼便排山倒海而來。

多年來，我逐漸發覺並消化這些創傷性毆打的全部影響。即使是現在，我仍然偶爾會對於突然的動作有「驚嚇反應」，並以此形式經歷著這些毆打的情緒重現。這種反射性蜷縮的動作，切實地提醒了我，我是一個多麼害怕的受虐小童。

很開心的是，我的哀悼練習終於使我學會，在體驗母親毆打的遺跡時，要給自己憐憫和疼惜，而不是羞恥。我總會特別提醒嚴重創傷的倖存者，即使徹底哀悼了童年的傷痛，這些舊傷仍然可能會偶爾重現，此時就需要帶著憐憫關注它。然而，隨著復原工作的進展，這些情緒重現會越來越不常發生，也更容易解決。

靈魂的暗夜

> 我無法用任何言語緩和你的痛苦……它必須以自我燃燒的淨化方式來完成……當你承受難以承受的情況時，內在的某個部分會死去。只有在靈魂的暗夜裡，你能準備好如神那樣去看、如神那樣去愛。
>
> ——史蒂芬‧拉維，《誰死》

許多人體驗到的傷痛情緒是一連串的波浪，在低點的平靜間點綴著波浪，而這些波浪就像在海上那樣會不可預期地出現。受到長期虐待的倖存者，可能會有許多大浪，在浪與浪之間，有時候會有長時間的寧靜，而有時候感覺就像是浪一波接著一波而來，沒有間隔；有時候浪很小，相對容易駕馭，而有時候則是足以將人沖倒的巨浪，我們淹沒在傷痛中的時間，遠超過我們願意的時間。

也許在復原歷程中最令人難受的體驗，是有些倖存者會經歷到傷痛的潮汐波浪，其中掉入情緒痛苦中的時間比較長，而哀悼只能爭取到短暫的傷痛緩刑。對於

第一次長時間沉浸於傷痛性的童年痛苦再度體驗，有些心理治療師稱之為「靈魂的暗夜」，而其他人稱之為「遺棄性憂鬱」。

　　靈魂的暗夜就像是情緒重現的加長版，那些曾經經歷長期虐待，或是曾與父母嚴重地缺乏情緒連結的復原中倖存者，通常會至少一次長期接觸自己未解決的童年遺棄性憂鬱。我有過幾次這樣的經驗，它似乎把我困在傷痛的海嘯之下好幾個月，讓我覺得彷彿處在從前那種完全不能依靠任何人來保護或安慰自己的時候，而那多年的殘酷孤寂向我襲來，永遠困住我。

　　要在靈魂的暗夜中航行，並且成為有效的悲傷者，最困難的任務是完全臣服於自己的傷痛，我稱這種臣服為「走出低谷」，而它發生於我們終於停止對抗自己的痛苦感覺，並且讓這些感覺流過全身之時。

　　大多數人在學會優雅地走出低谷以前，必須要經歷許多巨大的磨難。一開始，我們通常會抗拒那些浮現的傷痛，就像溺水的游泳者那樣，在進入痛苦深處以前，常常會先下沉超過三次。

　　由於我從未完全臣服於自己的遺棄性憂鬱，所以嘗試了好多次才解決它，顯然，我需要耗盡自己的力氣，才能夠沉到深處並完全感受它。當我終於做到時，就發現了當代美國詩人高威・金內爾（Galway Kinnell）所寫的事實：

　　只哭一點點是沒有用的。
　　你必須哭到浸濕了枕頭；
　　然後你才能起來笑……

　　從那時候起，我有過好幾次對於生活中新近的失去而感到痛苦，渴望走出低谷卻做不到的經驗。那時，我迫切地想要解脫；我知道當自己沉入傷痛之中，那解脫就會出現，可是我無法輕易地關閉反射反應，就是掙扎著要浮在上面。

　　對於大部分的倖存者來說，需要大量的哀悼練習，才能停止自動地抗拒痛苦的情形，即使有過幾次完全走出低谷的經驗，我們仍然可能回到「感覺恐懼症」的行為。然而，走出低谷所帶來的解脫是如此地美好，以至於我們傾向於相信自己已經徹底解決了情緒痛苦。

　　但這個信念是否認機制的最後遺跡之一。當我們持續地哀悼時，都會渴望一種有如天堂、沒有傷痛的未來，然而，無論童年時期是否生活在失能的家庭中，每個人都會在人生中遭遇少量的痛苦失去和災禍。十九世紀美國詩人亨利·華茲華斯·朗費羅（Henry Wadsworth Longfellow）這麼寫道：

> 必然有些雨會落入每個人生；
> 有些日子必然是黑暗陰鬱的。

　　一遇到新傷害時就自動地自我遺棄，這種習得的習慣並不容易破解。逃避痛苦已經成為我們的第二天性，但我們必須放棄這種錯誤的天性，否則痛苦就會一再累積為新一波的傷痛潮汐並爆發出來。

　　「抵抗情緒痛苦」可能是最難改變的習慣，然而，在練習哀悼一段時間後，我們能學會更優雅地走出低谷，隨著靈魂的暗夜到了尾聲，我們的傷痛波浪會越來越不頻繁，也越來越不會淹沒我們。每次我們臣服於自己的感覺，並且感受到眼淚突然輕易且大量流出所帶來的甜美解脫時，就會越來越不抗拒它。

　　在不抗拒之下，伴隨著人生的小失落和較短暫的情緒重現而來的傷痛，就不會那麼令人痛苦了。

　　到了後來，經驗豐富的哀悼者會覺得走出低谷就像是回家，回到在自我裡面的無可比擬的療癒之家。當我們學會如何走出低谷，就會有海倫·凱勒（Helen Keller）的這種發現：

> 一切都有它的奇妙之處，即使是黑暗和無聲，而我學會了，無論處在什麼狀況，都能滿足於其中。

　　在我的遺棄性憂鬱中走出低谷，似乎是我最困難也最冗長的人生旅程；然而，這麼做所花費的時間和精力，與其他的長期磨難相比，像是度過軍隊生涯和攻讀碩士學位等，其實非常少。我認為，打破這個逃到自己的存在中心之外而活著的習慣，是最值得堅持不懈的事。

深度的哀悼讓我們可以打破自我遺棄的習慣，並且變得對自己忠誠，在遇到困難時會自動地同理自己。

靈魂的暗夜結束時，將會迎來生命新熱情的曙光。隨著舊傷痛的波浪停止，我們會發現自己已經變得更有活力，並且超越了自己以前認為的可能性；也會震驚地發現，原來我們以前一直都處在輕度憂鬱中。

拋棄習慣性的童年沮喪，是非常令人興高采烈的，而重新發現孩子般的熱情，也是非常美好的。我們似乎剝除了眼睛和耳朵上的蜘蛛網，並且像沒受傷的孩子那樣，受到日常所見所聞的奇蹟所祝福，自由地探險更喜樂、更好玩的任務：

> 一沙一世界
> 一花一天堂
> 無限掌中置
> 剎那成永恆
>
> ——威廉·布萊克（William Blake），徐志摩譯

不可預知的哀悼風暴

> 幫助我們成為那種總是充滿希望的心靈園丁，知道如果沒有黑暗就沒有誕生，就像沒有光就沒有花。
>
> ——瑪莉·撒頓（Mary Sarton）

許多倖存者在三十歲之前對自己的童年痛苦毫無概念，在那之後，我們的內在好像有什麼變成熟了，於是自然地挑戰我們的否認，並且接觸到過去的痛苦現實。

對於許多倖存者來說，這種挑戰會以對當前的不公狀況高度敏感的形式出現，像是在工作或關係中，以前不會使我們不高興的事情，突然使我們覺得極度不舒服。如果我們在這時候開始做復原工作，很快就會注意到，現在的不公狀況很像父母的不當對待與忽略，進而開啟對童年的哀悼。

還有其他因素會促成哀悼的意外風暴，例如：任何新近的失去或死亡，都可能

會刺激我們更覺察到過去未解決的事；結束一段關係、失去良好健康或是寵物的死亡，都可能會在我們內心那片充滿尚未解決的過往痛苦、正在沉睡的海洋中激起一場風暴。我甚至看過案主因為最愛的電視影集停播而啟動了哀悼。

此外，如果我們對於過去的哀悼因為外在事件而貿然地終止，我們的哀悼可能會在任何時刻突然再度被激發。在哀悼足以達成顯著的復原之前，諸如找工作、新戀情或孩子出生等等，都可能是中斷哀悼過程的人生變化。

諷刺的是，成功的愛也可能勾起舊哀悼。當我們在人生中第一次真正感覺到被愛時，以前因為缺乏愛所受的苦，有時會全部再度浮現。我們在過去不曾為了自己的孤獨而哭泣，但此時那淚水變得可以釋放出來了，如果我們不把這種再度浮現的痛苦「哀悼出去」，可能會誤以為這表示我們的新戀情有什麼不對勁的地方，而這種沒被哭出來的眼淚，經常會變成破壞一份關係的焦慮。

相似地，哀悼也經常在我們實現心中的任何願望時自然地出現。任何童年之失落的真正復原，都會提醒我們，以前沒有它的人生是多麼匱乏，同時多年來受到剝奪而累積起來的傷痛，會自然地在此時出現，並且終於能夠被釋放。

這裡有一個我個人的例子。幾十年來，我一直無法接受任何正面的稱讚，即使我一直做著被讚美和被認同的白日夢。每當有人稱讚我，我總是會甩開這一稱讚，或是反駁說：「喔，我只是運氣好。」「你該看看我昨天的樣子；我昨天真的搞砸了。」「就連我也偶爾能做對啊！」「嗯，我猜這多少彌補了我昨天造成的糟糕狀況，昨天我……」。

而接下來的事件幫助我了解到這個行為。一位朋友告訴我，他覺得我在合作項目上所做的努力「真的很激勵人心」，不知怎麼地，我沒有用慣性的自我貶損來回應他的認同，我讓他的賞識「進入」內心，然後驚訝地發現自己泛淚了。我聚焦在自己的悲傷，並且為了從沒得到父親的認同所遭受的無數次心碎而哭泣。

我會拒絕別人對我的認可，是一種無意識地防衛，不讓自己去哀悼「缺乏賞識」這件事。後來，我發現「害怕在別人面前哭泣」正是我害怕對所愛的人說再見的主要原因，有好多年，我用盡全力避免告別，因為我無意識地害怕那些時刻的自然感傷會誘發我的眼淚。

現在，大量的哀悼已經使我不會因為自己的眼淚而感到羞恥，能夠輕易地接受

自己的優點被看見而帶來的滋養；我也能享受淚眼汪汪地向親密的人說再見，並且透過這些淚水認知到我們對彼此的感情深度。如果我們不去感覺、表達及釋放對於各個失去的痛苦，就不能享受自己已經獲得但尚未了解的獎賞。

　　那些終於與自己的哀悼和解的人，不會永遠掙扎著渴望要結束它，因為他們已經學會珍惜自己哀悼的能力，並且重視這個無可取代的情緒淨化工具，把一陣陣的哀悼風暴當作機會來歡迎它。

當哀悼沒有帶來解脫

> 當你學會愛地獄，就會身在天堂。
> ——賽迪斯・葛拉斯（Thaddeus Golas），《你不必受苦受難，也能上天堂》

　　當快樂童年的幻象首度開始粉碎時，我們可能會因為底下埋藏著許多痛苦而感到恐懼，並且害怕到在哀悼能產生任何解脫之前，就鎮壓了自己的傷痛。我經常聽到朋友和案主在第一次接觸到自己的傷痛後卻步不前，因為他們害怕自己有無盡的悲傷和憤怒：「如果我真的讓自己哭泣，就永遠停不了。我內在有一整個汪洋的眼淚。」「如果我真的打開自己的怒火，就會停不下來，直到我毀滅了所看到的每個東西和每個人為止。」

　　當我們第一次連結自己的傷痛時，一開始會覺得彷彿自己內在有一整個汪洋的眼淚和一個核子彈頭那麼大量的怒火，而當我們開始哀悼，有時候會覺得自己像是《聖經》裡那個拿著小桶子的小孩，試圖把海洋清空成沙裡的一個坑洞。儘管有這些令人害怕的情況，但是我從未見過自願追求復原的任何人溺死在哀悼中，或是在怒火中瘋狂殺人。

　　一旦哀悼從羞恥中解脫，我們對於無盡痛苦的恐懼就會漸漸溶解。哀悼會一點一滴地釋放累積的痛苦，而且那種了無希望的難以承受感會逐漸消退，越來越不常發生。許多人不需要花太久的時間，就能從哀悼練習得到解脫的慰藉。

　　對很多人來說，打開心房去哀悼是「具信念的勇敢行動」，而這個信念通常來自於我們尊敬的人親自分享哀悼的價值，以及看到這個人因哀悼而產生的成長。

　　有時候，在復原過程中的人需要心理治療師的幫助，來帶領他們走過恐懼和羞恥，因為這兩者都會阻礙憤怒與眼淚的積極表達。此外，受創特別嚴重的虐待倖存者，可能需要在心理治療中的信任建立階段花上大量的時間，之後才能做一點點積極的哀悼。

　　若要讓哀悼為你帶來解脫，還有一些其他的條件。當我們在哭泣或發怒時仇恨或羞恥自己，哀悼是沒什麼好處的；在那些會批判我們有情緒的人，或是因為我們有情緒而遺棄我們的人面前哀悼，通常也沒什麼好處。我們在哀悼時越是自我憐憫，就能獲得越多的療癒。

　　如果成年小孩仍然與施虐的父母同住，或是有頻繁的接觸，那麼哀悼也不能帶來什麼解脫。當父母的傷害性不被挑戰，而倖存者依然在忍耐童年的創傷狀況，是無法透過哀悼去彌補的。

　　如果我們與非常嚴酷的伴侶同住，哀悼也是無用的。無論你怎麼哀悼，都無法幫助在虐待關係中的人長時間感覺良好。

　　如果迴避「表達感情」過程的重要部分，哀悼也是無效的。無論你流了多少眼淚，都無法釋放未表達之憤怒的緊繃情緒；無論你發出多少怒火，都無法擁有眼淚所能帶來的解脫。

　　需要大吼時只會哭泣的人，以及需要哭泣時只會打枕頭的人，絕少會感覺到釋放。詩人阿登‧諾蘭（Alden Nowland）這樣說後者：「你在拳頭中粉碎你的淚。」受傷會讓人感到又悲傷又憤怒，是正常且本能性的，而且這兩種情緒表達都是徹底釋放童年痛苦所必要的。

　　兩極化的表達情緒，是現代社會常見的問題，現代社會有不成文的規定：眼淚屬於女人，憤怒屬於男人。如果你回想自己的童年，可能會記得針對性別的特定活動和態度，造成你無法哭泣或表達憤怒。

　　男性讀者可能會記得，自己在流淚時被無情地嘲弄；而女性讀者可能會記得，自己在同伴面前哭泣，創造了互信與愛，並使你們成為最好的朋友。反過來說，男性讀者可能會記得童年時的刺激遊戲，無害地表達了攻擊性和憤怒；而女性讀者可能會記得「粗魯」和其他玩鬧的競爭性活動所帶來的遭排擠的痛苦經驗。

　　若希望哀悼能為你帶來解脫，必須平衡地擺盪在哭泣和發怒之間。許多復原中

的女人，在開始做憤怒工作以前，都無法有更好的感覺；類似地，許多男人在重新發現自己的眼淚以前，也不太能被復原歷程所觸動。

　　許多倖存者，像是我自己，整個情緒表達被創傷得相當嚴重，必須很努力地修復哭泣和發怒的能力。然而，一些不幸的倖存者能有效地哀悼，卻不能獲得解脫，而藥物有時候能幫助那些長期哀悼卻沒有任何解脫的倖存者，尤其是他們也苦於長期睡眠不足的情況。如果失眠超過了三、四天，就可能讓人「精神崩潰」。

　　我建議嚴重睡眠不足的倖存者，去諮詢具有復原觀點[2]的精神科醫師。沒有「哀悼恐懼症」（grief-phobic）的精神科醫師（太多醫師都有這種恐懼症）所開的處方，通常是比較輕度的鎮靜劑，並且建議你只在絕對必要的時候使用它。他們大多會提醒病人，忍受一晚的失眠和許多晚上的睡眠不足，通常是安全的。忍受一些睡眠問題是很重要的，因為服用鎮靜劑有很大的風險，要是每天使用，不僅具有成癮性，並且會徹底鈍化我們的感覺能力，導致不可能再有效地哀悼。

　　有越來越多證據顯示，如果輕度鎮靜劑無法使哀悼變得有效的話，短期使用百憂解和樂復得這類藥物，可以幫助緩解長期處於「情緒淹沒」的狀況。不同於以前的抗憂鬱劑，這些相對較新的抗憂鬱劑可以結合心理治療，而不會讓人完全麻痺情緒並且拋棄哀悼歷程。不幸的是，它們也能被用來徹底脫離感覺，有點像是電視節目那樣，可以做為意識擴展的強大工具，或者是逃避積極參與人生而麻痺心智。

　　對於嚴重到無法維持最低功能的倖存者，有時候服用抗憂鬱劑是唯一的辦法。被恐懼、憂鬱或哀悼長期困在家中的人，以及被無法控制的情緒爆發影響到工作或關係穩定的人，可能會發現抗憂鬱劑很適合也有幫助。

　　我已經見過一些案主使用這些較新的抗憂鬱劑，並且能進行有效的情緒復原工作了。

　　看起來，藥物會對他們有效，是透過以某種方式調節他們的情緒體驗，而讓感覺浮現，並且以更可控的方式哀悼。一旦這些案主處理了足夠的過往傷痛，就可以不使用藥物，並且持續得到情緒復原的獎勵。

　　我也見證過其他案主和認識的人，使用抗憂鬱藥物來貿然地結束復原工作。這些人承擔的風險就是永遠依賴這些藥物（其長期副作用仍不清楚），因為他們未解決的情緒痛苦通常會在停藥之後再度出現，有時候，這股痛苦會比之前更強烈，因

為在用藥期間又累積了額外的「未感覺的感覺」。那些仍不願意做哀悼工作的人，通常會匆忙地再去領藥。

　　雖然妥善使用抗憂鬱劑顯然有療效，但是令人擔心的趨勢是過度輕易地使用。許多醫師不具有多少精神醫學專長，甚至完全沒有，卻習慣開百憂解給任何抱怨情緒痛苦的人。有些病人甚至因為遭受巨大失落或具破壞性的生活變化時，出現具功能性的哀悼，卻被當作有病，然後被誘導去使用藥物來立刻回歸「正常」。

　　由於百憂解被如此粗陋地濫用，許多專家把這些較新的抗憂鬱藥物視為有害又危險的「設計師藥物」，會鈍化使用者的情緒。那些無法感覺自己的不舒服的人，會自滿於越來越窄化且麻木的人生。社會可能不需要為卑賤又無意義的工作而打造不會抱怨的機器人，卻乾脆地對情緒痛苦提供容易取得的藥物「治療」，把人民麻痺到一種毀滅靈魂的順從狀態。

　　抗憂鬱劑不是情緒壓力的解藥，它們的效用在於提供舒緩的權宜之計，使掙扎中的復原者比較不那麼難受，於是有時間創造新的解藥——掌握哀悼，並且與自己的情緒本質建立健康的關係。

▌譯注

1.　客西馬尼園是耶穌被門徒猶大出賣之處。
2.　了解並重視心理復原的歷程，而不只聚焦在藥物與生理學等病理方面。

第 6 章

哀悼能減少自我破壞
並增強生命力

一個人逃離不了自己……任何的逃離都無益於來自內在的危險；

因此，要怪自我（ego）的防衛機制假造了內在觀點……結果，

自我（ego）為了這個機制而付出過高代價的情況，並不少見。

——西蒙·佛洛伊德——

當小孩為了保護自己不被長期虐待與忽略所造成的情緒痛苦所淹沒，主要會採取「解離」（dissociation）、「過度警戒」（hypervigilance）、「執著」（obsessiveness）和「強迫」（compulsiveness）這四種防衛策略與表現。

失能家庭的小孩會本能地變得過度警戒、解離、執著和強迫，來隔離令人難以承受的嚴酷家庭生活，麻痺自己恐懼和羞恥的感覺，並且鈍化對於被愛和被欣賞的渴望。孩子在經歷父母的拒絕所造成的持續痛苦時，無法繼續保有對生活的渴望，因此，他在失能的家庭中一直處於防衛的存在狀態，是兩害相權取其輕。

如果我們整個童年都被迫要依賴防衛機制，此機制就會僵化成永恆的存在狀態和生存策略，如果我們不放棄這些防衛及其具破壞性的副作用，它們就會持續傷害我們。活在過度防衛的狀態中，是來自過去的痛苦遺物，會使我們大大失去了生命力，並使我們累積不必要的大量新痛苦。

雖然在童年時期，我們的防衛就像是救生繩，但是在長大成人後，我們有機會不再因為過度依賴它們而傷害自己。我們的防衛習慣，使我們把它們當作正常的存在而接受它們，卻無法察覺它們的傷害性影響。

這一章會說明過度解離、過度警戒、執著和強迫的特色，藉以幫助我們辨識及放棄不必要的防衛。

然而，復原的目標並非徹底消除我們的防衛，因為永遠會有一些時候，防衛表現對我們是健康且有益的，就像我們稍後會看到的。復原的目標是讓我們在安全情況下有不防衛的選擇，這樣我們才不會被隔離在情緒性之愛以外；而這種愛是我們現在可以在真正的親密關係中擁有的。

復原的進展，通常會展現於解離、過度警戒、執著或強迫的時間越來越少，並且有越來越多放鬆和自然參與生命的時間。

解離

當一個人持續遭遇到自己無力克服的危險時，他防衛的最後底線是至少避免感覺到危險。

——羅洛・梅

　　「解離」是一種心理防衛機制，會讓人本能地鈍化自己對於嚴苛或不喜歡的現實覺知。對於令人痛苦或難受到難以理解的內、外在狀況，解離會保護我們免於受到過度的影響。

　　當我們處於解離狀態的時候，會無意識地從當下的現實中去除部分或全部的覺知，此外，就像其他防衛機制，解離並非全有全無的現象，每個人都有不同程度和頻率的解離狀態。

　　輕度的解離會無害地放空腦袋，大多數人偶爾會在傾聽時解離，然後突然發現自己沒聽到對方剛才在說什麼。我的第一位心理學老師形容，這個狀況就像是我們遊蕩於「三十秒的腦袋旅行」。

　　白日夢是這種解離性腦袋旅行的另一個名字，而且當它不過度或不影響正常生活功能時，其實是健康的心理機制。適度的白日夢是一種令人愉快的娛樂，也是創意的重要部分，為通往深層直覺的直接管道，如同二十世紀英裔美國詩人威斯坦・休・奧登（Wystan Hugh Auden）寫道：

人類天生就是演員，要先假裝是什麼，才能變成什麼。

　　只要不過度，睡眠也是解離的一種健康形式。那些身體有足夠的休息卻不能保持清醒的人，為了逃避不想面對的事情而解離時，會變得昏昏欲睡；而有些人在情緒被挑起且即將進入意識層面時，就立刻變得想睡覺。

　　解離的體驗經常是沉悶呆滯、霧濛濛或茫茫然的，例如，錯過了正確公路出口的機車騎士，還有突然發現不知道自己剛才讀了什麼的讀者，都是處於解離狀態之中。有許多意外是這種程度的解離所造成的，當我們沒有處在當下去注意到自己即將走入岔路，或注意到突然停在前面的車子時，就是處於解離狀態之中。

　　更深的一種解離，是我們「神智空空」，彷彿「去了另一個世界」或是「看起來正常卻腦袋空洞」。如果解離含有困惑、不真實和錯亂的不愉快感覺，就有問題了，這種強烈的解離症狀通常是突然且意外地發作，我們可能會覺得又昏又暈，像是我們正被甩出控制之外，並且失去正常的現實感。

　　最強烈的解離形式是休克、昏迷和失憶。當創傷排山倒海而來，令人難以忍

受，覺知就會自動地完全抽離意識層面。嚴重車禍所造成的巨痛，經常會使受害者進入休克，而如果他受的傷極為嚴重，可能會陷入昏迷。

　　失憶也是對於創傷的一種解離反應。大多數兒童在經歷持續的嚴重虐待時，會變成部分失憶；在過度創傷的時候，他們會解離到離當下現實非常遙遠的地方，以至於無法認知到當下正在發生什麼。也許你曾經看過眼神空洞的孩子的照片，他們的神智似乎已經不存在於眼睛後方了。大腦中負責記錄見聞的機制，也許在最巨大的創傷發生時並不會運作。

　　我清晰地記得，每當我那暴怒的酒鬼父親「幫」可憐的妹妹寫功課時，她會有看來空洞而遙遠的眼神。她受到父親的處罰方式所創傷，注意力徹底分解，根本無法專注在父親的指導上。這個後來復原到能夠取得博士學位的女孩，在十歲時無法正確回答「五加六是多少？」或是父親丟給她的任何問題。

　　對於氣到火冒三丈的父親所問的簡單問題，妹妹之所以答不出來，無關她的智力，單純是對於恐怖情境的解離反應，使得她無法理解父親的問題。至今她依然記不得父親傷人的審問，更證明了她當時的解離情況有多嚴重。

　　我相信，這種解離和許多學童被診斷為學習障礙，以及許多成人被貼上最新的「一網打盡」的診斷──成人注意力不足及過動症（AADD）──有最大的相關性。我認為，研究會顯示，其中有許多人遭受了惡劣的養育，並且被痛苦和恐懼所淹沒，使得他們無法用正常的意識處在當下夠長的時間，並有效地學習。還有，我知道許多倖存者透過復原工作而能夠重拾天生的智能，超越了悲慘的求學歷史，最後達到學術和專業上的成功。

　　在童年時，解離能保護我們不會完全吸收父母有害訊息的毒，讓父母的謾罵「左耳進，右耳出」，是對於不健康情境的健康反應。解離也讓小孩可以使肉體處於創傷情境中而不完全體驗它，有些小孩用解離徹底麻醉自己，在被打時只有一點點痛或完全不痛，而這就是我們習慣貶低父母暴力行為的另一個原因。

　　許多人重複地被腰帶、樹枝或是大人緊繃的大手掌打屁股，因而油腔滑調地不把它當一回事。我打賭，如果我們沒有那麼解離，而被有相同身材和力氣比例的人以同樣的方式鞭打，我們現在會極度痛苦地嚎叫，並且恐懼地發抖。

　　這裡是對於解離機制的最後一個觀察。我相信，當注意力從實際的、現實的左

腦轉移到右腦，並且在更有想像力、具超越性的右腦中分解時，會發生解離狀態。右腦被認為可以控制一些涉及較少的「自我意識注意」（self-conscious attention）的認知歷程，包括主動的想像、自然發生的白日夢、冥想時的深度無自我意識狀態、睡覺時暫時消滅自覺。因此，解離似乎是一種反射反應，每當我們遭遇惡劣又無能為力的現實時，就會退入到右腦中深度而不去覺知的部分。

適度的防衛

　　如果我們被父母嚴重傷害，可能仍是過度依賴解離機制的成年小孩。雖然哀悼會自動減少不必要的解離，但要除去這個防衛機制，並非是全有全無的議題，如前所述，少量的解離是正常且健康的，特別是發生在睡覺、做白日夢，以及一些冥想的狀態時。

　　解離也是對於突來的強烈傷害的自然寶貴反應。遭遇嚴重創傷時，如果我們能退縮到某種程度的休克（shock，包含生理性和心理性），會是很幸運的，例如我就很希望自己可以在牙醫的治療椅上解離，而以前在痛苦的牙科治療過程中，我會依賴笑氣來幫助我解離。很不幸地，許多人因為努力逃避痛苦而變得依賴藥物，諸如酒精、大麻、鎮靜劑、鴉片，這些都被廣泛地用於解離痛苦。

　　解離性的休克，也是在面對深愛之人的死亡或失去時，自然且有幫助的反應。當我們失去所珍惜的人，其痛苦是如此巨大，如果不解離的話，就會完全被擊垮，而無法在這種時候解離的人，會被痛苦給淹沒，以至於變得無能，甚至惡化到發狂或自殺。

　　因此，當我們一聽到所愛之人的死訊，或是伴侶無預警地說要離開我們時，我們通常只會覺得麻木，這是很正常的反應。

　　這種令人崩潰的失去所造成的難以承受傷痛，需要時間去消化。那些傷痛會引起大量的悲傷，以至於我們需要多次感覺及表達痛苦，才能做到有效的哀悼。在哀悼的早期階段，有時會沉浸在悲傷中許久而仍然得不到解脫，此時，暫時的解離是健康的釋放。

　　對許多人來說，最大的傷痛就是童年之失落所累積起來的傷痛，遠比現在任

何的災難性失落更大，這是因為，多年來在真實的自我不斷受到傷害和破壞的過程中，這種傷痛每天都在累積。

我第一次經歷靈魂的暗夜期間，經常覺得自己彷彿原本生為雨林，卻被砍成都市公園裡的樹林。那時，我用看電視來「放空」和解離幾個小時，偶爾算是老天保佑的寬慰。

如果倖存者沒有運作解離這類防衛機制的能力，就無法擁抱長期的哀悼歷程。有些嚴重受創的人在挖掘出累積的童年痛苦後，無法重新喚起防衛策略，但要是沒有解離這個救生圈，這些成年小孩就無法漸進地處理傷痛，且可能被淹沒。

悲劇的是，許多長期的思覺失調症患者、嚴重的強迫症患者和邊緣性人格障礙者，必須終身依賴藥物，或是永遠躲在僵化的防衛裡，這就是為什麼沒有人應該被脅迫或羞辱地去做復原工作的重要原因。

雖然在復原工作中，幾乎每個人都會感覺彷彿要溺死在自己的痛苦裡了，但已經讀到這裡的人，不太可能是無法開啟哀悼能力的絕少數人。那些不能處理傷痛的人，通常會在內心深處感應到這一點，進而迴避鼓勵探索童年的書籍。

大部分的復原者都必須偶爾經歷排山倒海而來的傷痛感覺，以達到顯著的復原。「感到被淹沒」是早期童年傷害的主要部分，我們需要再次經歷自己強烈的被遺棄感，來找到我們極度需要的憐憫，並把這憐憫給予人生裡的那些災難歲月，就像卡爾·榮格說的：

唯有在徹底的遺棄和孤獨中，我們才能體驗自己天性中的有益力量。

隨著復原的進展，我們會越來越不需要從哀悼退縮到解離或其他的防衛策略，因為持續的哀悼會帶來解脫，而慣性的解離和防衛就會自然地漸漸減少，我們會變得更全然地處於內在現實與外在現實中。

這能拯救我們不要步上某個喜劇演員的宿命；那位喜劇演員說，他非常習慣解離，甚至有一次他遇到差點死亡的情況，人生跑馬燈在他眼前閃過了，而他震驚地發現自己的神智並不在那個情況裡。

過度警戒

　　成年小孩會自動地掃描環境來尋找訊號，總是想要知道前面、後面、左邊、右邊有什麼，有時這被稱為「過度警戒」。

　　　　　——賀伯・貴維茲（Herbert Gravitz）與茱莉・包登（Julie Bowden）

　　「過度警戒」是緊張戒備的防衛策略，是一種焦慮地預期敵意的綁定「腎上腺素」的凍結狀態，在大自然中，它屬於「僵住反應」（freeze response），是動物無法使用戰或逃反應去對抗或逃離攻擊時，會本能地出現的姿態。

　　當攻擊者或掠奪者太過強大而無法被打跑，或對方太敏捷而我們跑不贏時，動物和人類會反射性地使用這種僵住反應。許多倖存者在童年時期經常受到攻擊，以至於慣性地過度警戒，總是保持警戒，並且痛苦地卡在僵住反應中。

　　持續受到虐待的兒童，會本能地變得過度警戒，採取緊張地觀察和預期的僵硬姿態，他們像是被困在角落的動物，焦慮地試圖融入，以及不要被注意到。他們蜷縮並緊繃著，盡可能安靜地不動，來避免被發現，於是過度警戒有時也被稱為「保護色反應」。

　　當我們慣性地在過度警戒中蜷縮和僵住，就會因為長期收縮身體肌肉而傷害自己的健康。過度警戒的緊繃狀態，會阻礙循環系統和呼吸系統的功能，並且阻礙「氣」的流動（「氣」是指在身體中循環的生命能量）。淺淺的呼吸和過度警戒的緊繃，會消耗我們的能量，使我們容易受傷和生病。

　　大部分的人或多或少都曾經歷過度警戒，但只有在遭遇最大的威脅時，過度警戒才會變成使人動彈不得的僵住狀態。當我們沒那麼過度警戒時，比較像是待在曾遭闖入之商店的夜間守衛。我們花很長的時間把注意力鎖在眼睛後方，焦慮地預期危險會發生。

　　而在不熟悉的情況中，經常會讓人有更多的過度警戒，許多倖存者會反射性地提防所有不認識的人，尤其是類似施虐者的那些人。

　　過度警戒是小孩在施虐家庭中的唯一自我保護方法，透過維持警戒，有時他們可以發現父母即將進入「攻擊模式」的細膩徵兆，讓他們有時間去躲藏、製造分散

注意力的事物，或是把自己變成更小的目標。但有時，他們擁有的時間只足夠把手抬起來擋住突如其來的一拳。

我協助過好幾位案主，他們連這個防衛方式都不被允許使用，在被打巴掌時，他們被迫要把手放在身體兩側，對於這些案主來說，比起過度警戒，解離是更有效的防衛。

當我思索著自己過度警戒的歷史時，便想起父母動輒發火的脾氣，似乎把我放逐到自己的心之外，並且強迫我永遠住在腦袋裡。我在那裡專注地注意父母，留意即將發生的虐待徵兆，嚴格地審查自己該怎麼說和怎麼動，並且迫切地試圖搞清楚他們想要我成為哪一種虛假的我。

有一位案主最近發現了自己在童年時期受到過度警戒和自我審查之訓練的清晰證據。她在觀看一部家庭影片時，驚訝地看到仍是幼兒的自己在屋子裡走來走去，反覆打自己的手，並且責難著：「壞女孩，不要碰；壞女孩，不要碰。」當攝影機轉向她的父母時，他們開心地笑著，並且熱切地鼓勵她多多加演這個戲碼。

相似地，幾年前，我注意到自己獨自待在公寓時，每次掉了東西或撞到東西，就會說「對不起」，這才終於意識到，父母害我變得總是羞恥地道歉，甚至對牆壁和地板道歉！意識到這個不經思考的習慣，讓我非常憤怒。這個體悟後來幫助我了解到，我對於自己所說所做的一切，幾乎都是在無止盡且沒必要地過度警戒。

用往外看來逃避往內看

過度警戒的防衛方式，也會被用來分散對情緒痛苦的注意力。孩子一直把注意力往外聚焦，以麻痺自己長期的恐懼、痛苦和孤寂。許多成年小孩的未解決傷痛，總是在他們沒有警戒時就重新浮現，所以他們慣性地過度警戒。

哀悼會釋放使我們懸在過度警戒中的情緒緊繃，讓我們放鬆，並且身體會變得更輕快。二十年來的哀悼工作，改善了我的身體健康和運動表現，雖然我已經快要五十歲了，打籃球的技巧也「應該」在退步中，但我比從前達到的程度又再持續進步，就算跟二十幾歲的男子打數個小時的球，也能充滿活力地滿場跑。

我相信是哀悼消除了我的表現焦慮，因而創造了這個好處。「**表現焦慮**」是

過度警戒、完美主義和情緒重現的狡詐組合，扼殺並抑制了我們自然地優雅回應的能力。表現焦慮是受到無意識的恐懼所激發，我們恐懼著如果自己有任何失誤或躊躇，就會被嚴酷地對待，就像在自己的家庭中那樣。最悲劇的童年失落，是許多人因為未解決的表現焦慮，而不參與比賽、運動、跳舞和其他玩樂。

在我確實地哀悼之前，表現焦慮嚴重阻礙著我天生的運動細胞。我害怕犯錯，害怕到每當需要行動時，就會僵住；每當我該打擊或試著接球時，那顆球經常在我能夠反應之前，就從旁邊過去了，而當我真的接到球時，常常努力試著完美擲球，卻變成亂丟或是過了太久才丟而讓人失去興致。

幸好，我和朋友一起玩的時候，我的表現焦慮偶爾會減輕。然而，每當我的過度警戒再度被激發，就會出現多到離譜的失誤，然後每個失誤都會再加重我的過度警戒，讓我越來越緊縮，迫切地試圖不要「搞砸」。如果輪到我，我的腦袋就在該跳還是該躲、該接還是該丟、該揮棒還是該讓、該跑還是該停這些選擇之間，痛苦且沒效率地翻滾，我嚴重地陷在自己的腦袋中，以至於身體的本能天分無法運作。

我最糟糕的表現焦慮，發生在有那些令我想到父母的觀察者或參加者的時候，我的過度警戒會升高到驚嚇的程度，表現會惡化成一連串丟臉的錯誤。我在球場上最慘的災難是，因為恐懼而變得完全失能，以至於有時候會解離，甚至不知道球正往我這邊過來，有一次，籃球打到我的頭之後，竟然反彈進了籃框裡！

在其他時候，我的表現分崩離析，因為我迷失在禱告裡，一心一意執著地乞求神聖力量的介入：「拜託，上帝，別讓他把球打到我這裡！我保證，如果我不再犯錯，我一整個星期每天都會去彌撒和聖餐禮。」

我在運動方面的過度警戒以誇張的「掉球恐懼」阻撓了我幾十年，使我在運動方面沒有發展出自己全部的潛力。我從不冒險做新動作，因為我無法忍受在學習新技巧或者要使舊技巧更完美時，一開始所會犯的錯。

在我開始使用憤怒去化解表現焦慮以前，我的表現焦慮始終維持原樣。我採取的做法是，每次我在場上感到害怕，就靜靜地在內在生氣，對著隨著過度警戒而來的末日之聲吼回去；或因為父母反覆對我灌輸的恐懼，而在心裡把父母炸掉。我告訴自己的內在小孩，我不會讓父母或任何人因為我們犯錯而虐待我們。

在我感覺到足夠安全而能在運動過程中放鬆之前，使用了這個技巧幾百次，而

多年的練習，回報獎賞了我現在的能力，我能把錯誤當作學習機會，而不是當作會被羞辱的大災難。隨著我的年紀越來越大，過度警戒的情況持續減少，而且越來越能連結身體的能力，放鬆且直覺地知道怎麼做。現在，我幾乎每次打籃球時都會對自己的反射反應多麼能夠主導一切並引領我的表現，感到相當驚訝。我幾乎無法相信，為了變得擅長在距離籃框一百五十公分的範圍內靈巧地投球，自己竟然願意忍受那麼多次的失敗。

健康的高度警覺

過度警戒是一種自我毀滅性的狀態，然而，人生中有許多情況，尤其是在現代工業化社會中，高度警覺是必要且有幫助的，例如，安全駕駛需要一定程度的高度警覺，在交通中沒有高度警覺的人，比起防衛性開車的人，更容易發生意外事故，而且更容易被處於解離狀態的駕駛給撞上！

輕度的高度警覺在社交生活中很有用。許多人會被如同父母般具虐待性的人給吸引，這是一種叫做「強迫性重複」的現象（見第七章，199頁），因此我們選擇朋友時需要更有區別心，對於剛認識的人保持謹慎，會給我們必要的時間去評估他們是不是一律公平並尊重他人。

有些倖存者會因為自己總是覺得對剛認識的人感到高度警覺而羞辱自己，但是，遭受過長期虐待的人需要接受這件事：在熟識這些人以前，自己可能永遠無法對他們感到放鬆。

在過度警戒與解離之間

成年小孩可能慣性地過度警戒和解離，這些防衛存在於倖存者的內在，其身體會過度警戒地緊繃和縮起，但在覺知方面是解離的，並非滿腦子小心警戒。

更常見的是，倖存者以全有全無的方式從一種防衛機制快速變成另一種防衛機制，從過度警戒到耗竭的程度，突然默默地飄到遙遠的解離世界去，迷失在那裡的迷霧中，脫離現實，直到一個具威脅性的新刺激把他彈回到過度警戒的狀態。

許多倖存者對於過度警戒和解離之間比較不極端的警覺和放鬆狀態，感到相當陌生，而有效的哀悼會開啟在兩個極端之間所存在的廣大意識領域。

執著

> 如果我的心可以替我思考
> 而我的頭開始去感覺
> 我會用愛看世界
> 並知道什麼是真正的真實。
> ──范・莫里森（Van Morrison），〈我忘了愛存在〉（I Forgot That Love Existed）

許多成年小孩用「執著」（過度關注於思考）去防衛痛苦的感覺，在童年時就習慣用執著性思考，來分散對於家庭中的敵意和缺乏愛之感覺的注意力。

「不停地想」是最常見的執著，並且常被當作具有功能性。執著的人被過度地困在左腦的歷程裡，並且過度地被自己的思考給吞噬。

許多聰明人只不過是老練的執著者，他們不斷地思考，以至於缺乏感覺，符合無趣且令人厭煩的刻板印象；他們徹底脫離自己的心和靈魂，沒有熱情，比電腦還沒有人味。

我們的文化總認為智力成就證明了意識有多麼進化，這真是糟糕啊！查爾斯・達爾文（Charles Darwin）的自傳中，就悲嘆了這個錯誤：

> 我的腦袋似乎變成了把大量事實輾磨成通論定律的機器，但我無法理解，為什麼這會造成較高的體驗所依賴的那部分大腦萎縮……失去那些體驗，就是失去快樂，而且會削弱我們本性的情緒部分，可能有損智力，也更可能損傷品格。

我並不是說智能取向總是一種防衛或限制，看到約翰・布雷蕭和喬瑟夫・坎伯（Joseph Campbell）那樣情緒本質完好的聰明人，讓人很高興；類似地，像是愛因

斯坦和牛頓那樣的天才，執著於有深度的重要事情，並且對人類有重大貢獻，也沒有犧牲自己對人生的多元欣賞。

　　不幸地，這些少數人似乎是例外而不是常態，有太多學者和科學家過度聚焦在腦袋的歷程而傷害了自己，削弱了自己的生命（以及家人的生命）。他們對於真心誠意的自我表達很陌生，通常會受到嚴重的孤獨所苦，因為他們無法與其他人有情緒的連結。

　　最極端的執著，是儀式性地重複相同的想法。當我還是個信仰天主教的男孩時，就大量依賴這個長期的執著來分心：「瑪莉、耶穌、約瑟，為我祈禱吧。」當我特別焦慮（禁忌的怒火或眼淚在意識之下被挑起）時，便會默默地反覆這樣說好幾個小時。我相信許多（肯定不是全部）的禱告只不過是對感覺的執著防衛，人們常常在無意間焦慮地重複經文或禱文，都是為了驅趕情緒「魔鬼」。

　　最普遍、最自我毀滅的一種執著就是擔心，在最嚴重的時候，它會變成前一章所說的災難化和誇大化情況。

　　許多執著者有一些擔心事項的清單，他們用各種組合一而再、再而三地回收使用這些清單。當腦袋忙著擔心「強尼在哪裡」或「地震什麼時候會發生」，其實是在分散對於更深層痛苦的注意力。創造出「靜止的腦袋是惡魔的工作坊」（an idle mind is the devil's workshop）這句諺語的人，一定是個糟糕的執著者，他被羞辱到認為自己的感覺來自於地獄，但諷刺的是，正是一直拒絕感覺，才會創造出許多人迫切想要防衛的、有如地獄般的內在狀態。

　　執著性的擔心是會自行持續的歷程，在我最糟糕的執著階段，每當我短暫地無擔憂時，就會擔心自己不夠擔心，而在早期的復原之路中，我處在相反的極端狀態，常常擔心自己擔心太多，就像是報紙連載漫畫《凱文的幻虎世界》（Calvin and Hobbes）中的凱文，在沒有出口的擔心迷宮中大喊著：「我的腦袋試圖要殺我！」

　　然而，如果我們尋求用「思考」的方式來解決執著性的擔心，這個擔心就不會有出口。**若要健康地舒緩擔心，主要是靠沉入感覺的世界中，並且將製造執著的情緒痛苦哀悼出去。**

　　當我們過度擔心時，就像是那些沒有被感覺到的如水般受傷情緒在蒸發，升到

氣體般的腦袋世界，並且像髒空氣般以痛苦的觀點汙染我們的想法。擔心是沒完沒了的，因為用蒸發來處理如水一般的情緒，既緩慢又無效。痛苦的情緒需要眼淚之水來化解，眼淚會釋放那些在腦袋中肆虐且反覆無常的恐懼，進而立刻停止執著。

　　我們必須要打破執著性擔心的習慣，因為我們住在一個充滿麻煩、永遠不缺事情可擔心的世界中。持續地擔心，不只會使我們無法專心地感覺，也會讓我們無法專心地睡眠、放鬆、玩樂、連結和維持日常事務。

　　如果我們不哀悼也不開始打破執著的習慣，就可能會變成溫斯頓‧邱吉爾（Winston Churchill）所說的那種老人，在生命盡頭的駭人領悟中高喊著：「我人生中所有糟糕的事情從來就沒有真的發生過！」

健康的執著

　　就像其他重要的防衛機制，適度的執著是健康的。長期專注地思考，顯然對某些事情是極有價值的，如果不執著於語言，我們就學不會閱讀或寫字；如果我們沒有花大量的時間在推論、分析、內觀和哲思上，人生就會非常地貧瘠。當思考的目的不是為了分散我們對感覺的注意力時，它就會是一種樂趣。

　　面對真實人生的許多問題，需要腦袋持續專注地找出健康的解決辦法。「有創意的擔心」（Creative worry）是我創造的詞彙，用來描述對於複雜的問題（或選擇）的持續分析。如果我發現自己在一段關係中已經連續三次遭到背叛了，並且在第三次背叛中糾結，我就有必要花很多時間思考這段關係史的細節。類似地，如果遠方有個工作機會，我可能需要長時間思考搬家的利弊得失。

　　在復原的早期階段，我們可能需要執著地思考如何溝通自己的感覺。學習健康地表達不高興的感覺，通常有很多要考量的地方，而持續地思索，通常能幫助我們分辨自己的創傷是來自於過去還是現在，以及我們的感覺是否該在私下獨自發洩，還是要直接對相關的人表達出來。

　　做出人生最重要的決定的智慧，有時候來自於數週或數個月徹底檢視所有的選擇，當然，對於最重要的事，健康的結論和決定通常來自於權衡與這件事相關的全部想法和感覺。

過度分析執著狀態的療癒死胡同

有時，案主和心理治療師會對執著的內容太過關注，或是把它看得太重要。

其實，復原工作中最相關的議題通常是執著的歷程，而不是執著的內容。當我們只聚焦在執著的細節，而不是造成執著的根本情緒痛苦時，就只是在增加整體的執著而已。

如果說內容永遠不重要，顯然很荒謬，但長期執著者必須學會把覺知的焦點從腦袋轉移到以身體為基礎的情緒體驗。不幸地，很多執著者常認為這個建議聽起來既荒謬可笑，又不可能做到（無法想像）。

其實，當我第一次聽到對方建議我要把覺知降到肚子時（到「腸胃程度」的感覺），我心想：「這傢伙在說什麼呀？覺知只會是在腦袋裡的東西，這腸胃程度的感覺是什麼東西？他在開玩笑吧！」

然而，身為世界級的前執著者，我知道受困於執著的倖存者，一定能親自發現這個叫做「感覺」的神祕東西。第五章介紹了強化感覺能力的方法（見 140 頁），而它已經幫助許多案主連結了自己的感覺。

如果你在試過那個技巧後，似乎仍卡在腦袋裡，那麼你可能需要有擅長情緒復原的心理治療師來協助。心理治療師會使用各種情緒釋放技術，來幫助倖存者從執著的腦袋「降到」感覺裡，例如萊克療法（Reichian therapy）[1]、生理能量、完形練習、重生療法（Rebirthing）[2] 和羅森派身體療法（Rosen Bodywork）[3] 都是最有效的幾種技術。

我在處理殘餘的執著時，偶爾仍會發現自己處於童年時「自己選擇的執著」中：迅速反覆地數到十（我有時候還會加上強迫性的行為，走來走去好幾個小時，試著找到車牌號碼加起來等於十的一對數字）。現在，我知道「數數字」是自己防衛感覺的執著之一，當我發現自己不經思考地開始數數字時，就會立刻假設自己是在用「前往無意識」的方式來對待情緒不悅。

在那些時候，如果我把覺知聚焦到自己內在的深處，並且問自己這個問題：「是什麼在痛？」我總是會發現自己又再度把感覺「塞住」，而當我去完全感受或表達那個被壓抑的感覺，通常就會停止執著的狀態。

　　當我發現自己嚴重執著於無法控制的世界災難或即將發生的禍事時，相同的方式通常也會為我帶來解脫；當我憐憫地哀悼受蹂躪者的困境和這個世界時，就能停止無建設性的擔心，而且能再度欣賞人生。

　　哀悼也幫助我獲得一個很實際的觀點，那就是在健康範圍內，我可以做到多少事來幫助他人，而不攬上自大的責任感去照顧世界上每一個需要療癒的人。

　　當哀悼第一次大大地紓解我的長期執著時，有一個內在畫面震驚了我。我看到自己從長期的囚房中被釋放出來，而房間裡的那個留聲機，其唱針卡在唱片的一條溝裡，一再重複同一段副歌，而那段無止盡地打擊著我的副歌，是我所能想像到的最感傷的鄉村歌曲和西部歌曲，能夠逃脫它，是多大的解脫啊。

強迫 [4]

　　贖回我們的大腦，並且治癒我們的強迫性，唯一的辦法，就是回去重新體驗情緒……我們必須哀悼失去的童年。我們的強迫性是那些卡住的舊感覺（未化解的傷痛）一而再、再而三發作的結果。我們若不是用重新體驗這些感覺來解決它們，就是用強迫性來表現它們。

——約翰·布雷蕭

　　「強迫」是一種防衛策略，用重複或狹隘的行為模式去分散對感覺的注意力，例如，吸大拇指、摳皮膚、拔毛髮、咬指甲、過度飲食、坐立不安，都是在受虐兒身上常見的強迫行為。

　　為了在童年過程中倖存，許多人變得對強迫策略上癮。隨著年齡增長，我們可能繼續依靠自己的舊強迫行為，或是對新的強迫行為產生依賴性。強迫通常與物質或歷程有關，有些倖存者用「選擇的物質」來抹去自己的感覺，像是食物、酒精、藥物等；有些人則過度使用「選擇的歷程」來麻痺感覺，像是運動、工作、性、忙碌、清潔、購物等。最經典的強迫行為是整天一直洗手，而我相信，這種強迫是來自於毒性羞恥把那些未哀悼的感覺轉化成一種憎惡和玷汙的感覺。在大部分的強迫行為中，自我憎惡似乎是無意識且最強大的要素。

　　某些強迫行為比其他強迫行為更被社會所接受，例如，工作狂和無止盡地清潔是被廣泛接受的強迫行為，通常會讓這些受害者贏得讚美而非同情；另外，花錢和購物的強迫行為，經常被「生來就是要買」和「買到不能買為止」的口號給當作小事。雖然非法藥物經常不被認同，但處方藥卻常被接受，而且在很多圈子裡甚至不認為酒精和香菸是藥物。

　　還有過度飲食，這或許是最普遍的強迫行為，而且通常只有在造成病態肥胖時才會被批評。

　　我有好幾位從國外來訪的朋友，對於美國大量的病態肥胖人口感到震驚。一位移居到美國的朋友曾嘲諷地說：「在一個『消費是愛國義務』的國家，從來沒有那麼多人會為他們的國家吃那麼多。」

　　最後，工作狂可能是最陰險的強迫行為，因為它是商業界與政府的最高階神聖價值。美國公共廣播電視台在一九九四年的一個特別節目《沒時間了》（*Running Out of Time*），聲稱工作已經變成許多人的新宗教：

工作不再是達到目的的方法，
而是目的本身。

　　根據節目製作人的說法，工作狂在美國創造了許多時間壓力，以至於「時間急迫性」成了美國人早死的頭號原因。

　　日本人非常普遍地受到時間急迫性所影響，以至於用「過勞死」這個詞彙來指稱因為工作狂而死的情況，估計過勞死每年透過心臟衰竭殺死了一萬名日本人。時間急迫性也使日本誕生了一種新職業，就是假扮成勞工家人的演員。這些假家人會代替忙於工作而沒時間的人去探訪他們的父母！

強迫會累壞我們的身體

沒有休息時間就無法持久。

——奧維德（Ovid），古羅馬詩人

強迫和執著以類似的方式削弱生命，每當人們的感覺被激發，強迫機制就會放大他們的癮，而執著機制則放大他們的擔心。尼古丁成癮者一直抽菸；酒癮者早晚狂飲，用「某個地方現在是五點」來合理化這種行為；工作狂工作到深夜，自創必須要趕工的新截止日期；食物成癮者吃個不停，有時候則像暴食症那樣吃飽後立刻清空，以便給食物更多的空間；電視成癮者和不停轉換觀看頻道的人，害怕去休息及面對自己的感覺；強迫性的清潔者會替每一件不會動的東西清灰塵，一個房間又一個房間地不停輪流打掃。

成癮的強迫行為是自行延續循環的歷程，而隨著持續累積迴避的感覺，我們需要越來越多「偏好的」活動或物質來持續分散注意力。

放大的強迫行為將逐漸傷害我們的身體，創造更多的痛苦，然後我們更被驅使，就這樣沒完沒了。

許多強迫者後來把自己累壞了，以至於他們無意識地製造意外、生病或憂鬱，好從自己的成癮症休息一下。我二十幾歲的時候很過動，「依靠」一次次永無止盡的腳部受傷，來讓自己的身體有修復和補充的時間。

隨著那些被壓抑的感覺帶來逐漸增大的壓力，強迫行為的戲碼往往會以倍數增加，而其對身體所製造的磨耗，通常會讓我們更常使用藥物來緩解，一段時間下來，我們越來越依賴持續增量的成藥、處方藥和非法藥物，而這些藥物大多都有傷害性的副作用。

強迫性的物質濫用者會使用後座力越來越強的自療物，運動成癮者需要更大量的麻醉藥物來繼續活動，工作狂依靠各種藥物來讓自己醒著時有精神，還有讓自己終於決定要休息時可以睡覺。

許多過度飲食者也對傷害健康的用藥習慣上癮，經常必須交替使用便秘和腹瀉的藥物，也常使用制酸劑。許多食物成癮者也會用禁食、暴食、吐或瀉的強迫性循環來折磨自己的身體；其他的食物成癮者則會用過度節食和運動的方式來減重，因而傷害自己。還有其他人用抑制食慾的藥物來減少體重，但這些藥物大多不需要處方籤就隨處可得，而且可能含有會傷害健康的非法藥物安非他命的衍生物。

在強迫行為中持續累積的痛苦，後來會造成誇張的身體化（見第四章，104頁）。強迫性的運動者會因為關節炎而行動不便，潔癖者不斷受到過敏所苦，工作

狂被「神經衰弱」給壓垮，強迫性飲食者一直處在消化問題中，老菸槍得到肺炎，酒癮者大肆傷害自己的肝臟。

強迫行為不只會傷害個人，也會傷害親密對象。大多數人可能都看過藥物和酒精對家庭與關係造成傷害的情況。然而，這些由工作、清潔、購物、飲食等行為偽裝的成癮症，也摧毀了許多家庭和關係的親密感。如果父親工作成癮而無法和家人共度親密時光（或是母親強迫性地過度挑剔），小孩要怎麼感受到自己被父母所愛呢？如果伴侶總是亂花錢並且使他們面臨破產危機，另一半要如何覺得與對方是親近的呢？如果伴侶的飲食習慣破壞了自己的健康，漸漸地變得難以行動及可能早死，另一半要如何繼續將情感投資在對方身上呢？

執著—強迫 [5]

> 然而，當今所有病人都可說是強迫症般的神經質患者，我們會發現在治療中的最大障礙是病人無法去感覺。
>
> ——羅洛·梅

強迫機制和執著機制經常成雙成對地出現，許多人會在這兩種迴避感覺的防衛之間交替。工作狂的做法，通常是把大部分的時間花在做工作上，或是被動地擔心工作。

性成癮者也是另一種常見的「執著—強迫」例子，當一位性成癮者沒有在行動上進行或追求性的時候，通常會滿腦子都在想這件事，有些人甚至在進行性行為時，也執著於性這件事，像是想像自己和另一個人而不是當下和這個人在一起，而這往往會削弱性連結的豐富度。

許多西方男人滿腦子都是性，依賴「性」來達到所有的親密需求，由於我們的文化使男人害怕用與性無關的方式來產生親密連結，造成了這種情況，這在許多人的幼童時期就開始了，因為我們一學會走路，就不能再坐在父母的大腿上。

大部分的男性幼童在學會接球以前，就開始進入缺乏情感的主流男子氣概中，他們學到，有男子氣概就表示要很強悍、無需求、少說話，以及對痛苦無動於衷，

如同約翰‧布雷蕭在一次授課中所說的：「我們能把男人送上月球，卻無法搞清楚怎麼對自己的兒子說『我愛你』。」

當男孩變成青少年時，他們對於人與人之間的安慰相當陌生，充滿了因徹底遺棄情緒而產生的痛苦。他們的性狀態開始發展時，通常會沉迷在自慰中，就像知名精神分析師威爾漢‧萊克在《性高潮的功能》一書所指出的，性高潮會有情緒釋放的效果。當青少年變成找不到其他方式去釋放情緒的男人，可能一輩子都會強迫性地自慰。

性交會讓年輕男子有機會得到情感和溫柔，而那是他們在人生中長期錯失的。然而，由於許多人的溝通能力，以及用言語和情緒去連結的能力，並沒有成長，於是性交帶來的親密感通常微不足道，純生理性的性安慰非常短暫，所以絕少足以停止他們對性的渴望。許多男性依然對情感上的連結很飢渴，覺得必須盡可能得到最多的性，以致弄混了量和質，而且在禁慾期間，他們會被執著的性幻想給占據。

比起溫柔，男人似乎更迫切渴望情感釋放，我相信，這種情況反應在以下的刻板印象中：男人急匆匆地要性交，而沒有停下來做前戲，但女人通常重視前戲所帶來的更廣泛性愉悅，因為她們有其他與性無關的情緒出口。

很多男人的說法支持了這個假設，他們說，隨著自己的情緒表達越來越好，在性方面也越來越有全方位的感官體驗，而且他們越來越想要在性交前後，擁有與性無關的情感。

現代男人對於女性乳房的執著，可能也源自於男性在早年就被迫遠離溫柔；乳房癖可能與對嬰孩期的渴望有關，因那時乳房與短暫的身體溫柔有強烈的相關性。我發現，在許多未工業化的社會中，乳房並沒有被隱藏起來，或是被明顯地當作性的意味，這或許是因為那些文化中的男人沒有過早地被切斷母愛情感，也沒有過早地被期待要永遠在情感方面自給自足。

由於西方社會的習俗禁止男人用與性無關的方式尋求關心、支持或安慰，使得西方男人對性付諸了至高無上的重要性。

這並不是在抹黑自慰或性交，若是頻率適度，這兩者都是人生美好的部分，關於前者，伍迪‧艾倫說：「別打擊自慰，那是和對我來說非常特別的人做愛。」當然，性交本身是美好的溝通形式，然而，無論是哪一個，都不能取代我們表達情緒

的需求，或是與性無關的親密溝通需求。**試圖只用性來達到言語的親密感，就像是試圖用食物的圖像來滿足身體的飢餓，或是用裸照來滿足對親密感的飢渴。**

性愛成癮匿名會的十二步驟療法文獻，說明了用性來取代其他種類的親密感的陷阱：

> 我們用性的強烈度……來取代其他的滿足，安慰缺乏愛的自己，逃避或認
> 為不必參與這個為我們帶來太多痛苦的人生……我們犧牲與他人的親近，
> 但寂寞和焦慮增長……

在我的經驗中，在學會如何真誠地以情緒連結自己和他人之前，我一直受到對於性的執著和強迫所驅使。如果我沒有哀悼並重拾多面向溝通的能力，我相信自己仍然會是迷失且孤獨的，並且在所有錯誤的地方尋找愛。

有些女人對於言語連結的「執著—強迫」，就像男性對於性的連結一樣。男人不被鼓勵在關係中尋找充實的滋養，而許多女人也不被鼓勵在工作中尋找它。女孩常被排除於「在世界中變得強大」的男孩遊戲之外，並且經常受限於較靜態、以談話為主的活動，像是玩洋娃娃和扮家家酒。

在主流的「女性特質」習慣中，女孩被期待要待人和藹、愛聊天，並且說話令人舒服，而無法掙脫這種刻板印象的女孩，長大後經常相信自己對於社會沒有什麼價值，這會使得她們過度依靠關係類型的活動和言語互動，來得到自我價值感。

當「聊天」變成一個女人所選擇的藥物，卻沒有人可以聊天，她就被迫要用執著的內在對話來談自己擔心的事情，以滿足這個癮頭。性成癮者在沒有性伴侶（或色情片）時滿腦子都是性幻想，也是類似的反應。

就像所有的成癮症，強迫性的連結嚴重地限制了我們全然參與人生的能力，那些對（真實的或想像的）言語連結或性連結上癮的人，將會沒有什麼時間或意願去追求能使人生更有意義也更豐富的真實興趣。

無論多少的言語親密或性親密，都不能取代想要與自我親密的需求。那些強迫性地尋求與他人接觸的人，通常是往外尋找那些只能在自我裡找到的東西，而透過不斷地與他人互動來追求自給自足，就像是試圖用別人的手來畫畫。

　　我們需要有品質的時間來與自己相處，也需要有品質的時間與他人相處。獨處的正面經驗對於我們的重要性，如同最好的朋友和情人。充滿愛的互動，並不能取代各種單一且自足的興趣和活動。強迫性的連結經常是對於被埋藏的舊感覺的防衛，因為那些感覺會在我們獨處時出現，我們需要將這些感覺哀悼出去，以獲得獨處時可以茂盛茁壯的天生能力。

忙碌狂

那些無法停下來並去好奇揣想的人，就如同死了一般。

——亞伯特·愛因斯坦（Albert Einstein）

　　我創造「忙碌狂」（Busyholism）這個名詞，來定義最常見也最被忽略的一種強迫行為：一直忙碌。（根據《牛津辭典》，business 的原始意義是「忙碌」！）

　　「忙碌狂」總是停不下來，從一個活動到下一個活動，永無止盡地「盡自己所能」，這類人與工作狂很相似，都會靜不下來，他們就像活在快車道上，強迫性地過度安排自己的生活，以保護自己遠離空閒時間和感覺，因為那些感覺可能在他們用來分散注意力的麻醉之網有破洞時浮現。

　　忙碌狂宛如人類過度活動的漫畫，在最糟的情況中，他們就像是那米比沙蜥（非洲沙漠的一種蜥蜴），為了在炙燙的沙上存活，一直快速地輪流抬腳。

　　並非所有的忙碌狂都很容易被辨識出來。我們不一定會以驚人的速度旅行，而有些人能應付許多工作，顯得能力強大，甚至值得羨慕。然而，把多樣性和數量放進我們的跑步機表演裡，不見得表示我們不再瞎忙。

　　我在人生中也有過忙碌狂的階段，我試著同時平衡好幾輩子的活動量：用慢跑開啟一天，早餐前做園藝，吃早餐時做功課，工作的休息時間打私人電話，午餐時間去辦雜事，下班後去運動，運動後去開會或上課，下課後去約會，並且在一定會使我感到焦慮的難得空檔，填滿好幾項嗜好。在忙碌狂症狀最嚴重的時候，我發現如果自己從工作地點跑回家，再跑去籃球場，就可以擠出二十分鐘的「放鬆」冥想時間！現在光是回憶那些時候，我就覺得好累！

　　忙碌狂無法不慌不忙地欣賞人生微妙的壯麗，絕少停下來注意花園中細微的變化、品嚐食物的滋味，或是沐浴在朋友的眼睛色彩中。

　　讓我們罷黜生產力之王，在英國詩人理查德‧勒‧加里安（Richard Le Gallienne）的詩中獲得啟發：

> 我今天本來是要工作的
> 但一隻棕鳥在蘋果樹上唱歌，
> 一隻蝴蝶在田野輕快飛過
> 所有的樹葉都在呼喚我。

忙碌狂與關係依賴

　　在情緒破產的家庭中成長，最具創傷性的影響，是成人後容易有上癮或強迫性的行為，以及關係依賴的關係反應，也就是對於另一個人的執著和強迫性。

——丹尼斯‧霍利

　　當小孩被迫要做那些原本屬於父母職責的工作時，就會被養育出關係依賴的情況。許多未來的關係依賴者，會做全部或大部分的家事、準備料理，以及身體力行地照顧較年幼的弟妹。有些人是手足（有時候是父母）唯一的情緒滋養來源，而且在最糟的情況中，還不被允許到外面跟其他小孩一起玩。

　　如果一個孩子只在提供幫助時才具有價值，他就會有變成強迫性幫助者的危險。 在我的家庭中，父母的認可是那麼難以取得，以至於我和姊妹們有時會爭奪幫忙母親的「榮譽」。我相信，我們四個人之中有三個人現在成為助人專業人士，並不是巧合。

　　有一種關係依賴者會強迫性地努力提供服務，於是成了忙碌狂，其縮影是犧牲自我並因此產生「德蕾莎修女情結」的忙碌狂關係依賴者。他們費力地奉獻，會使認真的社工感到自己很無能又懶惰；他們為別人做那麼多，使得他們看起來似乎很神聖。

　　然而，除非他們真的會被封聖，否則他們只不過是躲在別人的問題裡，常常以一抹微笑來掩飾自己未滿足的需求所帶來的痛苦。

　　這種關係依賴情況極少給當事人帶來真正的滿足感，他們完全為了他人的滿意而活，就像用湯匙餵別人吃而自己不吃那樣地消耗自己。在《愛的藝術》一書中，知名心理分析師艾瑞克‧弗洛姆（Erich Fromm）這樣說明強迫性付出：

> 如果一個人能夠有生產力地去愛，他也會愛自己；如果他只能愛別人，則
> 根本不能去愛。

　　在我們的文化中，初為人母時，通常需要大量的忙碌狂關係依賴，因為嬰兒和幼兒很無助，也需要一直被注意。如果母親還有一般的工作，而且另一半很少幫忙，她可能會忙碌到狂亂和耗竭的程度，甚至發展出嚴重的生理或情緒的問題。

　　如果沒有對於忙碌狂上癮，或是讓忙碌狂成了不必要的慣性，大多數的女人都能熬過早期母職的忙碌狂階段，而不會受到太多的傷害，不幸的是，許多女人沒有隨著孩子長大而漸漸減少自己的照料活動，她們已經習慣忙碌和過度付出，即使有機會，也無法回到更放鬆且自我滋養的存在方式。諷刺的是，這對母親和孩子都不好。孩子在成長過程中不被要求自己照顧自己，將會耽誤孩子的發展，而如果孩子不學會照顧自己，無可避免地會有親密關係上的問題，因為他會期待伴侶要像以前全心照顧自己的母親那樣寵他，於是與伴侶變得疏離。

　　有效的哀悼會自然地消除強迫性的助人，使我們重新連結到過去被父母利用的傷害，同時喚醒一個內在聲音，它哀怨地問著足以打破否認機制的問題，像是「為什麼我妹妹表現得好像我是她媽媽似的？」「我怎麼總是得在下課後立刻回家幫忙？」「為什麼媽媽總是對我說她的困擾，卻從不問我在學校裡過得如何？」「為什麼我爸媽從不去學校看我的演出？」「為什麼爸爸根本不記得我的生日？」「他們怎麼從沒告訴我，他們以我為榮？」這樣的體驗會激勵我們去取回那些被父母盜用的權利和需求，因為當時他們表現得好像他們才是家裡唯一的小孩。

　　我看到許多案主從深深的哀悼變成充滿力量地擁護自己，有些人換工作或回歸校園；有些人離開具虐待性的關係，並尋找以互惠尊重為基礎的新友誼；有些人開

始玩樂，終於能冒險去做童年時被禁止的愉快活動；還有許多人有生以來第一次去買自己真心喜歡的衣服以及剪新髮型。

雖然前述最後的現象一開始看起來很膚淺，但是它具有深遠的意義。許多人被父母徹底拒絕，以至於錯認為自己很醜陋。許多人的父母把他們打理得很糟糕，並且給他們穿難看的衣服、剪難看的髮型，使極差的自我形象更加惡化。無論父母是不是故意這麼做，但糟糕的儀容會使我們更容易被控制，更不受他人喜歡，於是我們的自尊更不可能在家庭之外修復。

當我回想起家附近的小孩會因為母親打扮我的方式而戲弄我時，我仍然會緊張尷尬地蜷縮起來。在我們那個不好過的紐約市社區，她逼我戴上連小丑都會覺得被羞辱的帽子，然後當那頂帽子被惡霸丟到汙水下水道時，她會嚴厲地懲罰我。

我還有一個特別痛苦的回憶：二年級時，一位惡魔修女在全班同學面前羞辱我，說我就是髒兮兮的例子；她因為我帶著髒指甲、穿著沒熨平的襯衫和沒擦亮的鞋子到她的課堂上，而痛恨了我一整年。

當我回憶起自己穿學校制服時自覺有多醜（還有，那套制服真的很醜），也會感到噁心。我在青春期的前半段，只要一想到要接近喜歡的女孩，就覺得很可恥，如果我太接近她，她肯定會感到噁心地彈開。

哀悼激勵了我去在乎自己的外表，我對此很感恩。在人生大部分的時間中，我根本無法想見自己能達到現在這種美好的狀態，竟然會喜歡自己的模樣。看到許多案主隨著發現自己天生的風格而越來越有吸引力，非常令人開心。當我們積極且有創意地對自己的外表感興趣，就會開始療癒這種糟糕的傷害：自認為醜陋。

許多倖存者學會接受自己的感覺，變得更真誠，進而變得更吸引人。真誠允許他們釋放了伴隨情緒壓抑與假笑而來的臉部緊繃和姿勢歪曲。

我相信，每個人的面孔都有各自的自然美，那是我在那些還沒有學會壓抑感覺的孩子臉上所看到的。在孩子的情緒表達不會受到懲罰的文化中，如我見過的摩洛哥、西藏、峇里島和原住民的每個小孩，都擁有容光煥發的美麗。

在開放的情緒表達對外表的正面影響上，有一個驚人例子，即一九八五年的電影《面具》（Mask）。我認識的每個看過這部片的人，一開始都對於主角臉部的扭曲感到不舒服，但到了電影尾聲，幾乎每個人都說他們覺得主角很美，因為隨著

這個角色的發展，他展現出了不起的真誠和真心。**當面孔不再因為隱藏那些被拋棄的內在體驗而扭曲，通常會放鬆到出現天生的自然美。**

健康的強迫行為

一切都應該適度，包括過度。

—— 賀比・孟羅

當然，性、飲食、工作、忙碌，甚至是適度使用那些會改變情緒的物質（除了有高度成癮性的以外），本身沒什麼不健康的，關於後者，現代智者亞倫・華茲（Allan Watts）說：

我絲毫不想大肆宣傳地來捍衛我的「惡」，把這些惡當作是別人該效法的美德。我只是說，我不信任沒有展現絲毫頑皮或自我放縱的人。

我們潛在的一切強迫行為，在使用得當的時候，都是正常且豐富人生的部分；**生活中少量的儀式性和重複性行為，是必要且健康的**，我們的健康有賴於好的飲食、運動、睡眠和個人衛生等習慣。學習一項技巧或技藝也需要重複性，像是學會讀和寫時需要練習；要擅長一項運動或樂器時，也需要很多重複性的訓練；大多數的工作也會需要強迫般的行為。

在適度的情況下，認真工作和忙碌地生產，是人生中很大的樂趣。在幾個複雜的任務中快速且流暢地切換，是在興奮地讚揚我們的類人猿天賦——有能力同時提取智能、力量、專注、優雅和靈巧。

諷刺的是，強迫性的忙碌創造了一種緊張感，這會抑制我們在運作時的流暢和優雅，進而剝奪了這個天賦。哀悼則會釋放這種緊張感，並且療癒以下這個影響了許多成年小孩的毛病：在焦慮所驅使的過動，以及憂鬱引起的萎靡這兩種極端之間，誇張地變動。哀悼會自然地修復我們天生的能力，讓我們在健康的刺激興奮與完全放鬆之間，多樣且層次豐富的目的性活動中順暢地移動。

哀悼也使我們重新連結直覺及更高層次的智力，這將會帶領我們更健康地選擇如何使用自己的時間。每次，當我不把時間效率當作神來膜拜，其實會完成更多事，無論是在數量或品質上皆然，我經常因為這個諷刺的現象而感到開心。

健康地使用防衛來避免哀悼

我們要減少防衛，但不是要痛恨防衛，或是把防衛連根拔除。我們要了解，當不可能健康地哀悼時，有必要以防衛機制來避免哀悼。

我們要溫柔地逐漸戒掉防衛機制，就像要讓嬰兒戒掉母乳那樣溫柔，漸進地改變，而非一夜之間就完全改變（不幸的是，酒癮者和藥癮者不能漸進式戒癮，而適度地使用改變精神狀態的物質，也不是可行的選項）。

減少防衛是一個漸進的歷程，因為哀悼只會一部分一部分地減少我們所防衛的那些痛苦，而當浮現的痛苦多過於所能應付的，我們自然會再提取舊的防衛機制來逃避哀悼。

有時，復原歷程在情緒上是如此令人難以承受，以至於一心一意專注在工作或其他分散注意力的活動上，是天賜的紓解。許多心理治療師都認同，在哀悼過程中某些特別難忍受的階段，可以適度的「自我藥療」，偶爾喝一罐啤酒或一杯葡萄酒，對於沒有酒癮的人可能是適當的。

在大多數案例中，老派的居家偏方「吃冰淇淋」，對於受虐者與未受虐者也有好處，我知道有一位精神科醫師曾告訴案主：「你先吃兩球冰淇淋，隔天早上再打電話給我。」

然而，用舊有的強迫行為來暫緩「情緒淹沒」，是有風險的，因為「否認」很容易在此時被重新喚醒、發狂，並讓人完全恢復老習慣，尤其那些習慣是在日常生活中多少都得做的工作、清潔和飲食等行為。那些難以控制這些強迫行為的人，可能會反覆說這段來自復原工作布告欄的話：

要從酒精和其他藥物中復原，就像是對付籠子裡的老虎，而要從飲食障礙中復原，就像是每天把老虎放出籠子三次，然後帶牠散步。

　　由於沒有人立刻就能做到適度，因此當我們無可避免地倒退到過度狀態時，就需要對自己有耐心，如果因為退步而自我仇恨，通常是在扯自己的後腿。自我原諒和再度承諾都要適度，通常更有效。

當復原工作本身變成執著且強迫的行為

　　要做到傾聽內心並找到自己是誰，並不簡單。這需要有時間讓喋喋不休的聲音靜下來，在「不做」的沉默之中，我們會開始知道自己有什麼感覺。如果我們傾聽有什麼正在提供給我們，那麼人生中的一切都能成為我們的嚮導。聽吧。

── 蘇・班德（Sue Bender）

　　有些倖存者過度辛勤地努力復原，以至於他們成了復原工作術語中所謂的「處理迷」。這些倖存者滿腦子都是自我幫助的練習，一直思考、一直閱讀、一直談復原，他們在吃、喝、睡的時刻都在改進自己。

　　在我發現自己把儀式性思考和忙碌狂的舊執著／強迫防衛，轉換成（而且升級）工作狂式的復原工作以前，當了多年的處理迷。

　　在一段時間後，我對於復原工作的強迫性作風，開始製造更多的痛苦，比它所消除的痛苦還要多。無止盡的負面自我分析，變成了使我分散注意力的新方式，讓我不去感覺那些自己還不能容忍的感覺；強迫性的「處理我自己」，墮落成換湯不換藥的「被完美主義所驅使」。那時，我仍然維持著具破壞性的童年信念，也就是我必須徹徹底底被「修理好」才能接受自己。未解決的自我仇恨和自我拒絕，對我的過度積極火上加油。

　　以「我們已經值得自我接納」為前提，來帶領復原工作，對我們大有助益。我們內心都知道，在來自童年的一層層毒性羞恥和未消化的傷痛之下，自己真的有價值、充滿愛，也值得被愛。

　　對自己的復原工作具有工作狂的倖存者，若能偶爾退化到溺愛自己以平衡在自我改進上的努力，這是有好處的。安提亞克大學（Antioch University）的整體療法研究系前系主任威爾・舒茲（Will Schutz），偶爾會替他的課安排幾天「閉悟」

（endarkenment），來平衡他們追求「開悟」（enlightenment）的馬拉松式努力。在那幾天，學生們會喝葡萄酒、吃甜食、跳舞、玩遊戲、講笑話和故事，並且拒絕聚焦於自我修練。大部分的人都說，那些日子幫助他們重新連結了自己無憂無慮的內在小孩，然後重新聚焦於獲得人生的平衡。

電視節目《周末夜現場》（*Saturday Night Live*）中的角色史都華・斯莫利（Stuart Smalley），在現實世界出版了一本嘲諷復原運動的輕鬆書籍，這本書也許可以幫助工作狂般的復原者輕鬆一下，書名很奇怪：《我夠好，我夠聰明，而且，靠，大家喜歡我！》，其內容既爆笑又感傷，而且在它的諷刺幽默中，展現了許多復原相關的智慧。

我們必須溫柔對待自己，以減少我們的強迫性和急迫感，**當我們對自己仁慈，哀悼會調整我們的步調，並將我們從驅使感中解放出來，使我們再次對生命感到目眩神迷**。我們會越來越常被歌曲的歌詞和旋律所感動、被雲朵和太陽的光線與顏色的細微改變所感動、被完全與朋友同在時所感受到的溫暖而感動。

優秀的美國詩人華特・惠特曼，以解放且不害羞的哀悼廣為人知，他以自己的寫作，頌揚放鬆的人生步調所帶來的獎賞，尤其在這首壯麗的詩〈自我之歌〉（Song of Myself）中特別明顯：

> 我展開學習的第一步，讓我非常高興
> 單純的事實意識、這些形式、運動的力量，
> 最小的昆蟲或動物、那些感官、視野、愛，
> 我說的第一步使我如此敬畏及高興，
> 我幾乎沒有走，也幾乎不想再走得更遠，
> 只想停下來虛度時光，用狂喜的歌曲將之唱出來。

▌譯注

1. 萊克療法：指起源於精神分析家威廉‧萊克（Wilhelm Reich）的思想流派和治療技術，包含性格分析、生物能量分析、身體心理治療、植物療法等。

2. 重生療法：因為此療法缺乏實證研究支持，也缺乏安全性的標準化機制，在造成一名女孩喪命後，已經在多處被禁止使用。

3. 羅森派身體療法：有助於整合一個人的身體和情感／心理體驗，同時識別肌肉控制、感覺和行為的無意識模式。

4. 強迫：此處所說的「強迫」，是「強迫症」之類的強迫行為；包括前文的「執著」也是強迫症中強迫性思考的意義。然而，作者只論現象，而非指有這些現象的人等於有強迫症。

5. 原文「obsessive-compulsiveness」，出自於強迫症的病名「obsessive-compulsive disor-der」。先前作者所說的「執著」即是 obsessive 的部分，而「強迫」是 compulsive 的部分。作者將強迫症的內涵做廣義的應用，但除非特別使用「強迫症」這樣的詞彙，否則全文都不是專指窄義的強迫症診斷與心理疾病，而是探討廣義的現象。是否屬於強迫症，應由醫師診斷，而且本書之描述與建議不完全適用於強迫症患者。

第 7 章

怪罪與原諒：
怪罪並不是「髒話」

我們身不由己地賠上自己的自我實現，

去滿足父母無意識的需求……

（我們需要）體驗父母不能滿足我們原始需求時的反抗和哀悼。

——艾麗絲・米勒——

每個人與生俱來就有健康的怪罪感，「怪罪」是對於不公狀況的本能憤怒反應，它是天生的自我保護衝動，也是一種反射反應，目的在於向傷害我們的人究責，也拒絕揹黑鍋。

怪罪就像性的感覺那樣，可以被健康或不健康的表達，安全而無虐待性地宣洩怪罪，對於復原是很重要的，健康的怪罪可以讓我們將童年磨難所累積的怨恨釋放而出，把我們從有意識或無意識的悲憤中解救出來。

許多倖存者會發現，怪罪是自己最難接受的情緒，並且把它視為最大的憤怒之罪。社會中普遍不准孩子怪罪父母，即使失能父母無情地傷害他們的孩子。

失能父母用具毒性的怪罪，偽善地毀壞孩子怪罪不公的本能。大部分的倖存者在試圖點出父母或侵犯者的責任時，都會被這類的話語轟炸：「做我說的，不要學我做的！」「不要怪我們！如果你不是這麼差勁的小孩，我們就不必老是打你了。」「你竟敢回我嘴，你這個沒禮貌的小鬼，我要用肥皂洗你的嘴巴！」「別想用怪你弟弟來撇清關係。你是闖禍的人，每次都是你開始的。」「不要怪他們！如果你有麻煩，肯定是你自找的！」

怪罪的本能很難恢復，是因為這些訊息在我們一感到怪罪的時候，就會在內在發作，這會使我們感到很害怕、羞恥或罪惡，於是立刻壓抑怪罪，或是把它轉向對內，為了自己想怪罪而怪罪自己！我們需要拋棄這些關於健康怪罪的訊息，否則對於自己童年之失落的否認會一直完好如初，而且我們會一直為了父母的罪過而怪自己。如果能把怪罪還給在我們還太小且無法防衛及拒絕時，就把怪罪倒在我們頭上的人，我們可以大幅增進自己的復原情況。

習得的無助和毒性羞恥

> 如果失敗了，你會失望，但如果你不嘗試，你就完蛋了。
> ── 貝弗利・希爾斯（Beverly Sills），美國女高音歌唱家

失能家庭的小孩很早就學到了根據自己的本心本意而行動是非常危險的，可能因為「習得的無助」而成為辛苦的成人。在倖存者身上看到的習得的無助情形，是

他們一直卡在無力感中，而那無力感是他們童年時的唯一選擇。雖然他們在家庭中真的很無助，卻沒發現自己現在已經可以自由地打造自己的命運。如果成年小孩從不追求復原之路，就可能永遠沒學到如何主宰自己的人生，可能永遠都不知道父母已經不再對他們有任何真正的權力或控制了。

　　當「怪罪」和「習得的無助」長期綁在一起，怪罪就會失去其功能。許多倖存者拿過去的不公，來認為自己永遠臣服於現在的折磨之中是正常的。雖然他們真的受到父母所害，卻讓過去的無助把自己塑造成永遠的「受害者」或「殉道者情結」。他們不是用健康的方式去怪罪，來使復原工作更有力量，而是永遠怪罪過去、放棄一切新的嘗試、擅長找藉口，並且堅信「人生在跟他們作對」。

　　這種情況發生時，怪罪就會變得具有毒性。「毒性怪罪」不同於健康的怪罪，它是一種根深蒂固的立場，與其說是感覺，更像是一種選擇和態度；毒性怪罪是一種靜態的凍結狀態，會將一個人與完整情緒體驗的流動及動態豐富性隔離開來。

　　毒性怪罪使怪罪看起來很醜陋，並且經常讓人們以全有全無的方式拒絕自己的怪罪，它所製造的狀況，就像我的一位老朋友常說的：「怪罪和羞恥開始聞起來都一樣了。」這並不是說無助感是一個黑白分明的議題，許多人在童年就被抹煞了主動權，以至於不容易取回權力感，而在復原階段的早期，長期覺得自己是受害者的情況並不罕見。

　　有時候，倖存者光是想到要主動做自我擁護（self-championing）的活動，就會引發了感覺被淹沒且無能為力的情緒重現。事實上，自覺渺小、無力感、無助感的強烈情緒重現，可能在復原的任何階段發生。對於真的遭受多年嚴重傷害的倖存者來說，還能怎麼樣呢？

　　然而，怪罪遲早必須從「被正當化的無力感」，蛻變成「正當的自我保護性憤慨」，這憤慨會使我們感覺有力量，其聲音可能聽起來像這樣：

我徹底拒絕讓童年創傷繼續阻止我擁護及保護自己，不會讓父母的虐待把我嚇到不去做那些對自己好的事。我需要及想要的一切，不會一直匱乏。無論我感到多麼懼怕，偶爾仍會「即使害怕也去做」；我將為自己發聲和表態，並且追求我與生俱來的擁有人生中美好事物的權利。

　　在恐懼面前追求個人目標，可以讓倖存者證明自己不再是無助的受害者。那些等到恐懼完全解決才願意行動的人，經常一輩子都沒有行動，我建議為此而苦惱的倖存者，不妨閱讀凱西・錢尼（Casey Chaney）的《準備好、願意和嚇壞了：膽小鬼的冒險指南》這本書。

　　如果你已經哀悼了非常久，卻沒有自然地轉變成想要採取行動來改善自己的人生，那麼你可能需要心理治療師來指引及鼓勵你去自我擁護。如果你在復原過程中經歷到這種僵局，自信表達訓練課程也可能有幫助。

怪罪是健康的自我保護

　　我從未、絕對不曾與任何不支持我福祉的人站在同一邊。我不會幫助那些減損我的尊嚴的人，也不幫助那些用次等人的突襲或超人的要求，使我覺得自己不配當人的人。我對抗或避開那些對我身而為人的正當性具有破壞性影響的人，以及那些削弱我認真看待自己的能力的人。

──西奧多・魯賓

　　無論童年時是否受到創傷，偶爾有怪罪別人的感覺，是正常、健康且必要的，就像大部分的動物，所有的人類天生就有自我保護的本能，會自動用怪罪性的憤怒去回應傷害，那些大叫「退後！」或「停！小偷！」的受害者，就是本能地在表達怪罪。

　　怪罪是「認出侵略並拒絕侵犯」這個重要生存技巧不可或缺的一部分。在一個有太多人對無力者虎視眈眈的世界，我們有時需要怪罪來認出危害並保護自己不成為受害者。

　　隨著倖存者在復原「怪罪過去的不公遭遇」的能力時，經常會同時改善認出當下不公狀況的能力。

　　要學會挑戰並停止虐待，第一步是要認出虐待，而怪罪和憤怒的感覺，經常是有不公狀況發生的線索，是心理機制中對於虐待最本能的警告訊號。

　　怪罪的情緒也是挑戰和終止虐待的強大工具。健康地表達怪罪，能創造對於勇

氣和力量的真實內在體驗，把倖存者從癱瘓性的恐懼和無助，立刻轉移到充滿力量和安全的感覺。

　　練習怪罪虐待行為，能夠給予內在小孩所期盼的東西，也就是在危險時刻可以用憤怒來保護自己。這會喚醒內在小孩去接受「自己現在住在成人的身體裡」的事實，而且他現在更大、更強壯，更有能力擁護自己。

　　怪罪會鼓勵我們面對自己所害怕及必要的人生挑戰，幫助我們建立自我表達的權利（見附錄 B），並且追究任何試圖否定這些權利的人。怪罪允許我們對於不想要的要求或給予說「不」，它會打開我們的眼睛，使我們看到自己仍像是無力的孩子那樣在忍耐現在的不公狀況，也允許我們再度獲得那些未受傷的孩子天生的勇猛雄獅之心。

不復原與復原的說「不」

　　如果沒有這個「不」，我就無法抵抗其他人的要求和期望，而且甚至是他人無心的話，也常讓我覺得那是要求。因為我無法說「不」，於是他們的要求變成了我必須遵守的命令，就算是在還沒有人對我提出之前。

　　　　　　　　　　　　　　　　　　　　　　　　　——西奧多·魯賓

　　當別人企圖拿走幼兒的食物或玩具時，幼兒會生氣地說「不！」，這是怪罪早期和本能的表現。小孩的「不」，說出了「要拿走他的財產的行為」是值得被怪罪的，而且他也有權抵抗；「不」，是他設下限制和建立健康界線的方式。

　　如果沒有說「不」的反應，小孩就容易受剝削。對於性侵兒童者的研究顯示，這些性侵者可以認出那些說「不」的權利被剝奪的小孩的肢體語言。諷刺的是，許多兒童被徹底禁止對任何權威人士說「不」，卻被期待「對毒品說不」。在《仁慈與自我仇恨》中，西奧多·魯賓強而有力地寫了能夠說「不」的健康怪罪：

　　我必須有說「不」的權利，只有我能有意義地給自己這個權利……我的「不」，是對自己的深深憐憫；我的這個「不」，代表了我所能提取的某

種力量，用來對付在我裡裡外外的，我認為對自己的福祉不利的一切⋯⋯
「不」，是我對付自我仇恨的磚頭和堡壘；「不」，是每當有不合理的要
求出現時，我在對抗它們。

隨著小孩逐漸成長發展，他學會了用更世故的方式捍衛自己的權利和界線，而
「不公平」是小孩學會的頭幾句健康怪罪之一。

大部分的兒童天生就有敏銳的公平感，會本能地用「不公平」來抗議父母的不
當對待，直到他們的健康怪罪反應被懲罰到消失為止。

每當孩子說「不」或「不公平」時，許多失能父母會勃然大怒地攻擊孩子，
因此大部分的兒童很快就學到自己必須要接受，而且被暗示要「原諒」父母的一切
行為，無論那些行為多麼有虐待性。很多倖存者的「不」和「不公平」，在人生很
早期，甚至早到不記得自己曾被傷害到去壓抑對於父母不公行為的正常怪罪反應之
時，就從他們的詞彙中消失了。

我相信，孩童壓抑那些父母暴怒地壓迫的最早記憶之情況，就跟成人壓抑自己
對於恐怖意外的感知是一樣的。如果我突然遇到某個驚人的暴力事件，直覺反應可
能會像這樣：「喔，天啊，那好糟糕，我根本不能看它⋯⋯我甚至連想都不要想！
我只想把那個畫面從腦海中刪除！我永遠都不要再想到它，不要提醒我。」

我相信，許多兒童用類似的方法驅逐了那些試圖對抗父母時所遭遇之事的記
憶。自從我想起母親那鐵青又冒青筋的面孔對著我大吼，並傳來一波波恐怖的熾熱
紅色能量時，才徹底了解為什麼幼年自我需要把那個畫面從意識中驅逐出去。

在童年早期被創傷到失去了怪罪能力的人，常常不能接受父母該被怪罪的任何
可能性，然而，在他們的內心深處，依然無意識地懷有那個關於兒時被惡待卻未處
理的怒火和怪罪煉獄。

當我們允許自己去感覺及表達怪罪，就能有效地減少否認，而怪罪通常會打開
我們的眼睛，看到自己明明沒有錯卻遭受嚴重傷害。**我們不是天生就很差勁或有缺
陷，我們和每個小孩一樣值得愛與尊重。**如果我們當時有得到愛與尊重，現在就會
很容易愛護及保護自己，不會一輩子都在忍耐其他權威人士對我們的種種不公。我
們不會只在自己開心、取悅他人或工作表現頂尖的時候，才有能力喜歡自己。

太過羞恥而無法怪罪

　　情緒受虐的兒童無可避免地苦於「解釋」施虐者的行為，結果在流沙般的自我怪罪中掙扎求生。

——安德魯‧維克斯

　　無數的羞辱性陳腔濫調要求我們避免怪罪，並且單純地選擇原諒來幫助自己。許多人都被「友善」的忠告給指教過：「原諒是高階靈魂的徵兆！」「耶穌原諒了，你為什麼不行？」「你的母親盡力了，她的人生也很辛苦！你難道不該更體諒她嗎？」「你的父母為你做了那麼多，你怎麼還能怪他們？」「停止責怪你的父母，好好過你的人生。」（我喜歡這樣回應最後一個指責：「直到我怪完該怪的人，我才能找到力量好好過自己的人生。」）

　　我們可能很難抗拒以上那些陳腐的訓誡，尤其是如果父母用「我們辛苦到指頭都磨成骨頭了」、「犧牲了一切」、「從沒為自己要什麼」這些話，來把我們的罪惡感加上堅硬的外殼。許多倖存者用這些錯誤的迷思來羞辱自己，而無法重拾健康的怪罪。

　　以耶穌之名來要求原諒，既具有羞辱性，也是偽善，因為耶穌示範了怪罪不良行為是正當的。祂對於在聖殿裡做買賣的換幣人大怒；祂在花園裡哀悼時，門徒睡著了，祂也生氣地質問；而當祂在十字架上時，甚至表達了對父親的深切失望：「我的神，我的神，為什麼離棄我？」

　　即使我們的父母盡力了，也不會改變我們因他們的無能而受到嚴重的傷害和削弱的事實。這種諒解能夠神秘地化解我們因為無數次被不公平地懲罰或是痛苦地想要離開，而帶有的正當憤怒嗎？「他們盡力了」這件事，確實是具有說服力的情有可原情況，可能在後來會幫助我們對他們產生原諒感，但不會神奇地中和掉那一池困在我們內心且未表達的怪罪岩漿。

　　要是在怪罪之前就先原諒，我們可能會永遠拖著整個童年傷痛與憤怒的重量。在我學會安全地「淨化」怪罪之前，就像是累癱了的背包客，太過解離和天真，而沒注意到有人在我的背包裡放了一顆大石頭。

要是我們還在否認父母如何嚴重地傷害了我們，就不可能原諒他們。未化解的童年痛苦和怪罪，會使我們在接近他們時，情緒和生理上都不可能軟化或放鬆；我們內心的孩子仍然害怕這個情況：如果父母再次試圖傷害我們，我們還是不會責怪他們。於是，我們反射性地退縮到慣性的過度警戒，或是和父母相處時會解離，而這些防衛行為使得我們不可能進入自己的內心去感覺對父母的真心原諒，有時候也會使我們無法對父母感到一丁點真正的情感溫暖。

無論我們有多相信自己原諒了父母，要是不知道父母值得被怪罪，就無法化解我們對他們的恐懼。如果我們想要在與父母相處時真的放鬆及充滿愛，就必須允許自己怪罪他們的傷害性行為。

把怪罪發怒出來

一個有侵略性恐懼症、要求壓抑負面情緒的社會，最容易有詭異的暴力，而這已經成為我們文化中的一部分……社會會開始珍惜那些冒險表達攻擊性感覺的人，以及那些使用建設性方式去執行攻擊性的人。

—— 喬治・巴哈與赫伯・高博格，《有創意的攻擊性》

讓我再次強調，**大部分的倖存者並不需要直接怪罪父母**。大多數的父母很難接受對於其不良養育方式的批評，但即使如此，我們仍可能對他們有原諒感。**在父母不在場的情況，我們可以用喚起原諒感的方式來發洩怪罪。**

我使用「把怪罪發怒出來」（Angering out the blame），來指稱安全無害的怪罪表達。一般來說，把怪罪發怒出來，始於決定讓父母不當對待的那些舊回憶進入覺知，隨著這些回憶浮現，我們想像自己正站在父母面前，責怪他們當初那樣傷害我們，我們可以說出來，或是安靜地在自己私密的腦袋裡面說。

有許多方法可以讓倖存者飾演回到過去面質父母的情況，像是完型療法或心理劇等。當我們想像自己怪罪他們並阻止他們的虐待時，就能安全且強力地釋放過去的傷痛。許多案主說，在角色扮演中指責父母的不公行為以後，他們體驗到極大的紓解。許多人同時又震驚又欣喜地聽到自己怒喊「不！」和「不公平！」

　　有一位案主在某次角色扮演中當法庭裡的法官，審判父母對於育兒責任的怠忽職守，讓她體驗到非常深度的釋放。她對父母指控了一大堆的不公不義之後，判他們有罪，並用她小時候遭受過的處罰，來懲罰他們殘忍的自私行為。

　　這種方法的效果，通常與復原者的責難強度成正比，也與完整詳述父母不公的對待程度成正比。

　　把怪罪以怒氣發洩出來，可以自己一個人做，也可以有見證者。若他人在見證時不帶有羞辱性，經常會使這個練習更有療癒價值，不過，有些倖存者一開始時需要獨處，才會覺得能夠安全地憤怒控訴父母。

　　我們也能夠透過分別寫信給父母來處理怪罪，在信中盡可能明確且完整地怪罪他們全部的養育罪過。這種信件並不是真的要寄出去，只是要盡可能地透過強烈且不壓抑的拒絕，來釋放怪罪。有些倖存者後來會把這些信件修改成更得體的正當抱怨，然後寄給父母，希望能與父母開啟誠實的對話，談一談過去。

　　如果你對於做怪罪工作仍感到不自在，或許可以試試這個靈性練習。想像你的高我在徵求你父母的高我的許可：為了更崇高的目的，也就是完成你們之間尚未解決的事，而讓你用角色扮演的方式展現對他們的憤怒。告訴祂們，你這麼做是為了讓未處理的舊有憤怒不會無意識地持續往外對他們放射，並表達你希望這個無害的發洩，會使你們有更好的親密關係，同時透過表達這個希望來加深意圖。

　　如果這麼做並沒有喚醒你的渴望，你仍然不想用替代性角色去責備和責罵父母，那麼抽象地表達怪罪，仍然可能對你有好處。你可以只針對他們的不公對待，把怪罪發怒出來。如果這似乎太過針對個人，你可以對於人生整體的不公去發怒怪罪，如果不想吼：「我很氣你們，媽、爸！」你可以對人生發火：「我好火大！我好恨童年和人生是這麼痛苦和不公平！」或是「我非常生氣，我就是不爽！」這個練習本身有時候具有療癒效果，並且會漸漸打開一道門，使你更具體地譴責童年所經歷的不公遭遇。

　　如果父母的虐待是慣性且長期的，這些未表達的陳舊怪罪可能會大到需要用強烈的暴怒表現出來。許多倖存者一開始對於這個可能性會感到不安，因為他們無意識地害怕著，在釋放自己累積的憤怒之後會導致瘋狂大亂的情況。許多人會害怕到變得壓抑，是因為一直以來從未感受到的童年創傷相關怒火，有時候會以殺人的想

法或畫面浮現，然而，在這種情況中，想殺人的意念只是一種訊號，表示心理機制在承擔非常大量的憤怒，這是一種誇大化的情況，只要安全而主動地釋放底下的怒火，就能快速地揮發掉它。

安全地把大發作的怒火表達出來，這種體驗會讓倖存者不再害怕自己有一天會發狂。無害地把想殺人的感覺宣洩出來，總是會帶來極大的解脫和改變人生的收穫，他們再也不需要害怕憤怒，而且還可以與憤怒做朋友。

倖存者親自學到了暴怒的感覺和暴怒的行為是相當不同的，而且暴怒的感覺可以完全無害地被感受和表達。安全地放掉控制，其實能確保我們不會有毀滅性的失控，這是非常美好的矛盾；而安全的發怒，也能夠確保怒火不會變成像壓力釋放閥壞掉的壓力鍋那樣爆炸。

把怪罪發怒出來，通常會改善我們與父母在真實生活中的互動，因為我們已經達成了一種自我保護感，與父母相處時就可以放下警戒，而他們在與我們相處時也可以放鬆，因為我們不會再無意識地對他們發射敵意。有些人的運氣夠好，可以發現父母在這幾年來已經進化了，不再是往昔那可怕的迫害者，在這種情況下，家庭關係最後有可能變得真正充滿愛。

然而，有些倖存者沒這麼幸運，無論他們做了多少的怪罪工作，在與懷有惡意的父母相處時，都不能產生放鬆的氣氛，在這種情況下，直接甚至憤怒地對父母後來的不當對待表達抗議，是適當的。如果這麼做都沒有用，就應該盡量減少或完全停止與父母的接觸，因為任何持續的虐待都會阻礙復原。

我協助過的一些案主，在大量減少接觸依然具虐待性的父母以前，多年的心理治療幾乎都沒有進展，而其中許多人在退出那有毒的關係後幾個月內，就有跳躍性的成長。其實，就算只是用電話聯繫，也會影響進展。

如果你不相信自己對父母還抱持著怪罪，可以試試以下這個練習。花一點時間盡可能清晰地想像母親和父親的面孔，現在，一邊想像這個畫面，一邊把你的覺知轉移到自己的身體，在下顎、喉嚨、胸口、腹部這些部位的肌肉，你體驗到什麼？你在輕鬆地深呼吸嗎？你的身體是放鬆的嗎？

如果你發現自己已經變得緊繃或高度警戒，不妨實驗一下把怪罪發怒出來的練習，看看這麼做之後是否釋放了任何緊繃。

如果現在不是淨化的好時機，請提醒自己，你現在身在安全的地方，並且放鬆你的肌肉和呼吸，或許之後你會找到時間和地點來紓解這個舊重擔。

強迫性重複、怪罪與不成熟的原諒

很多情緒受虐的孩子，一輩子都在追求別人的認可（他們認為那是「愛」）。他們那麼渴望愛，並且深信自己不值得愛，以至於他們成為在親密關係遭受虐待的主要候選人。

——安德魯‧維克斯

若能復原怪罪的能力，就可以幫助我們避免落入「強迫性重複」，這是不成熟的原諒所設下的圈套。**強迫性重複是一種心理動力，它會無意識地推動成年小孩一再進入同樣具有破壞性的關係之中**，一旦了解這種動力，能有助於我們抗拒無意識地受到有害的人所吸引，並且停止把重要的他人視為像父母那樣對我們具有至高無上權力的人。

以下描述我母親的虐待行為，來呈現強迫性重複的具體例子，它展現了不成熟的原諒，如何使我們輕易且不知不覺地在成人關係中重演父母的虐待和忽略。

早在我知道母親有什麼事需要我原諒之前，我就「原諒了」她。我原諒她，是因為她不像我父親，她有時候會對我好；我原諒她，是因為比起我父親常常突然打我的頭，所以我並不把她尖酸刻薄的挑剔當一回事；我原諒她，是因為我不記得她常常打幼兒時的我，當時她手上的風濕關節炎還沒嚴重到無法用盡全力打我。

（這個時候，她在臨終床上的那句告解「我以前經常痛打你，佩特！」迴盪在我的腦海裡，使我的身體不由自主地顫抖。她吐出「痛打」這個詞，真是令人心寒又寫實。）

在我的復原工作開始挖掘出關於母親的虐待記憶以前，我就原諒了她，不幸的是，當我開始對她感到憤怒時，很快就採取了復原「專家」的建議，再度原諒她。我在過去真的已經過去之前，就被說服要「放下過去」，而且是早在我知道自己被父母那樣輕蔑地對待之前。

　　多年來，這種假性原諒掩飾了我的一些關係中的虐待性，直到有一次自然開啟的怪罪使我撤去原諒，並且重建童年的虐待真相。

　　隨著我重新開啟哀悼，我想起了在母親身邊是多麼可怕和痛苦的事。在我的整個童年中，她都無情地使用我怎樣都贏不了的情況來操弄及懲罰我。她是典型的失能母親，沒有健康的方式可以釋放憤怒，因此總是無意識地製造雙重束縛的情況，來正當化自己對孩子發洩怒火的行為。

　　每當母親需要發洩時，我就有危險了，而她是個悲慘到經常需要發洩的年輕媽媽，在這種時候，我並沒有安全的避風港。如果我在講話，她會突然咆哮說我是「大嘴巴」和臭屁鬼；如果我很安靜，她會為了我的安靜無話而臭罵我：「你是白癡還是舌頭被貓咬了？」如果我在玩，她會掌摑我，叫我坐好；如果我在休息，她會找我麻煩，說我偷懶且一無是處。如果我自己在玩，她會生氣地說我很自私、只想到自己；如果我找她幫忙，她會很不屑，就像我是個惹到她卻又不滾開的討厭鬼。當母親生氣時，無論我在幹什麼，都應該做另一件別的事。

　　在那些時候，如果她非常生氣，在言語虐待之外可能會再加上扯頭髮、甩巴掌或是踢人。就跟她的父親一樣，她覺得從我背後突然出拳打我很有趣；她會笑著說：「那沒什麼，我只做點什麼，看看會怎樣！」

　　後來她停止打我（因為風濕關節炎使得她在打我時，她自己的疼痛感會加劇），只用尖酸刻薄和挑剔批評來釋放她的憤怒，而我被羞辱到去相信，她那些惡毒的貶低就像是她打我的頭一樣，對我沒有破壞性或傷害性，因為那只是在開玩笑；此外，她身上可是「一根齷齪的骨頭也沒有」。

　　我母親可以把我說的任何話語扭曲成我活該被瞧不起的證據，而且同樣的話語在某一天被認為很聰明或有趣，之後卻被拿來證明我很愚蠢。漸漸地，我學會要極度警戒自己說的話，我覺得自己和我的話語就像是走在蛋殼上，有個朋友就曾經說這是「在蛋殼上說話」。

　　透過強迫性重複我和母親的關係，害我吸引並忍受許多像她那種充滿挑剔的傷害性關係。幸好，不像許多受虐的伴侶，我沒有臣服於她那種肢體虐待的重複性；那些伴侶大多是童年肢體虐待的倖存者。

　　我遭受母親的言語和情緒虐待多年，但我沒什麼溝通技巧，也不知道能為自

己說什麼，因此很難去防禦那種善用言語來不公平地行使權力的伴侶（見第八章的「言語虐待」，220頁）。

　　大多時候，我甚至沒發現以前那些事情對我具有傷害性，包括父母的雙重束縛、言語上把我當成代罪羔羊，以及對我倒情緒垃圾。被吼叫和被找麻煩對我來說，似乎是關係中的正常部分。我是他人失望的來源，而且除了缺點以外沒什麼引人注意的地方，這似乎是很正常的情況。當我被拿來跟別人比較、說我比較差，似乎有助於讓我自己變得更完美。

　　於是，我忍受伴侶一直羞辱性地分析我，甚至自己用羞辱性的自我分析去支持他們的批評，重演我母親所要求的諂媚。小時候，我無數次問自己：「為什麼我就不能乖乖的？那樣媽咪就會喜歡我了。我能做什麼來讓她高興呢？我能怎麼改變，她才不會厭惡我？」

　　就像那個孩子，我努力找出使伴侶對我感到失望和憤怒的過失，並且矯正它們，我默許自己被認為應該對關係中的一切問題負責，就像我被母親說服了，相信我就是她所有不悅的根本原因。我帶著破碎的自尊離開家庭，就輕易且無意識地給予伴侶所有的權力，而那也是我以前給母親的權力。我怎麼知道，真正有愛的伴侶是尊重、能妥協，並且願意為關係中的問題承擔自己的責任呢？

　　我也進一步重複了我與母親的互動狀態，毫不抗議地接受被忽略。我要怎麼知道健康的愛包括了大量的正面回饋呢？我完全不知道自己需要被當成一回事以及被感謝，因為我極少受到父親或母親的肯定，所以便輕易接受了這種缺乏肯定的關係。那些極少發生的正面關注，是我非常感恩的小小珍饈，這些小碎屑使我的情感存活下來，雖然它們營養不良，但相較於我童年的情感饑荒，卻可以讓我活下去。

　　我的強迫性重複也使我擔任伴侶的照顧者。我在母親身上完成了關係依賴的實習課程，因此總是犧牲自己的需求來確保伴侶被照顧好，對我來說，這是第二天性，因為他們就像是我母親那樣的殉道者。他們散發出一種理所當然、為所欲為的態度，暗示著：「我的痛苦比你的更嚴重，我們必須把全部的精力和關注都放在這些更重要的需求上。」

　　我習慣照顧伴侶的方式之一是成為傾聽的一方，但這通常重演了我和母親在一起時那種贏不了的情況，我怎麼傾聽都不對。母親和我的伴侶總是攻擊我傾聽時的

失禮，如果他們心情不好，而且需要對誰生氣，無論我用什麼姿勢傾聽都不安全。如果我太專注在他們說什麼，會被說我太過努力、使他們緊張；如果我放鬆注意力，會被說我不專心、不是真心有興趣；如果我問問題來表達興趣，就是在使他們分心；如果我安靜專心地傾聽，就是不夠有互動，而且無話可說；如果我表達自己的想法，就是自私地打斷他們。

這不是說，我在自己的成人關係中完全不該被責怪，導致這些關係失能的主要原因是，我接受了自己貧瘠的自我表達，以及沒有能力堅持自己被平等聽見的權利。**安靜而不溝通的倖存者，以及沒有試著重拾自我表達能力的倖存者，都會使他們的伴侶感到挫折。**

然而，我那不完整的自我表達，也是強迫性重複的重要部分。多年來的受虐經驗徹底廢除了我的說話能力，於是我在關係中無意識地相信說話本身就是危險的；我潛意識地相信著，在「取代」母親的女人身邊，無論說什麼，我都會被扯碎、被羞辱，甚至該被突襲打巴掌，就像我母親對我那樣。

（當我描述這些往事，對廣泛的讀者進行言語宣洩時，看見了五歲的自己，他無數次因為單純的話語而被打巴掌時，臉上露出困惑和驚恐的表情，於是我哭出更多的眼淚，並且感覺到憤怒的怪罪。）強迫性重複就像其他的強迫行為一樣，是會自行持續的。

多年下來，我變得越來越不說話，因為我受到類似母親的伴侶吸引，他們不只是差勁的傾聽者，還過度挑剔我的自我表達。我一直陷在固舊的交往模式中，因為我天真地接受那些惡劣的忠告，說除非我先決定原諒，否則我就不會療癒。在所有的人裡，有誰比母親更值得被原諒呢？在所有的人裡，怪罪誰（除了上帝）會是最大的藝瀆呢？

我一直陷在膚淺而頑固的原諒中好幾年，復原之路沒什麼進展，有許多次，治療師試圖處理我那石化般的原諒底下的東西，但我都抗拒他們。原諒我母親而不怪她逼我躲入沉默，可能使我成了永遠的談話黑洞。

後來，我了解到，自己的原諒是對於終於浮現的可怕痛苦的堅定防衛，而那份痛苦來自於我真正「明白」母親在我童年時長期主動地恨我之時。當我明白母親的愛只不過是偽善的育兒陳腔濫調時，是非常可怕的覺醒，而當我完全感受到她最喜

歡的訓誡：「我都是為你好」和「我這麼做（傷害你）是因為我愛你」的內涵有多空洞時，也非常令人痛苦。

在三十多歲的一個荒涼夜晚，我終於撬開了那假性原諒的頑固表面。一個奇蹟恩典讓我褻瀆地對上帝發飆，我暴怒地怪罪更高的力量，並且為了天賜的不公不義而哭了好幾個小時；我為了人生中的極度不公和殘酷而暴怒，並為了我的痛苦和他人的痛苦而哭泣。

當我耗盡了自己的怒火時，突然驚訝地體驗到一種多到滿出來的愛和自我憐憫。我半期待著自己會立刻受到老天的懲罰，卻沒有發生，這是多麼美好啊！沒有雷擊！沒有地震！沒有惡魔突然出現並把我鞭打到地獄去！

為了「永恆」時刻，我在解脫的淚水和喜悅的淚水之間搖擺，而當我突然想起喬治・伯納・蕭（George Bernard Shaw）的宣言：「所有偉大的真相都從褻瀆神明開始。」便開心地笑了出來。

我彷彿看見了更高力量開心地咯咯笑的清晰畫面，那畫面就像是健康的父母對於幼兒可愛又無害的本能反抗感到有趣那樣。我毫無疑問地知道，自己在本質上是一個好人，而不是故意害母親生不如死的忘恩負義惡魔。

然後這種恩典的感覺擴大到讓我了解這件事：**創造萬物的慈悲造物者完全接受我們憤怒的「褻瀆」表達，因為這表達也是神聖的創造**。這種無害的怪罪會清空那些使我們疏離生命的怪罪，並且使我們的心恢復到具有憐憫和愛的自然能力。

這一次褻瀆神明的「祈禱」，以一個頓悟為高潮告終：我最深的傷痛，涉及了失去合一性和連結性的榮耀感；就像所有人，我在出生前就已經存在於那榮耀感之內。這個以情緒為基礎的回憶，為我帶來無可動搖的信念：這個合一性是我們必然要回歸的最終現實。如同老子所寫的：

……守靜篤。萬物並作，吾以觀復。夫物芸芸，各復歸其根。歸根曰靜，是曰復命。復命曰常，知常曰明。不知常，妄作凶。知常容，容乃公，公乃全，全乃天，天乃道，道乃久，沒身不殆。

這個經驗是我人生中奇蹟般的轉捩點，使我相信「憤怒地怪罪和抱怨不公」是

正常且健康的，從此之後，我透過直接對上帝和人生，以及間接對父母和我愛的人
宣洩，有了許多療癒性的體驗，並且修復了愛的能力。我也幸運地見證了許多人體
驗到，透過全然承擔及表達自己的怪罪，進而產生這種非凡的蛻變。

同時感到原諒和怪罪的療癒性矛盾

> 發揮你熟練的力量，並將之延展到跨越兩個矛盾之間的峽谷……神想要在你裡
> 面認識祂自己。
>
> ——里爾克

　　前面介紹的「褻瀆」經驗，鼓勵我把母親當作將怪罪發怒出來的練習對象。在
對母親傾瀉怪罪的這個特別強烈角色扮演中，具有另一個面向，也就是我前所未有
地感到更愛她，然後那份愛的感覺擴展成對她有憐憫心，並且最後在真心感到原諒
的高潮中結束。

　　這原諒的感覺美好到我纏著它不放，甚至在我已經沒有這個感覺的時候，還
「以為」自己仍然有原諒感。然而，那些還沒有清除乾淨的無意識怪罪，又會滲透
進覺知中，讓我再一次對她充滿怒火，並且確定她完全不值得原諒，而當我終於允
許自己把這新一波的怪罪發怒出來後，真心的原諒感就回來了。

　　我希望自己終於「放下了（我的憤怒）」，並且達成永遠的原諒，所以再度死
纏著那種感覺，直到另一波的怪罪浮現，喚醒我「新的」童年之失落。

　　在這個循環過程的早期階段，我的「否認」逐漸瓦解，並且對於童年有越來越
精確的觀點，同時在此過程中，我多次分裂成兩個頑固的立場：原諒，或怪罪。

　　隨著我的復原情況在進步，這種兩極化的戲劇性和持久性越來越弱，直到我
有了純粹療癒性的矛盾（同時對母親感到怪罪和原諒）蛻變經驗，這些經驗使我相
信，這兩種情緒是我們內在固有的，在怪罪和原諒之間變動總是必要及有助益的。

　　在這兩種情緒之間搖擺數年之後，也使我相信，無論我有多麼憤怒，後來總是
會回到對母親的原諒感；我相信這使我能真心地說「我原諒她」，即使我有時會對
她感到怪罪。

　　每當我又受到母親的壓制性影響的遺毒所折騰時，可能還是會怪罪她。事實上，我相信我原諒母親，是因為那些遺毒已經大量消失了，如果那強迫性重複（使我總是受到不讓我說話且懲罰我的伴侶所吸引）沒有被大幅化解的話，我對母親的體驗極不可能是真正的原諒。

　　還有，當我說「我原諒母親」時，這跟我說「我愛朋友」是差不多的概念。我可以真心地說「我愛我的老朋友」，即使我不是一直對他們有愛的感覺，而是會有一般感覺、有距離或感到失望的時期，但這種愛的感覺在多年間總是會再回來。

　　功能良好的父母也會用差不多的方式愛孩子，雖然他們不總是對孩子有愛的感覺，但是他們回歸這個感覺的頻率夠高，足以相信「愛」是其重要的基礎。許多失能父母沒有這種情緒彈性，是因為他們沒有學會並練習怎麼對子女安全且無虐待性地宣洩正常憤怒。

　　積極的憤怒管理是重要的親職技巧，因為為人父母者在做了那麼多必要的「不公平」犧牲之後，難免都會出現憤怒或怪罪的感覺。我鼓勵父母使用第四章的發怒技巧，安全地表達並釋放自己的憤怒，如此一來才不會發洩在子女身上。如果父母的挫折感沒有被安全地宣洩，這種感覺必然會累積並在孩子身上爆發，而這種情況將會破壞愛的連結，不只傷害孩子，也會傷害父母，每個人都將輸了愛。

　　「我愛」或「我原諒」的真心情緒體驗，有賴於偶爾願意去體驗憤怒或怪罪。 以前，我使用「自己終於不生氣了」的假象欺騙自己，卻多次失去了愛與原諒的美好情緒內涵。

　　每當我試圖透過「否認自己對母親的怪罪感」來將原諒具體化時，就會在心中感覺到與她非常有距離且中斷了連結，而且這種情況在我看著她的照片並感到身體某處緊繃起來時，顯得特別明顯。當我往內聚焦在那股緊繃感，就會發現受傷的感覺，而只要我徹底感覺或表達它，就會再度對母親感到憐憫。

怪罪是持續性的歷程

　　重建過去來使現在合理，是一種持續的歷程：事實上，是一輩子的歷程。

　　　　　　　　　　　　　　　　　——謝爾登・羅斯（Sheldon Roth）

　　雖然我對母親已經感受到許多真心的原諒，但是她的虐待和忽略永遠應該被怪罪，其實所有這種行為都是如此。每當我再度經歷自我表達的困難時，記得這一點總是對我有幫助。

　　當我突然說不出話來時，通常是在對我「密告」原來自己正處於恐懼和羞恥的情緒重現之中，這是母親大量攻擊我的自我表達所產生的副產品。

　　當這些情緒重現威脅我、要我沉默的時候，我就會再度喚起怪罪，來提醒自己：「被這樣鎮壓非常不公平。」這種怪罪的態度通常不會允許恐懼與羞恥如鬼魅般地阻礙我，並且會給予力量，讓我堅持地說出想說且需要說的。

　　我在寫上一段內容時，這個歷程大大地幫助了我，讓我感到非常喜樂。有時，我幾乎不敢相信自己現在能稀鬆平常地享受豐富且多面向的談話。以前我習慣鑽牛角尖及反覆懷疑自己要說的每句話，而讓這種習慣死去，是非常美好的事。

　　每個人都需要拋棄那些具破壞性的挑剔，而恢復怪罪的能力，會自動地提醒我們，對抗虐待（無論是父母的羞辱在我們內心的回音，或是新施虐者的侮辱）是正確的。

怪罪與羞恥

> 羞恥是這個國家最嚴重的家庭暴力。
>
> ——約翰·布雷蕭

　　「毒性羞恥」是會嚴重削弱一個人的內在狀態，其特色是極端的恥辱感和無情的自我嫌惡想法。約翰·布雷蕭在《治癒束縛你的羞恥》中，首次指出毒性羞恥：

> 當羞恥已經徹底內化時，你就什麼都不好。你覺得自己有瑕疵且低於他人；你覺得自己是個失敗者。你沒辦法分享內在的自我，因為你是自己不屑的對象。當你不屑自己，你就不再是你了。

　　布雷蕭比較了「毒性羞恥」和「健康羞恥」。健康羞恥是自然且相對輕度的自

我不贊同感，當我們傷害了自己或他人時，都會本能地體驗到這種感覺。但如果失能父母對待孩子的態度，就像是孩子一直有瑕疵似的，那麼健康羞恥經常會突變成毒性羞恥。

許多成年小孩在使用父母以前禁止的方式來思考、感覺或行動時，就會立刻被毒性羞恥所淹沒。毒性羞恥發動攻擊時，就會像野火一樣在意識層面散布藐視性的自我批判和誇張化，我們就像感染了快速擴散的病毒，用帶著自我仇恨的偏見來看待自我認知的每個面向。毒性羞恥通常會使我們感到無望且耗竭，最糟的時候，它會使我們希望自己已經死了，而許多倖存者在清醒時的人生中，有大量的時間都苦於毒性羞恥。

我相信毒性羞恥是一種情緒重現，這是每當父母表現得像是被我們拒絕時臉上的厭惡表情，而我們也以同樣的厭惡在看待自己。毒性羞恥把我們凍結在最具有創傷性的童年恐懼、屈辱和無望感中，父母越是表現出不能忍受看到我們的態度，我們就越容易受到毒性羞恥的攻擊，認為自己很差勁、無價值又醜陋。

毒性羞恥是極為強大的控制武器，就像布雷蕭已經指出的，失能的家庭常常用毒性羞恥來使小孩相信：自己無辜的錯誤正好證明了自己本身就是不可饒恕的錯誤。父母慣性地使用毒性羞恥來否定孩子的需求，並且消滅他們為自己直言表達和抗議（或甚至是注意到）虐待與忽略的能力。

此外，失能父母大多對於孩子的感受有負面的反應，以至於孩子後來只要一有情緒，就會感到羞恥。因此，成年小孩極少切實地體驗自己的感覺。毒性羞恥會立刻貶低那些不被允許的感覺（憤怒、悲傷和恐懼之類），使它們比那些沒有被汙染的感覺更令人痛苦難耐。

毒性羞恥不只會毒害我們的情緒，也會立刻扼殺我們對於重新連結那停滯的發展歷程的渴望，來阻礙復原。那股想要成長和成熟的驅力通常會自然地浮現，卻常在還沒進入意識層面前，就被羞恥給熄滅了。在復原過程的早期，我有多次突然滾入羞恥中，都是因為短暫地想要實現那些被禁止的需求，或是取回被否定的權利，而誘發了這樣的反應。「你竟敢以為你值得什麼關注、值得說話的機會，或值得不受打擾的時光！你以為你是誰，可以說不，甚至還拒絕要求？」這類說詞的各種版本，總是在我的潛意識閹割我。

　　想要復原的企圖往往很快就會消失，其原因是每個想要使自己更好及自我實現的欲望，都會誘發令人失能的毒性羞恥攻擊。每當有人建議處在早期復原工作的倖存者，他們需要復原自己正當的需求、權利和感覺時，這些人看起來都很困惑及氣餒的原因，就在於此。

內在的找碴父母

　　許多人都把生活過得像是父母在我們的內心裡命令我們該怎麼生活那般。在許多失能家庭中，父母就像是征服者，他們攻克、殖民並統治孩子腦中的領域，不幸的是，就算這些孩子離開家庭，也極少能真正逃脫父母的獨裁。許多父母滲透到孩子最私密的地方，並留下殘忍的封建領主來繼續奴役他們，而這個暴君就是內在的找碴父母。

　　「內在的找碴父母」就是我們一直對自己進行負面評論及找麻煩的心智歷程。那是心理機制中的一個部分，被訓練成要找出自己有什麼不對，而不是找出自己有什麼是對的，它迫使我們對父母的規定、標準、品味和評估要忠誠，並且用懲罰性的毒性羞恥攻擊來執行它的規定。

　　內在的找碴父母也常被稱為找碴鬼、內在找碴鬼、假我和內化的父母，通常是我們的父母和童年時期其他權威人物全部的集合體。那內在父母會無情地論斷我們、使喚我們，使用父母以前那樣貶低人的方式對我們說話。

　　當找碴鬼撕裂我們時，也會怒瞪著我們，而毒性羞恥的體驗，通常是由我們幾乎察覺不到的父母擺臭臉的畫面所引發的，這些畫面通常藏在覺知之下，因為我們極少允許它們進入覺知之中。

　　我們很早就學會了反射性地壓抑自己，不要去覺知父母臉上厭惡和怨恨的可怕「表情」。人類會本能地把太可怕或太痛苦的畫面，驅逐在自己的意識之外，然而，反覆地接觸父母反感且暴怒的表情，會把他們羞辱的畫面深深地刻印在我們的心理機制中。

　　這些印象深刻的畫面（父母具威脅性的遺毒）是極難應對的。無論我們是否感知到它們，它們都對我們那菜鳥般的自我發展嘗試緊皺著眉頭，其貶低性的訊息也

在痛罵我們「試圖幫助自己就是自私、愚蠢、沒希望」等等。這內在找碴父母的暴虐，使許多人停留在無力和無助的永久退化狀態，就像布雷蕭所說的：

> 內在的挑剔觀察是非常令人難受的，它會產生一種折磨人的不自在；考夫曼（Kaufman）這樣說：「它會對自我產生束縛性與癱瘓性的影響。」這癱瘓性的內在監測，會造成退縮、被動和無作為。

如果我們不挑戰這種狀況，就會被內化的父母沒收了我們天生的身分認同感，我們變得非常認同找碴鬼的論斷，並且相信自己已經變成了那個內在的找碴父母。我們甚至可能像自己的父母那樣，為了沒什麼大不了的事情而對自己擺臭臉，同時不經思考地複述他們的論斷，習慣性地給自己貼上壞、沒價值、醜陋或可悲的標籤，有時候，我們甚至為了明明可以正當地感到自豪的部分，而羞辱自己。

對內在的找碴父母宣戰

> 我以為我的火已經熄滅了，
> 然後翻翻灰爐……
> 我燙傷了手指。
>
> ——安東尼奧‧馬查多（Antonio Machado），西班牙詩人

痛苦地重複父母的羞辱，是一種會自行延續的習慣，但這種習慣可以被挑戰。怪罪很容易被轉化為對抗羞恥的療癒性且發自內心的渴望，我們可以用怪罪來鍛造與自我之間充滿愛且具支持性的關係。

怪罪會幫助我們區分那個與生俱來且肯定人生的內在歷程，以及另一個後天習得且具自我破壞性的內在歷程。

有效的怪罪會修復我們本能直覺的驅力，拋棄那些在我們太年幼而無法保護自己時，就占滿腦中的劇毒訊息，而怪罪的健康性憤怒，可以把父親那顯露不認同的臭臉鬼魅，以及母親羞辱性批評的回音，全都趕出去。

　　若要調動怪罪來防衛自己，我們必須先學會認出找碴鬼的內在攻擊，有時這就像是打游擊戰般具有挑戰性，因為我們通常沒發現內在找碴鬼與正常的覺知混合在一起。那個仇恨地對自我嘮叨的聲音可能是持續不斷，以至於我們根本沒聽見它，即使找碴鬼嘮叨的聲音已經淡出覺知之外，卻仍常低聲嗡嗡作響，就像如果我們持續聽到浪花拍打的聲音和高速公路的車馬聲，它們就會融入背景那樣。

　　有一次我聽到某人這樣形容：「轉向內並調高音量。」那是把找碴鬼帶到可聽見的程度之過程。每當我們感受到毒性羞恥，可以仔細地傾聽我們的內在對話，並且完全聚焦於內在體驗，用這方式來轉向內並調高音量。

　　在我的「重新撫育」（reparenting）課程中，大部分的學生第一次發現自己的找碴鬼惡毒聲音時，都很震驚。我用「調高音量冥想」來凸顯內在對於小錯誤的反應，在冥想的尾聲，許多人都對於自己是多麼無情地回應自己，感到相當驚訝。在接下來的一週，練習這個冥想的人說，他們對於找碴鬼的聲音強力主宰並破壞了自己時時刻刻的體驗，感到很沮喪。

　　我剛開始調高音量，並且轉向腦袋裡的碎唸內容時，也體驗到很大的驚嚇。我聽到以下這些怒斥的多種變化版本：「讓我們看看你會怎麼搞砸這個，蠢蛋！」「誰在乎你怎麼想，笨蛋！」「幹得好，傻瓜！」「你怎麼不看看你還能做些什麼來讓自己丟臉啊？」「你難道什麼都做不好？」「你何不閉嘴，搞懂沒有人在乎你或你那荒謬的意見！」

　　伴隨這些訊息而來的毒性羞恥，讓我連五臟六腑都感到痛苦，我體驗到的是強烈的焦慮，也是下腹部裡奇怪的死亡感，有時候，它感覺就像是擁擠商場的大混亂、晚班的疲累和養老院的空洞，共同形成了某種糟糕的情緒混合物，深深盤踞在內心。

　　這個羞恥不只剝奪了我的字語，也奪走了我取回字語的意志，每當毒性羞恥占據了我，我想說的一切聽起來都像是所能想像到的最糟糕蠢話。當我發現自己的想法應該被恥笑和譴責時，又怎麼敢貢獻什麼呢？

　　隨著時間過去，內心的找碴父母會把有創意的想像力加入毒性羞恥中，並且發明新的貶低綽號。我的找碴鬼強化了因為父母的羞辱而造成的沉默不語，然後更進一步地為了我的懦怯而貶低我，當我不知道該說什麼時，找碴鬼經常用一大堆的侮

辱來刺我，使我落入毒性羞恥中：「社交殘障，沒希望的內向人，無聊的笨蛋，全職失敗者，喪屍隔離……」

轉向內心並觀察內在找碴鬼，使我了解到為什麼自己需要如此無情地自我審查。在童年時期反對自我表達的戰爭中，我唯一的選擇就是「認同侵略者」，並且加入勝方。沉默讓我比較不會受到父母的注意及成為隨機攻擊的目標，我用不開口，以避免給他們更多彈藥（也就是我的話語和想法）來進一步羞辱我，還有，藉由嚴厲責難自己，我就能早他們一步並減弱其言語攻擊的力道。後來，我變得很習慣這個歷程，以至於他們是不是和我在一起，都沒什麼不同了。

怪罪羞恥

在很多方面，毒性羞恥就是怪罪正在對付自我。一旦我們知道自己受到找碴鬼的毒性羞恥攻擊，可以利用怪罪來停止它，也就是透過怪罪找碴鬼和羞恥來做到這件事。這是我在某一天冥想時首次學到的，當時一個發自內心的聲音這樣回應找碴鬼的攻擊：

等一下！誰是這裡的老大啊？我才是！由我決定這些想法中哪些值得認同。我知道自己已經被父母的羞辱性想法和意見給洗腦到背起來了。我有時候會反射性地重複那些羞辱性批判，我也沒辦法，但它們的出現不表示它們是真的或值得被考慮。

從現在起，由我決定哪些關於自己的想法值得被重視！我拒絕並且拋棄不公平的羞辱和批判！而且如果我不能徹底關掉它們，至少會用自我肯定來平衡它們。我在此決定永遠都要站在自己這一邊，致力於越來越愛自己和支持自己。

你的腦袋被毒害到對自己有害，而你為此感到憤慨，這是很自然的，而這樣的反應也能為你帶來力量，你可以拒絕重複那結合了羞恥的羞辱性謾罵；還有，**雖然你無法立刻消除那些不喜歡的想法，但可以選擇用更有利的想法去覆蓋並在最後取**

代它們。每當你聽到找碴鬼的羞辱性訊息，或是看到父母對你皺眉頭的內在畫面，你可以這樣說：

> 你膽敢這樣對我（或我的小孩）說話！你才是那個該閉嘴的人！把你臉上的表情給抹掉，你在剝削孝敬父母的戒律！把你有毒的訊息和有毒的錄音帶拿走，滾出去！你別再那樣對我說話，或用那種口氣，把你的憤怒和痛苦拿回去你自己的父母那裡，怪他們把那些倒給你，別再拿我出氣！尊重我，要不然就別煩我。

這個自我保護的歷程，多次以某種版本把我從滾入黑暗沉默的羞恥坑中解救出來，在成年後，我曾經無數次不必要地掉入痛恨人生的可怕處境，都是因為我還沒學會如何用健康的怪罪來對抗這種跌落的情況，這讓我哀痛不已。

怪罪不只會鍛鍊自我保護的心理肌肉，也會縮小找碴鬼（我的一位案主喜歡稱呼我「shrink」[1]，就是這個原因）。當我們學會自動地從羞恥切換到怪罪時，就能展開打破羞恥的習慣。當找碴鬼警鈴大作般地呼喚我們進入毒性羞恥，但我們不配合，並且拒絕無止盡地對自己重複羞辱性的訊息，那麼找碴鬼就會因為缺乏練習而削弱了力道。

要削弱找碴鬼的力量，需要大量的耐心。在怪罪內在找碴父母時，通常會在前進三步退兩步的漸進式過程中帶來解放。由於我們多年來都在逃離內在的痛苦，因此就連明白知道自己受到攻擊，都是一件困難的事，就像布雷蕭指出的：羞恥有許多不同的面孔（偽裝）。

對於已經了解毒性羞恥本質的案主，我最常用的介入方式之一，是幫助他們知道自己困在裡面，此時我通常會說：「你對自己感覺這麼糟，不知道是不是因為毒性羞恥的攻擊呢？」有時候，我光是提到「羞恥」二字，就能幫助案主切斷它。有顯著復原程度的案主，通常會因為過去又再度這樣啃咬他們而立刻被激怒，並說自己嚇呆了：「喔，我的天啊，當然是毒性羞恥！它要在我不知道的情況下偷襲我多少次？」而我通常會回應：「如果你像我一樣，可能要好幾百次吧。」

怪罪並不是對付內在找碴父母和毒性羞恥的唯一工具，第九章會探索其他有用

的工具。哈爾（Hal）和西卓‧史東（Sidra Stone）所著的《擁抱你內在的找碴鬼》也是強大的工具書，概述了與找碴鬼「對話」以削弱其破壞性的多種技巧。

雖然深入探索找碴鬼的訊息，可以得到強大的療癒性，但我建議倖存者在有能力脫離找碴鬼之前，不要花太多時間注意找碴鬼的訊息內容。那些還沒有學會使用憤怒去和找碴鬼分離的人，很容易被執著和誇大的羞恥再度抓進去。

另一方面，一旦能夠在某種程度上成功地不認同找碴鬼，那麼開始探索及體驗找碴鬼就很重要了，尤其是找碴鬼那帶有情緒成分的毒性羞恥，有時候需要被完全感受。在羞恥中，經常有大量的悲傷，而且有些羞恥的攻擊只能透過哭泣而被化解，在那樣的時候，我們是在哀悼自尊的暫時死亡，並且用哀慟使它重生。

有時，我們必須靜態地聚焦於羞恥，就只是去感覺它；有時，我們就是無法立即逃脫毒性羞恥，那麼當我們暫時被困在羞恥中時，唯一可以依賴的就是學著去愛自己和內在小孩。不抗拒的接納，可以逐漸化解羞恥，此時，我們需要盡可能地對自己溫柔。**復原過程中最深的療癒，有時候是發生於我們的內在小孩體驗到，他們感到羞恥時我們會與他們同在，並且甚至因為他們所受的苦而更愛他們。**

所以，我不建議全有全無地看待「向內在找碴父母和毒性羞恥宣戰」這件事。如果怪罪是處理羞恥的唯一辦法，那麼怪罪就會變成另一種失能的情緒壓抑。

同時，自由地使用怪罪，經常具有療癒性，因為毒性羞恥並不是人類的自然情緒狀態。毒性羞恥絕大部分都是習得的認知內容，而既然我們對於自己的想法比對自己的感覺有更多的選擇，就可以挑戰有毒的思想，並且逐漸解構具破壞性的思考模式。

我也必須強調，在復原過程的初期，內在找碴父母的力量是如此具有壓倒性，使得我們唯一的健康選擇是以怪罪為工具來徹底切割。

最後，就像是在不適合表達感覺的時刻暫時忍住感覺是健康的（例如，決定不要吼不公平的上司，或不要在公司的會議中哭出來），當毒性羞恥阻礙我們正當地做對自己好的事情的時候，對抗及壓制毒性羞恥也是特別健康的。

隨著我們的復原工作在進步，會越來越擅長認出羞恥，並且不去認同它，不幸的是，有些人有長期的受虐史，可能永遠無法對羞恥的情緒重現免疫，雖然這很不公平，但是我們可能必須接受以下的事實：父母羞辱我們的畫面和批判，徹底烙印

在我們的心理機制中，以至於我們永遠無法擺脫它們。於是，我們可能一輩子都需要反覆使用憤怒和怪罪，來脫離內在找碴父母和毒性羞恥一再造訪的情況。

我們的內心有外來的挑戰威脅著我們的尊嚴與安全，而幸運的是，那些準備好也願意對抗這種影響的人，會發現情緒重現的情況越來越少發生、越來越輕微，也越來越容易管理。

怪罪和原諒的相互影響

在怪罪父母和原諒父母的經驗中，我有過多次起伏。在我開始復原以前，父親得到我全部的怪罪，而母親得到我全部的原諒（雖然是膚淺且認知層面的），而當我首度體悟到母親傷害我的方式也應該被怪罪時，我就開始脫離那種非黑即白的分裂和兩極化。

然而，一開始，我對暴怒狂父親的原諒，並不帶有任何真心的原諒感覺。那時，我跟隨的靈性教條堅持原諒這回事，所以我決定要原諒他，但我不知道這個假性原諒的代價，是天真又無意識地決定要與他毫無瓜葛，也沒有意識到是我那壓抑卻沸騰的怪罪把他趕出我的人生，我有十二年沒見他或和他說話。那就像是我的大腦原諒了他，但我的心和靈魂並沒有。

在我明確且大量地發怒出對於父親虐待行為的怪罪以前，我們之間一直是情感疏離的。那次怪罪的重點是，想像在過去當面質問他，我想像成年的自己進到一個房間，父親正在那裡痛罵並痛打兒時的我，而我召喚憤慨的怒火，想像我的內在小孩在對父親「頂嘴」的時候，我守護著他，同時加入內在小孩的行列，怪罪父親欺負人及以大欺小，最後我打敗父親，把他丟出房間。

我用這樣的歷程，多次清除了對於父親的強烈憤怒和怪罪。透過這樣的淨化，我的內在小孩知道自己不再是過去的囚犯，不再是無助地面對父親巨大的身材和力量。他振作起來，受到鼓勵，在心理機制層面成長到占有我的成人身體，並且完全住在裡面，而這個有力的身體持續展現出「要挑戰父親的霸凌鬼魅」的意願。

就像對我母親那樣，怪罪工作大量釋放了我未表達的怒火，於是我的內在自然出現了對父親的憐憫，而這種憐憫引發了理解，有效地把他的虐待與我的個人意義

區分開來。就像我在第十章介紹的，我開始理解到，他對我的怒火是他從來沒有向其暴力父親發出的怒火。當我想像他常常被打的恐懼和痛苦，我的憐憫就綻放成對他的原諒感，而這是一種令人振奮的感覺。如果我一直陷在假性原諒的舊模式，就不會明白這樣的感覺。

在大量的怪罪工作後，當我終於見到父親時，就不再怕他，而可以真正開心地見到他。他內在的某種什麼，幾乎是立刻回應了這個現象，用一種極不像他的舉止，走過來抱我。這個極度害怕情感的男人，對於自己自然的溫暖回應，似乎比我還驚訝。

把怪罪發怒出來，有助於我越來越不害怕與父親共處，而且逐漸體驗到對他有越來越多的憐憫和真誠的善意。然而，我母親仍在世時，我不知道怎麼處理對她的無意識怨恨，我對這一點仍感到忿忿不平。也許這是我殘餘的否認吧，不過我喜歡這樣想像：如果我那時能做到的話，我們的關係就可以變得真正親密。

在協助成年小孩與其父母進行怪罪解決法的會談之後，我經常會這麼想像。當父母允許成年小孩無虐待性地表達怪罪時，他們相互有愛的強烈感覺會自然地出現，對此我經常感到羨慕（第十二章會務實地指引如何在親子關係中，安全地與對方處理怪罪）。

在復原過程的早期幾年，長期的兩極化怪罪並不少見，尤其是之前已經有數十年的假性原諒時。復原是以化解否認的重大進展來展現，而在復原過程的任何階段，都會出現長期的怪罪。

對於許多人，一輩子都會在意料之外的情況下而再度怪罪過去，要徹底化解對童年創傷的否認和貶低，有時候得花上一輩子。這是因為在我們心理上足夠強壯到完全記起和完全感受自己的痛苦以前，無法深刻領悟童年創傷的全部影響。

大量的哀悼會以較長時間的平靜和自我接納來獎賞我們，但在此之前，我們通常無法癒合及恢復這種心理上的強壯。一旦獲得哀悼帶來的獎賞後，我們通常就可以讓自己更徹底地體驗童年創傷的影響和嚴重性，此時，原諒的感覺自然會失去它的意義；倖存者通常會從充滿愛的感覺分裂，陷在憤怒和怪罪中，而且維持相當長的時間。

去接納並表達新出現的怪罪，通常是讓人回到原諒最直接的途徑，這是我在

協助案主的工作中一次又一次看到的情況。我觀察到學齡前兒童也表現出類似的變化。我協助的許多年幼小孩（女孩和男孩都是），都不需要太多的鼓勵，就能身體力行地把怪罪發怒在軟人偶上（我用於憤怒工作的人偶），當他們打完人偶後，大多會把人偶變成抱抱玩具，無論人偶代表的是抽象的「壞人」，或是他們所生氣的真人。

　　隨著羞恥的自我怪罪感被腐蝕，我們自然會進入自我原諒的感覺，這是更廣泛的原諒感的重要開端。如果這些感覺要擴展至包含父母，我們就必須清楚記得自己要原諒他們做的什麼事，也就是要明確了解童年遭受的虐待與忽略的主題，要不然，我們會一直受困於痛苦和憤恨之中，而這些感覺來自於自己多方面的發展停滯。自尊和自我表達沒有復原足夠的話，這傷痛會阻礙我們真心的原諒感，因此，下一章是設計來進一步化解對童年創傷的否認和貶低，如此一來，我們才能在轉向考慮原諒父母之前，先清楚地辨認出所有重要的童年創傷。

▌譯注

1. Shrink 的本意為「縮小」，但是在英語國家中，「shrink」一字也常用作貶低和嘲笑精神科醫師及專業心理助人工作者的別稱。作者在此處表示，這位案主把這個平常是貶低的字眼挪做正面的使用。

第8章

完全感受有賴於完全記得

我們寧願被毀滅

也不要被改變

我們寧願死在恐懼中

也不要爬過當下的磨難

並看見自己的幻象死去。

——威斯坦·休·奧登——

在復原過程開始之前，嚴重失能家庭的倖存者大多不太記得五歲以前發生的事，有些人甚至完全不記得十二歲以前的事。

童年失憶的期間有多長，通常與早期創傷的程度有關，這一章會說明喚起更精確的童年資訊的重要性，因為唯有如此，我們才可以徹底了解自己需要復原什麼，以及需要採取什麼行動來復原。丹尼斯‧霍利在《成為你自己的父母》一書中，指出成年小孩復原所需的一些重要問題：

> 這種童年所導致的具毀滅性結果，是一種性格組成，其中包含著……極糟糕的低自尊、無法享樂、超級負責任或超級不負責任、害怕被遺棄。來自不快樂家庭的數千萬成人小孩的悲劇性結果，是他們不知道自己是誰……不知道如何照顧自己的需求，以及如何對自己感覺良好，也不會享受親密。這千百萬人總是陷入災難性的關係、衝動行為、無情地論斷自己，並且一直尋求認可和安全感。

建構童年遭受的虐待與忽略細節

> 正是在「雖然在家裡卻想家」的這種模糊感覺中，我們開始在嬰兒期的黑暗洞穴裡尋找答案。
>
> ——蘇珊‧秀特

在我們的文化中，猶太教與基督教的戒律教導我們要「孝敬你的父母」，若用艾麗絲‧米勒的書名《汝不可知》來表達會更精確。童年時，父母要求我們盲目服從，這使得許多人對於自己遭受的虐待和忽略（言語、靈性、情緒、身體等方面）的影響，處於無知的狀態（我建議你現在看看附錄 A，其中列出了虐待與忽略的主要類型，並且對照功能良好的父母會給予孩子的滋養，包含言語、靈性、情緒與身體等方面）。

很多人難以卸除對於自己童年受苦情況的否認和貶低，是因為它的最大影響發生在我們還沒記憶的學齡前歲月。許多人在進入復原工作進程時，對於自己當時實

際上是怎麼被養育的，並沒有什麼記憶或感覺。大部分的倖存者在六歲以前有巨大的記憶斷層，但隨著復原的進步，許多人會發現那時候自己很少或完全沒有得到父母的關注，以及他們得到的關注通常會被不耐煩和煩躁所破壞。

許多幼兒經常被責罵及打屁股，還有不必要的大量限制和紀律阻礙了他們的發展，許多父母對於「孩子需要被允許去探索身邊的環境」這一點完全沒有概念，然而，盡可能參與周遭的一切，對於孩子的發展至關重要。

功能良好的父母會開明且有耐心地歡迎孩子熱切的參與及幫忙，即使必須花更多時間來完成事情，而這樣的父母也會在孩子的幼童時期為家中環境做好各種防護，像是把危險和易碎的東西全都移到孩子拿不到的地方，而不是系統性地處罰，並消滅孩子健康的好奇心和探險性。

我們的文化中有那麼多母親在惱火地抱怨著：「他什麼都要碰！」而她們總是會得到很多同情，但其實她們應該對孩子美好的探索感到驕傲和歡喜。當母親削弱孩子朝氣蓬勃的行為，用不必要的限制來困住他們時，就會耽誤孩子的發展，而且傷害並破壞孩子的活力與自信。

長時間把幼兒圈在遊戲圍欄裡，是可悲的西方習慣，對大多數孩子來說，這代表著他們開始對自我表達進行破壞性的持續限制。

功能良好的父母會盡可能給孩子最大的空間去探索環境，這會支持孩子的智能與自信的成長。如此撫育孩子的父母，會把「糟糕的兩歲」變成「好棒的兩歲」，他們的孩子沒有被迫得花上大量的時間，去為不公平和有害的限制與拘束而理所當然地「鬧脾氣」，而父母也因為有能力在由孩子重新刺激的平凡世界中尋找魅力而獲得獎勵。

不幸的是，很少有父母足夠放鬆到能夠允許並鼓勵幼兒想要互動與探索的巨大胃口，許多父母反而慣性地羞辱並處罰孩子想要掌握環境的熱情渴望。

沒耐心的母育往往會比沒耐心的父育對孩子造成更多傷害，因為極容易被塑型的學齡前孩子與母親在一起的時間通常比較長。對於這段時間沒有記憶，表示我們整體且廣泛地否認了母親如何傷害我們的自尊和自信。許多倖存者在公開場所，像是購物中心和超級市場，看到其他母親扼殺孩子的表達性時，會被刺激到想起自己的那些時候（我這麼說，並不是在貶低父育缺席之創傷的影響）。

　　我見證過許多倖存者特別難認同自己在非身體上的虐待與忽略情況，因此，這一章將深度探討言語、靈性和情緒方面的虐待與忽略的本質。

　　請注意這一點：許多倖存者會貶低自己所遭受的身體虐待的後果。你可以測試一下：閉上眼睛，想像一個體型是你的三倍大的暴怒者，剛走進房間並怒瞪著你，然後突然抓著你的手臂，把你抓起來懸在半空中，用全力打你的屁股。

　　如果真的發生這件事，你能想像自己一定會感到恐懼嗎？然而，這並不是罕見的場面，許多父母與幼兒的體型差距更大，卻經常這樣反覆地打幼兒。

　　不過，要達到顯著的復原，似乎不必記起每一個虐待事件，但另一方面，辨識出我們遭受的虐待與忽略的關鍵主題，是很重要的。這些主題的一些例子是：挑剔外表、嘲諷哭泣、表達憤怒時會被蔑視、犯錯時會被貶低、羞辱抱負和夢想、剝奪情感、整體上沒興趣、沒教導基本的生存技巧、梳洗和飲食方面的不當照顧、對於他人的不公平批評缺乏保護等等。

　　這些主題中，有很多項可以被總結為「無自尊」（no self-esteem）規則，雖然很多失能家庭用惡名昭彰的「不准說話」規則來實行否認和貶低，但有更多家庭用孩子不准有自尊的潛規則來實行。

　　如果沒有清楚記得自己遭受的虐待史和忽略史，或是沒有感覺到，我們就會一直在自己的需求與權利的重要層面有發展停滯的情況。除非我們辨識出並重拾這些需求和權利，否則就無法成熟為完全感受和完全表達的成人。現在，讓我們看看虐待性和忽略性的養育用來破壞自尊的許多方式。

言語虐待

棍子和石頭可以打斷我的骨頭，而辱罵可以擊碎我的心。

——現代歌謠

　　言語虐待是使用語言去羞辱、威嚇或傷害另一個人。失能的父母常使用辱罵、嘲諷和破壞性的批評，來制伏及控制孩子，在美國家庭中，言語虐待就像回家作業和用餐禮儀一樣平常，在每部電視影集裡，這幾乎像是被社會接受一樣。

　　這些老套的嚴厲批評，對你來說可能聽起來熟悉又難受：「我怎麼會有這麼糟糕的小孩？」「沒有人喜歡你，你這個一無是處的屁孩。」「只有自私又忘恩負義的小鬼會這麼做！」「有你是我這輩子最悲慘的事！」「我無法忍受看到你！」「你這一輩子都不會有出息！」「你讓我感到噁心！」「你裡裡外外都爛透了！」當這種傷人的話語是慣性發生的，光是這些話就會摧毀孩子的自尊。

　　當言語中帶有威脅的時候，更是具有虐待性和破壞性，以下的警告在許多失能的家庭中很常見：「如果你不照我說的去做，我就永遠不跟你說話。」「如果你不抹去臉上的表情，我就替你抹掉。」「如果你不吃青豆，聖誕節時就什麼禮物都沒有。」（有位不幸的案主某一天犯了忘記整理床舖的錯，於是在五歲的聖誕節那天只得到一塊煤炭！）當小孩常常被這樣說，就等於被迫活在恐懼和毒性羞恥中。

　　言語虐待和建設性的批評相當不同，像是「不可以打妹妹」、「我不喜歡你罵我難聽話」和「如果你不做功課，就不能出去玩」這樣的話，並不是言語虐待，因為父母必須要矯正孩子對自己或他人的有害行為。

　　然而，用無虐待性或羞辱性的方式，就能輕易地達成這個責任，並且指出不好的是行為，而不是孩子。

　　不幸的是，很多倖存者生長的家庭中，相關的批評通常不具建設性；那些批評不僅具有破壞性，而且經常是不正確的，卻被講得像是科學事實一樣。許多倖存者仍然相信並緊抓著父母的負面評鑑，無論有多少客觀證據證明了事實完全相反，我就經常聽到非常聰明又有成就的倖存者，用父母烙印的「笨」和「沒價值」來不正確地毀謗自己。

情緒虐待

　　關於身體虐待和性虐待的受害者，我們都了解也接受他們的療癒需要時間與專門的治療。可是遇到情緒虐待時，我們更可能相信受害者長大後「就會克服它」，但這種假設是個危險的錯誤。情緒虐待會給心留下傷疤，並且傷害靈魂，就像癌症那樣最致命的運作是在內在，也像癌症那樣，如果不治療就會擴散。

——安德魯・維克斯

　　情緒虐待是用感覺去羞辱、威嚇或傷害另一個人，像是父母對孩子暴怒地大吼大叫，就是在情緒虐待，在把自己的憤怒和挫折倒到孩子身上。

　　如果孩子一直被父母的憤怒、悲傷、憂鬱和恐懼給玷汙，就會對這些情緒沒有好感，這會使他們害怕自己內在和別人的這些感覺，變成用盡一切去避免感受或表達感覺的成人。

　　父母用鬧彆扭的冷戰來疏離和操弄孩子，也是在情緒虐待；他們用遺棄以及製造罪惡感和恐懼的方式，來對孩子情緒勒索，以得到對孩子更多的控制。

　　「情緒亂倫」是另一種情緒虐待，通常是父母與子女的角色互換，父母把孩子「父母化」，而孩子被操弄去滿足父母本身未滿足的童年需求，這往往會出現父母從孩子身上榨取無條件之愛的現象，但這其實是父母應該給予孩子的無條件之愛。派翠西亞‧樂福（Patricia Love）寫了一本在這方面非常有幫助的書──《情緒亂倫症候群》。

　　當父母把孩子變成自己的知己，並且利用孩子來傳布自己所有的擔憂和問題，也是情緒亂倫。艾麗絲‧米勒說明了父母多麼容易引誘孩子進入這種關係：

> 新生兒完全依賴父母，而且，由於父母的照料對於他的存在至關重要，他會盡自己所能地避免失去他們。打從第一天起，他就會為此聚集自己所有的資源，像是一株小植物為了存活而轉向陽光。

言語虐待與情緒虐待的致命二重奏

> 創造力是如此嬌貴的花朵，讚美通常會使它綻放，而打壓則會掐斷它的花苞。
>
> ──亞歷克斯‧奧斯本（Alex Osborn）

　　言語虐待和情緒虐待經常同時作怪，不公平的憤怒批評就是一個例子，這種批評不只具有破壞性的意思，也充滿了傷人的情緒。父母口氣中的憤怒和厭惡，會使孩子感覺自己本質上是差勁和不值得被愛的。

　　口氣經常是傳達情緒的媒介，因此光是口氣就可能非常具有虐待性。「我們當

然愛你」可以用充滿惡意情緒的方式說出來，即使這些字本身不具虐待性，而有些殉道者般的母親會用一種能使聖人或社會病態者（見 280 頁說的說明）有罪惡感的方式說「我只想要你快樂」。

通常是父母才有權利用口氣來進行情緒威脅，許多成年小孩都記得自己曾被「你竟敢用這種口氣跟我說話？」這樣的話反擊和教訓，但我們有誰可以使用跟父母一樣的口氣來抗議呢？

當具破壞性的話語與憤怒或厭惡的情緒結合，就會迫使孩子縮在恐懼和毒性羞恥裡，而當這種情況天天發生時，孩子如此嚴重地受苦，以至於可能被驅使去濫用藥物或酒精、罹患精神疾病或甚至自殺，即使是在沒有身體虐待的家庭裡也是如此。這一點很重要，因為許多倖存者遇到對於其遭受的言語虐待或情緒虐待所表露的同情時，就會退避三舍，他們通常會引用貶低的經典說法：「跟別人相比，我已經很好了，他們從來沒打過我！」

失能的父母經常把情緒虐待加在言語虐待之上，使用具威脅性的肢體語言和仇恨或厭惡的臉部表情，來傳達具有破壞性的訊息。帶著憎恨對孩子沉下臉、肌膚因怒火而發熱、帶著仇恨而使臉部青筋暴出來，都是具虐待性的；一邊緊握拳頭或用手捶打桌子，一邊傳達嚴苛批判的訊息，也是具有虐待性的。當成人這樣對待小孩時，這小孩就會很恐懼，而如果孩子很年幼，這份恐懼可能會把他淹沒到像是被恐嚇的小狗那樣尿褲子。

當父母對孩子沉下臉，彷彿孩子令人噁心那般，這孩子通常會內化這個狀況，感到自己很醜陋，無論實際上他有多美麗。在心理治療工作中，我聽過一些模特兒、演員，以及大部分人會認為很漂亮或英俊的人，在深度脆弱的時候，說他們對自己的模樣感到非常厭惡和失望。

在我當心理治療師的早年，這種不一致的情況使我非常困惑，以至於我沒認真看待這個現象，而隨著我逐漸除去了對於言語虐待和情緒虐待的否認與貶低後，便清楚了解到倖存者的自我形象是如何變得如此扭曲。當苛刻的訊息結合了厭惡的口氣和表情，不斷地轟炸孩子，這孩子必然會相信自己是醜陋且不堪入目的，而在孩子正在形成自我形象的那些年，如果一直發生這種事，就會被迫把自己看成很醜陋，無論別人覺得他有多美。

　　他的自我形象變得如此扭曲，以至於照鏡子時只看得到醜陋。

　　言語虐待和情緒虐待的結合，是破壞孩子自尊最致命的武器。當孩子持續被這樣攻擊，後來會變得麻木，並且習慣被看輕，然後這份否認會「固化」，而且孩子會切斷自己對於言語敵意所感到的正常傷痛感和憤怒。

　　由於他們無法接觸到正常情況下會挑戰這種攻擊的健康怪罪，可能一輩子都會毫不抗議地忍受言語虐待和情緒虐待，如果是女性，甚至可能因為丈夫從來沒有打過她們，而炫耀自己有好婚姻！

　　倖存者需要重新感受到，以批評的方式和好戰的語氣受到痛罵是非常痛苦的事，如果他們不去感覺，可能會永遠變成他人憤怒的垃圾場。有些人會讓重要的他人以具有虐待性的口氣或詆毀的話語去傷害他們，我經常對這種狀況感到吃驚。即使我看到他們在那些時候蜷縮起來、變得又小又安靜，似乎真的受到傷害，他們卻會否認我所看到的情況。

　　數十年來在這個領域的工作，使我知道「否認」是個無與倫比的濾器，會把輸入進來卻無法反抗的痛苦過濾掉，也終於了解他們真的相信自己沒有受傷。

挖苦和嘲弄：偽裝的虐待

　　關於嘲弄兒童的行為研究……此行為會對年幼的受害者造成強烈的創傷，而且這種情況在嚴格且獨裁教養的家庭中較為普遍，相較之見，在能包容公開直接表達憤怒和自信的家庭則較少見。

——巴哈（Bach）和高曼（Goldman）

　　在今日的社會中，挖苦和嘲弄是最普遍的言語虐待和情緒虐待之一，許多人慣性且無意識地使用破壞性的挖苦（通常在好玩的掩護下），互丟憤怒和羞恥。挖苦可以透過直接的侮辱和貶低，或者透過較低調的嘲弄來做到。

　　這並不是說挖苦和嘲弄是全有全無的問題，大部分的人可以享受輕微且無毒性的嘲弄，而無攻擊性且無破壞性的挖苦也真的很有趣。當一個人復原了全部的情緒後，通常可以健康地用幽默來釋放不舒服或受傷的感覺。

非虐待性戲弄的笑，有時候比哭泣或憤怒更能釋放痛苦。

然而，當笑被用來掩飾而不是釋放悲傷或憤怒時，就是失功能的。就像哀悼時哭泣不能取代發怒的功能，笑也不能取代哭泣或發怒的功能，不幸的是，在我們的文化中，情緒表達已經變得很扭曲了，當我們真的需要哭的時候，通常會笑，並且用挖苦性的幽默來表達憤怒，而不是直接表達。

當我們可以輕易表達自己受傷的悲傷與憤怒時，就可以透過幽默來釋放一些感覺。對於人生的痛苦和失去開一開玩笑及大笑，是正常且健康的，也經常是美好的，**完全感受情緒之人在釋放痛苦和傷痛時，會享受到哭泣、發怒、大笑等狀況既豐富又流動的平衡。**

如果倖存者對於人生的困難而感到憤怒和悲傷時，能夠被接納的話，那麼對於這些困難的輕微嘲弄是有益的。

破壞性挖苦的特色

在這個文化中，否認「挖苦具有破壞性」的情況非常嚴重，在一般家庭和大社會中，有許多嘲弄和挖苦是偽裝的虐待。

在這個幽默的偽裝下，很多人會對彼此說一些可怕的侮辱話語，即使我們真的單純只是為了好玩，也經常用挖苦來傷害彼此，然而，挖苦是有虐待性的，無論是明顯或無意識地侮辱人。

要分辨健康的嘲弄和有害的挖苦，有時候很困難。破壞性挖苦的關鍵特色，是它會貶低並傷害另一個人的自尊，重點是，被嘲弄的人感到受傷，並且不覺得好笑，這種挖苦就是有破壞性的。

不幸的是，有些人的情緒像是死去了一樣，以至於認不出挖苦攻擊，甚至無法注意到自己在那些習慣挖苦鬧我們的人身邊時，會變得多麼緊繃和小心翼翼。因此，我們必須學習認識破壞性挖苦和嘲弄的特色。

傷人的挖苦經常使用具攻擊性、羞辱性或貶低性的口氣來傳達，而這種口吻通常會用引人注意的方式影響我們。遇到有害的嘲弄時，我們經常會本能地緊縮起來，時常會憋氣、尷尬地扭動或臉紅，並且覺得想要趕快跑走或消失。

　　遭受虐待性的挖苦時，會讓人很難受，想像唐・里柯斯（Don Rickles，編註：以侮辱喜劇聞名）那樣討厭的喜劇演員，或是真的以嘲弄傷害過你的人，把你當成箭靶，當他們在其他人面前找你麻煩時，你的內心有什麼感覺呢？

　　破壞性挖苦的另一個特色是，它是主觀的，通常會嘲弄我們的脆弱之處、個人特質和不幸遭遇。幾乎所有人都曾經被無情地嘲弄過自己最脆弱的部分，因此，很多人除了最信任的朋友以外，不願意與任何人分享自己的痛處。

　　有些人曾被惡意的嘲弄所背叛，以至於不與任何人分享不安全感。那些本來可以不被取笑地談論後就輕易丟掉的小小恐懼、丟臉和失敗，卻被我們累積成大大的負擔，難怪孤獨感和缺乏連結在我們的社會中如此普遍。

　　許多案主在擠出關於自己「不完美」的「告解」時，會不自在地扭來扭去，而我對這個現象經常感到震驚又悲傷。我的案主難以透漏的最深、最黑暗的秘密，其實大約有百分之九十五都是所有健康人類會有的單純禁忌想法、感覺和行為。在他們身上，這種無害的普世體驗（像是報復幻想、死亡恐懼、憤怒難消、性幻想和浮誇的幻想），漸漸累積成由羞恥與恐懼組成的大包袱，而且他們對於無害的小小錯誤或是做了不公之事的罪惡感，總是與真正的嚴重程度天差地遠。由於童年時沒有安全的環境可以讓我們透過具同理心的分享，來正常化自己的小缺點，以致導致了這個糟糕的後果。

　　我們的獨特性經常被挖苦到使我們覺得太害怕又可恥，而無法展現個性的全部複雜性。許多人為了不被嘲弄，就避免使用突顯自己的方式來表達。在生命中的大多數領域，我們害怕比別人更突出；我們擁抱平凡以及和別人相似的貧乏，並且當我們沒有正常且符合他人期待的回應時，就會沉默或退縮。我們的真心會枯萎死亡，取而代之的是沒有靈魂的瑣碎虛言、陳腔濫調，以及那些確定是安全且社會可接受的話語。對於女人，這是粉紅色和蕾絲的詛咒；對於男人，這就是被放逐到運動比賽分數和數據的沙漠，只談論運動的貧瘠環境中。

　　挖苦已經在我們的文化中嚴重蹂躪了談話，以至於對於這個表達性如此普遍貧乏的社會而言，「文化」幾乎算是不當用詞。在大部分的社交聚會中，空洞且說個沒完的場面話，是誕生於「沒什麼可以安全地談」這件事。

　　挖苦已經被社會所接受，以至於名人有時會在被稱為「嘲諷大會」（roasts）

的病態挖苦狂歡中「受到榮耀」。如果來自另一個星球的生物看到一場嘲諷大會，他們可能會想，這些「被榮耀」的人正因為可怕的罪行而被處罰。

社會棟樑們向我們展示了，偽裝成笑話的侮辱不僅可以接受，而且值得微笑欣賞，這是非常糟糕的事。

我們的社會普遍認為，針對人們不同的外表來挖苦，是那個人「活該」。小時候，我經常因為雀斑而被嘲弄，讓我痛恨自己的皮膚；許多紅髮的人也因為童年時期一直被嘲弄而有相同的羞恥感。有哪個人沒有被嘲弄到不喜歡自己的身體呢？誰不曾因為被人拿來與更高或更矮、更胖或更瘦、更黑或更白的人比較和嘲弄，而跌入自我仇恨之中呢？有多少男人因為沒有種馬般的陰莖尺寸，而無法享受性呢？有多少女人因為沒有比健康體重更輕了五或十公斤，而遭受相似的苦惱呢？

挖苦也使許多人無法談論自己的成功、失敗與失去。成就，以及對於成就的健康驕傲，經常在家庭中被貶低；抱負和志向也常常被取笑，彷彿它們很荒謬。許多人的健康自我認同，都受到了以下這些冷嘲熱諷的批評所侵犯：「別害我笑了！」「聽聽這個無所不知的傢伙！」「你和啥軍隊？」「你能找到一個挖溝的工作就算好運了。」「你別自欺欺人了，你能掙到的唯一東西，就是懶惰獎和廢物獎！」

我很懷疑，有多少男性是被嘲笑到脫離藝術和助人工作的天生傾向，又有多少女性被奚落到遠離自己天生的領導力和運動能力。

最後，破壞性的挖苦會強化完美主義。我們害怕犯錯所招來的嘲弄，以至於在人生中很少冒險，因此，許多人放棄嘗試學新東西，並且在早年就徹底失去了自己美好的好奇心與冒險性。

挖苦的傷D

> 微風是多麼容易殺死火焰
> 再次點燃火光是多麼困難。
> 冷酷的字眼會殺死它，而仁慈的字眼會點燃它
> 吝於言詞，夢想可能漸漸縮小。
>
> ——喬安·沃許·安格勒德（Joan Walsh Anglund）

　　無論我們知不知道自己被嘲弄所傷，當我們被不公平地嘲弄時，內在的核心仍然會痛。我在心理治療工作中一再看到，當案主終於記起並重新經歷童年時被創傷性地嘲弄時，都會感到痛苦，而這種回憶通常會加速深度的哀悼性釋放，能夠釋放以前太過受辱而無法表達的痛楚。

　　有一次，我見證了一個特別令人沮喪的例子：一個粗曠堅強的老男人想起小時候被兩個年紀較大的男生殘忍地嘲弄的情況。他回想著他們的奚落所造成的痛苦，以及當時決定要用堅強的表象來讓自己永遠麻木冷酷，而他一邊回想，一邊安靜地哭了很長一段時間。當他了解到這件事害他犧牲了大量的親近感和感情，就深深地感到委屈。

　　在他第一次被這樣的嘲弄所傷害的時候，如果有值得信任的父母可以讓他尋求安慰；如果有夠關心和夠有智慧的父母，可以向他保證該羞恥的是那個大孩子而不是他；如果他當時能夠把痛苦哭出來，而不是把自己隔離並埋葬在「猛漢」的防衛性孤寂裡……

　　寫到這裡，我對於自己「只」有半輩子活在陽剛的防衛裡，便感到十分幸運。我希望自己永遠會有一塊自我憐憫的柔軟之地給那荒涼的孤寂，那種孤寂就像前述的男人那樣，用太多不必要的隔離和陰鬱玷汙了早期的人生。

　　我進一步回想童年，想起第一次在家庭以外被打的事情。那時，我閒晃到不太平靜的社區，被打得很慘，我的鼻子內外都在流血，然而，與我感受到的羞恥相比，這肉體的疼痛不算什麼。我知道如果任何人看到或聽說我被痛毆，我就會被嘲笑一輩子，所以我溜回家，沒有告訴任何人，有好幾個星期都盡可能躲在房間裡。我告訴父母和其他注意到我那破皮且發腫的鼻子的人，「我從腳踏車上摔下來」，但光是這個說法就帶來嚴重的羞辱，讓我承受了許多對於我的笨拙和愚蠢的貶低及侮辱性的激烈批評。

　　這個文化裡的男孩，經常會因為展現對於痛苦的任何反應，而被殘酷地奚落，無論是展現肉體或情緒的痛苦，都會遭受一樣強烈的奚落。我還記得有一次，大約六歲的時候，我在比賽中摔倒受傷了；我站起來，快要哭出來了，卻被一群看來不友善的年長男孩包圍。「看，小娘娘腔要哭了。」他們其中一人嘲笑著。我用盡全力試著忍住眼淚，幾乎要成功了，可是一個男孩注意到我的上唇在輕微抖動，便

說：「看，他的嘴唇在抖，他要哭哭囉！」我真的哭了，他們開心了；他們嘲弄我嘲弄得很開心，似乎像是永遠不會停。後來，我有很多、很多年，再也不哭了。

這個文化已經接受了對於痛苦的嘲弄，以至於虐待狂般的電視影片中，充斥著運動員痛苦地互撞，或是衝撞沒有生命的物體，並以此當作娛樂。撞擊和受傷的時刻經常伴隨著罐頭笑聲，更加鼓勵觀眾把歡樂建築在別人的痛苦上。

這種做法使我們更害怕被奚落，並且使大多數人盡其所能地隱藏自己的傷痛。如果我們特別擅長偽裝自己的痛苦，甚至可以把傷痛隱藏到連自己都不知道，有些專業運動員就變得那麼習慣疼痛，即使骨頭斷了都還要繼續比賽。如果人類可以學會否認這麼嚴重的肉體疼痛，那麼要麻痺情緒痛苦會是多麼容易的事呢？

如果父母使用挖苦來懲罰及控制孩子，用這種方式帶大孩子，孩子就會學到了說出傷人的侮辱是正常且可以接受的行為，後來，他們就不再認為對於自己或別人的挖苦是「痛苦」的。

然而，在這之前，小孩仍然有足夠完整的情緒，能夠感覺到破壞性嘲弄的刺人傷害。在很短暫的時期，這樣的先天本能使他們強烈地抗議不公平的嘲弄，大部分的幼兒都會猛烈地反抗嘲弄，彷彿那是他們人生中最可惡的事。

不幸的是，兒童對於傷人嘲弄的憤怒反對，輕易地就被那擁有無上權力的父母給壓制，而且這個反應會成為最終將擊垮他們的無情挖苦之素材。當兒童因為被嘲弄而哭泣，就會給父母更多的「彈藥」來攻擊及貶低他們，對於男孩來說更是如此，他們的眼淚常給自己帶來「娘娘腔」或「愛哭鬼」的標籤。

小孩對於挖苦的正常反應，大多在早年就被消滅了。當小孩的兄姊「捉弄」他們，以及取笑他們尚未隱藏的脆弱時，很快就會使這種破壞情況發生，即使是來自於沒有挖苦現象的家庭的小孩，也經常被同儕嘲弄到不再對破壞性嘲弄具有敏感度，因為那些同儕會模仿自己愛挖苦的父母、手足和電視上的英雄。每當我們對於嘲弄有任何防衛反應，就被批評我們太認真、太敏感或沒有幽默感，而大多數人遲早都會長大到接受這種批評。

社會上最喜歡用挖苦來攻擊的目標，可能就是情緒表達，就像男孩常因為自己的眼淚而被嘲弄，女孩則通常因為自己的憤怒而被嘲弄，並且被告誡要「客氣」，兩個性別都被期待要在就學前就完全控制好自己的情緒。

　　唉，情緒失控的成人經常會被嘲笑！政治專家推測，一位女性州長候選人最近輸了選舉，是因為她公開哭了，就算她的眼淚在那個情況是非常合宜的，也不重要。新聞播報員歡樂地挖苦她的「軟弱」，諷刺地模擬各種最微小的政治挫折也會害她哭泣的情況。

挖苦是被壓抑的憤怒外洩了

　　那些嘲弄人的小孩是在表達間接的敵意。嘲弄行為來自於他無法以開放且直接的方式表達攻擊性。嘲弄人的小孩並不是在對真正且立即的討厭狀況做反應，而是在找代罪羔羊，同時表達惡意，這些惡意則是來自於以前對於直接表達這些感覺的壓抑。

——巴哈和高曼

　　我們的社會完全沒有指導我們，要怎麼用溝通來有效地處理衝突，我們甚至沒有被教導，與朋友或情人之間有差異和失望是正常的現象。

　　一般常識認為，如果我們真的喜歡及愛朋友與親密之人，相處起來就永遠不會有困難，但這種不實際的期待，會使我們壓抑在關係中的正常痛苦與緊張所帶來的憤怒。

　　然而，對於來自關係中失望的那份憤怒，壓抑它並不會使它神奇地消失或自行解決，反而會無意識地製造壓力。這股壓力會尋求釋放，而它的釋放經常發生在未表達的批判無意識地外洩到言語中，並使我們以幽默之名說出傷人的話，在這種時候，那些被壓抑的挫折會使我們的笑裡充滿憤怒的嘲弄，也使我們的語氣充滿著羞恥，即使是低聲的「譏諷」，也可能帶有情感之毒。

　　在日常生活的許多情況中，挖苦經常取代了有話直說。我們不會直接面對遲到的問題，而是奚落朋友，說他「靠不住」或是「住在別的時空」；我們不會直接面對挑逗的問題，或是討論自己的忌妒，而是對於伴侶的外表說惡意的笑話；我們不會要求對方好好傾聽，而是嘲弄對方是老年癡呆或腦子有洞；我們不會對不想做的要求說不，而是會說對方建議的活動「只有低智商的人才會覺得聰明」；我們不會

承認自己不知道，而是會回應「哪個笨蛋會問這種問題？」或「你以為我是什麼？百科全書嗎？」

　　如果我們沒有意識到自己的嘲弄中所具有的傷害性，可能會變得習慣使用挖苦性的幽默來掩飾及釋放自己的攻擊性，而如果我們的受害者不自在地扭動了身體，或是抗議我們傷人，我們可能會用高傲的說法來正當化自己的行為：「你有什麼毛病？你不知道我只是在開玩笑嗎？」「你沒幽默感嗎？」「你總是對一切太認真了。」「你開不起玩笑嗎？」破壞性挖苦會總是會在傷口上灑鹽。

　　我相信，每個人內心深處都渴望著不會受到嘲笑的安全感，但除非我們能認出不公平的嘲弄和挖苦實際上是言語虐待和情緒虐待，而且可能會繼續允許別人逗弄或奚落我們。

　　我們可能沉迷於玩交換挖苦性侮辱的可怕遊戲，而這種遊戲輕易就能讓親密感惡化到撕裂的程度。**放縱地挖苦，會在兩個人之間築起高牆，阻礙親密的交流，那麼這份關係就會被迫停留在膚淺的層次，因為只有不具私人性的話題才能夠安全地討論。**那些遺忘和無意識的創傷，繼續被破壞性嘲弄給戳著、刺著，從不會真正療癒，而那種與他人相處時感到安全和放鬆所帶來的舒適感，依然遙不可及。

電視節目和挖苦

　　對於感受挖苦所具有的傷害性，電視節目給予了大多數人致命的一擊。破壞性挖苦汙染了大部分的美國（與英國）電視裡的家庭對話。我無法忍受大部分的情境喜劇，每當我短暫地看一眼時，經常會對劇中的惡毒挖苦感到震驚。朋友和家人之間總是用惡意的、高傲的話語在嘲弄彼此，那侮辱越是殘酷，觀眾就笑得越厲害；那挖苦越是傷人，嘲笑人的那一個就越受喜愛；一個角色的話語或行為越是展現脆弱，他就越受到嘲笑。像是唐‧里柯斯、霍華‧史登（Howard Stern）和安德魯‧戴斯‧克雷（Andrew Dice Clay）這種惡毒的人格刺客，偽裝成搞笑藝人，甚至變成了名人。即使大衛‧賴特曼（David Letterman）有傑出的搞笑表現，有時候也會墮落到去做破壞性挖苦，他會刻意地引某些受訪者上鉤，使他們無法隱藏自己的不自在，即使那些人是很成功的演員。

　　兒童尤其會模仿從電視節目上看到的行為，要是他們的媒體偶像所示範的挖苦嘲笑，與在家裡遭受的相同，他們就會被徹底洗腦到相信「奚落真的好笑且可以接受」。男孩特別容易如此，因為許多社會力量過度鼓勵他們那具攻擊性和競爭性的傾向，電視節目鼓勵他們用挖苦性的幽默找同儕的麻煩，大部分的男孩就努力地達成這個目標：擅長並且惡意地貶低他人。

　　因此，大部分的男孩都在嘲笑的戰區中成長。侮辱得最快又最深刻的男孩，經常揮舞最大的權力，而且小團體的領袖通常就是那些最毒舌的人。透過這樣的歷程，破壞性挖苦深植在許多男人的溝通風格中（當我好奇地看一下最新的情境電視劇，發現女孩和女人似乎也被拖進這個搞笑性詆毀的戰場打仗了）。

挖苦使男人變成孤島

　　約翰・鄧恩（John Dunne）寫了《沒有人是一座孤島》這本書，如果他知道書名所說的情況對於現代男人來說大多是不正確的，可能會在墳墓裡翻滾。我們文化裡的男性從一開始會走路和說話的時候，就經常被灌輸挖苦性羞恥的孤立過程。大部分的男孩因為犯錯、失去機會和用眼淚回應痛苦，而被無情地奚落，每當他們有點畏縮，就被嘲笑是「愛哭鬼」、「懦夫」和「娘娘腔」，而這些嘲笑通常是帶著大量的惡毒和厭惡來攻擊，使得大多數男孩在有語言技巧可以表達自己的脆弱之前，就學會厭惡自己的脆弱。

　　大多數的男孩透過後天的挖苦「教養」而與自己的情緒失聯了，除了憤怒以外，每一種情緒都被嘲弄到消失了，漸漸地，他們學會自動壓抑其他感覺，尤其是恐懼和悲傷，並且用憤怒取代它們，憤怒地挖苦就變成了唯一可被接受的男性情緒表達模式。

　　雖然有些男孩在長大後變成了暴怒狂，但大部分男孩後來都學會如何用挖苦來控制自己的憤怒，大多數人漸漸變成現代「男性沒有感覺」的那種刻板印象，對於感覺這個概念感到迷惑。

　　要是男孩受到足夠多的挖苦所刺激，也會失去對他人的感受與脆弱的容忍度，而他們的同理心與自我憐憫感的屍體，一起被埋在無意識的墓園裡，然而，沒有了

自我憐憫就難以對他人有真正的同情心。許多男孩成長為從不知道什麼是真正的親密感的男人，因為他們用挖苦來疏離身邊的每一個人，而其他人會因為這些男人冷酷傷人的溝通風格，而害怕太過親近他們。

　　這情形會把一個普通男人困在一座過度保護自我的荒島上，無法給予或接受情緒支持。他們害怕著，如果承認自己惹上麻煩或需要幫助的話就會被奚落，所以缺乏開放地溝通個人創傷所帶來的撫慰滋養。荒蕪世界的主人不知道什麼是溫暖、溫柔或安慰，只知道自己冷淡的面孔、永不顫抖的雙唇、勇敢的字眼和俐落的下顎線條。他的悲傷或受傷的感覺，必須淹死在啤酒裡，或是藏在某種強迫性的活動裡，而他能放下警戒的唯一時候，就是在浴室或臥房的孤獨裡。從二十世紀美國詩人威廉・斯塔福德（William Stafford）的〈對彼此朗讀的儀式〉（A Ritual To Read To Each Other）中節錄的這段，寫到了這一點：

如果你不知道我是什麼樣的人
我也不知道你是什麼樣的人
別人創造的模式可能會在世界上盛行
而且跟著錯的神回家，我們可能會錯過我們的星星。

所以我向一個聲音懇求，向那幽暗的什麼，
所有說話者中一個遙遠的重要區域：
雖然我們可以互相愚弄，但是應該想想——
以免我們共有的生命遊行在黑暗中迷失。

　　就算是「好男人」，也經常用挖苦傷人。身為法律認證的好男人、好辦公員、好紳士，並且偷偷擁護典型白馬王子情節的我，以前也經常透過挖苦來發洩我的憤怒。因為我自豪從不傷害任何人，所以要是有人抱怨我的嘲弄，我會立刻向對方保證是他們對我說的話太過認真了。幸好，後來情緒復原工作使我可以克服對於自己的「玩笑話」有多麼傷人的否認和遲鈍。

　　比起我曾製造的任何一種傷害，我更深深感到後悔的是，我所認為的幽默其實

是熱切主動地把生活中的一些人當作代罪羔羊來迫害，如果你們當中有人正在讀這本書，我為了自己曾經傷害你而誠摯地道歉。

挖苦會扼殺許多關係

挖苦會以好幾種不同的方式而嚴重地毀滅關係，有些關係會淪落成致命的戰場，伴侶們一直互相發射惡毒的侮辱；有些關係則是重演親子間權力不平衡的情況，一方奚落無法抗議的另一方；有些則盡可能迴避溝通，因為傷人的嘲弄已經使得他們的交談變得很不舒服了。

要辨識及挑戰虐待性挖苦，經常是困難又令人困惑的事，我在做伴侶諮商時經常看到這種現象，尤其是只有其中一位伴侶在做復原工作的時候。在做復原工作的那一位，開始感受到伴侶挖苦嘲弄的傷害時，往往很難說服對方，「這真的很傷人」。嘲弄人的那一方，經常會大力否認自己說的話是惡毒的，即使要他放棄的是最露骨的傷人挖苦，有時還是會變得極度憤怒和充滿防衛。

頑固的挖苦者通常很擅長羞辱那些抱怨被他當箭靶的人，激烈地拒絕節制自己的嘲弄，因為他們無意識地知道，如果不能使用自己主要的（通常也是唯一的）憤怒釋放閥，將會非常難受。

但是，無論嘲弄人的一方如何抗議，倖存者仍需要挑戰傷人的挖苦，有權擔任決定自己是否受傷的最終權威，而且也承擔不起拋棄這個權力。如果倖存者默默地接受挖苦，可能會被霸凌到去相信：自己對於不公平的嘲弄所感覺到的受傷和羞恥，證明了自己的感覺有缺陷，以及自己只是沒幽默感又愛抱怨。

有許多案主來找我做心理治療，是為了要我「修理」他們對於挖苦「糟糕的超級敏感」，想要學會去忽略嘲弄的毒性，這常常使我驚訝不已，他們甚至找過某些心理治療師，而這些治療師基於自己的否認機制，反而鼓勵他們壓抑自己對於這種言語虐待的受傷感覺。

如果成年小孩繼續否認這種「感覺到虐待的傷害性」的天生能力，就可能終身都會被挖苦所害。越能認同自己對於痛苦的嘲弄真的有什麼感覺，就越有力量去辨識及挑戰自己與他人的嘲弄。

　　情緒復原工作給我的一個美好獎賞，就是我現在對於自己不小心說出口的傷人挖苦，以及對於別人的挖苦，都會本能地縮一下。我很高興的是，現在這些不小心說錯話的情況快要完全消失了，因為我通常可以在新的痛苦累積起來且無意識地使我用挖苦將之釋放出來前，就感受它並哀悼它。

挖苦和嘲弄的健康限度

　　當伴侶在徹底討論對於彼此差異的擔心時，可以使用溫和的嘲弄，來愉快地釋放這些差異中固有的一些緊張情緒。然而，要區分輕鬆的嘲弄和傷人的嘲弄並不是件容易的事。

　　對一個人來說具有傷害性的話語，對另一個人來說可能很好笑，因此，親密伴侶允許彼此有權利設下嘲弄的限度是很重要的，而這就表示當伴侶說某句話傷到他時，我們應該認真看待。

　　我的一位四歲朋友，聽到我和她的父母在討論這個話題時，便表示說：「對，佩特，嘲弄有時候好玩，有時候很討厭。」我相信我們都需要重拾自己的感受力，就像這個小女孩，能夠清楚地知道某件事是不是在傷害我們。

　　對於嘲弄的限度達成共識，對許多伴侶是有益的。彼此可以規定有些事情絕對不能拿來嘲弄，而且任何一方都可以隨時單方面要求停止嘲弄，這有點像是搔癢，搔癢可以造成喜悅，但如果被搔癢的人已經受夠了卻不能使搔癢者停止的話，則會造成極大的痛苦。

　　這裡有兩個例子是關於健康性挖苦和破壞性挖苦的差別。

　　有時候我可以拿歌劇來嘲弄伴侶。她很喜歡聽歌劇，但我沒興趣，而我偶爾會挖苦她，因為我已經清楚表達了我尊重彼此在音樂喜好上的差異。然而，如果我太常嘲弄她，或者在她沉浸於享受歌劇的時候挖苦她，可能就具有虐待性了，我的嘲弄必然會聽起來很不公平而且很傷人。

　　還有，如果我想要請她在我待在房間裡時少聽一點歌劇，卻嘲弄了她，我的虐待性可能就更大了。然而，當我的嘲弄背後沒有隱藏的動機時，對於我偶爾沒才華地模仿男中音或女高音，我們都可以大笑。

　　第二個例子是，我通常可以享受伴侶嘲弄我不修邊幅，但有時候不行，像是當她試圖要我的個人空間達到她的乾淨標準時。

　　當她的嘲弄不是為了要控制或發洩（而且極少如此），我們都會對彼此不同的整潔程度覺得有趣，她會說我的毛髮灰塵球突變成毛髮灰塵妖精的鬼故事，我們兩人都會大笑。我得補充，我們能夠這樣互動，是因為我們在共用區域平等地做那些無聊的日常家務。

建設性回饋能減少挖苦

> 我生朋友的氣：
> 我說出憤怒，我的憤怒就結束。
> 我生敵人的氣：
> 我不說，我的憤怒就長大了。
>
> ——威廉·布萊克

　　即使是最健康的關係，也會有一些差異和感到失望的情況，如果伴侶之間沒有開放的溝通管道，就無法討論及處理對於雙方差異的感受。那些沒有直接表達的失望，極少能被化解，而且經常會變成無盡的嘲弄話題，但一直嘲笑未解決的問題，會把這些問題變成潰爛的傷口，並且使關係失去生命力。

　　不幸的是，關於親密伴侶有不同的需求和期待時，該如何健康地溝通我們感受到的失望，卻很少人接受過相關指導。小時候，我們練習多年的是，要毫無抱怨地對父母投降。

　　大多數人無意識地感覺自己彷彿已經承受了多達一生份量的批判，不可能再承受更多了。我們全有全無地渴望不會再有感到失望的關係，而且因為希望雙方達到完美的和諧，甚至會盡一切所能去否認嚴重的失望，而當我們這麼做時，也期待著伴侶不要抱怨。

　　然而，每次我們對伴侶隱藏自己的失望，就如同在彼此之間的牆上多放了一塊磚頭，如果我們從來不開放地溝通建設性的回饋，這道牆後來將會厚到阻隔了愛與

溫暖的真心交流，透過這個過程，曾經真正有愛的關係會枯萎死去，蜜月期會變成「秘獄期」。

當那些已透過努力療癒而重拾自我表達能力的倖存者，又退步成在父母身邊的無聲小孩時，這種情況特別令人難過。

我們可以透過歡迎彼此的建設性批評，來保護關係免於憤怒的挖苦，因為憤怒的挖苦往往爆發自閉嘴沉默的情況。但是，這種做法也對我們個人有益，因為別人對我們的公平客觀描述，是無價的禮物。

丹·比佛（Dan Beaver）寫了一本很有啟發性的書《超越婚姻幻想》，務實地指引讀者如何安全地給予建設性回饋。他機智詼諧的寫作風格，特別能協助男人徹底了解溝通的需要。

當我們在復原工作中達到顯著的進步，就能接受對於挖苦和破壞性批評的合理抱怨。當我們知道自己的嘲弄具有傷害性，就會願意停止嘲弄，並且可以為了自己而去對抗別人具攻擊性或傷害性的說法。同時，稍微容忍朋友無惡意的挖苦，對我們也有好處，只要他們能尊重我們的要求，不針對我們敏感之處。

忽略：隱形犯行

在洞穴中成長的樹，無法結果。

——哈利勒·紀伯倫（Kahlil Gibran）

如果我們的社會對於破壞性的言語虐待和情緒虐待，存在嚴重而普遍的否認情況，那麼我們對於言語忽略和情緒忽略所造成的傷害，會多麼無知呢？沒有具體行為的不當對待，比有具體行為的不當對待更難辨識，尤其是兩者一起發生時。一個加害者在捅了受害者一刀後，放任受害者流血，這與暴力行為本身相比似乎不怎麼樣，然而放任受害者流血可能才是其真正的死因。

被言語和情緒轟炸到解離性麻木的成年小孩，很難知道自己對於讚美、愛和承諾也有所匱乏。

許多倖存者無法理解言語忽略和情緒忽略對他們造成了嚴重的損失，這是因為

如果從未體驗過某種重要的基礎滋養，就很難知道自己缺少了它。許多人在進行復原工作多年後，才了解自己因為童年被剝奪而遭受深刻的損害，而如果我們不清楚承認自己遭受的忽略，就可能無法察覺到它反覆出現於現在關係中的情況。

言語忽略

受到「別講話」的規則所苦，以及成長在相信「小孩只能聽不能說」的家庭裡的孩子，是沒有言論自由的。現代父母不太花時間跟孩子說話，並且習慣忽略孩子。「言語忽略」是談話的剝奪，使小孩在長大後相信著：自己有問題，不值得別人跟自己談話。

當小孩看到父母熱切地跟其他小孩說話，言語忽略對於這孩子就更具痛苦和破壞性。我仍能想起，當我看到父親在跟堂兄弟或鄰居小孩談笑時，我所感受到的刺痛。因為他從來沒有跟我談笑過，所以使我心痛。他的忽略進一步使我的腦袋反對自己，我猜想他喜歡別的小孩勝過喜歡我的原因，而這份原因清單因為我的缺陷一直增加，而且不斷變長。

每個孩子都需要父母有興趣傾聽他要說什麼，才能發展扎實的自尊基礎，如果小孩不太常被邀請說話，說話時也不受到歡迎，那麼他長大後會相信自己很無聊、無趣又沒價值。

如果孩子沒有經常熱切地參與談話，他如何建立信心去冒險與他人分享自己的內在世界呢？我的許多案主都完全沒有受虐紀錄，卻遭受了多年的憂鬱和社交孤立，原因來自於他們極度無互動的父母。缺乏談話使他們相信，自己不可能想到什麼別人會有興趣的話題來說。

如果女孩有一個不與她溝通的父親，長大成為女人後，有可能會嫁給失功能的、「不多話」的老公。

如果她們的母親把父親的疏離當作正常，說一些像是「別吵你爸爸，親愛的，他已經辛苦工作一整天了」和「你爸爸當然愛你，親愛的，他現在只是累到沒辦法和你說話」這類的陳腔濫調，這些女孩可能會跟同樣冷漠又難以親近的男人結婚，而這種男人就像二十世紀刻板印象中的「親愛的老爹」。

除非倖存者處理了「父親的冷漠其實是愛」的假象，否則就不太可能期待伴侶可以有更好的表現。要是她們對於「自己受到父親的冷淡所苦」一事毫無概念，而且沒有其他異性親密關係的示範，就非常容易跟有類似缺陷的人結婚。

那些不了解也沒有處理過這方面強迫性重複的人，經常過著陰鬱孤寂的人生。當我們困在與父母一樣言語匱乏和情緒匱乏的關係中，生命就會失去了光輝。當冷漠被當作愛，我們就無法知道自己的憂鬱和渴望大多是因為被剝奪了愛。因此，對於伴侶持續缺乏關注，是一種殘忍狡詐的忽略！

言語滋養

兒童需要大量的言語互動，來發展自尊和良好的溝通技巧。**父母是孩子建立言語技巧的關鍵人物，如果孩子的信心和自尊要堅固，就需要體驗到父母隨時會聽他說想說的話。**

那些不忽略的父母會願意且熱切地傾聽孩子，他們不只是在盡義務，也是出於感恩，因為孩子充滿活力的好奇心以及了解事物的渴望，具有健康的傳染力。這個被全然歡迎的新腦袋，會奇妙地迅速開展和擴張，而能參與這個過程，是真正啟發人心的體驗。

父母引導孩子說話，有助於孩子言語技巧的成長。「引導」（Elicitation）是一種鼓勵孩子完全且無拘無束地述說經驗的藝術，可以讓孩子綻放自我表達，並且有更好的能力去發現喜悅和愛，而這種喜悅和愛來自於無羞恥的溝通。

不論斷的傾聽和開放式的提問，都有助於引導。如果問題中沒有隱藏的議題，並且是出於真心想要了解的態度，這樣的提問就是有幫助的。滋養性的問題會使孩子容易分享，孩子會覺得那些問題很容易回答，而不覺得有侵入性或操弄性。

當孩子用言語、情緒、肢體等方式表達自己時，也需要大量的讚美、鼓勵和正向回饋；如果孩子說話、歌唱、跳舞、畫畫、玩樂、表演、工作、創造和解決問題的能力要獲得成長及成熟，就需要被欣賞。

言語鼓勵會支持孩子願意冒必要的險去成長和發展。每個孩子與生俱來就有天生的自信，但如果沒有受到正向言語回饋的養分和照顧，這個自信就無法存活。

教導和指引也是好養育不可或缺的部分。

在孩子學齡前的那些年，父母的導師角色尤其重要，若父母在這方面失職，也算是言語忽略。

同時，也要注意在教導孩子時可能走向另一個極端。父母必須避免用過度的認知輸入去傷害孩子的無憂無慮，把他們扭曲成早熟的學習機器！

非教條式的言語教導，對孩子有極大的好處。他們非常需要談論、思考和了解周遭的世界，對於人生中重要的為什麼，具有幾乎不會耗盡的好奇心。如果他們可以想問什麼就問，通常會憑直覺去設計自己的擴展學習計畫。

如果父母花時間簡化自己的語言，並使用對話而非教訓，就可以滿意地回答孩子的每一個問題；如果他們有對的百科全書，甚至可以回答大家都聽過的「天空為什麼是藍的？」這個問題。

父母有許多關於世界的重要實際資訊可以跟孩子分享。孩子需要開放地討論許多複雜的任務和過程，那些是他們發展為健康的成人所必要的；他們需要父母指導時間、金錢、價值觀、道德、性和自律等議題，也需要父母幫助處理情緒、建立界線、取得基本人權，以及發展出建設性方式去處理與他人的衝突。

不過，與孩子大量談話，並不是非黑即白的議題，父母不必一直隨傳隨到，一旦孩子過了無助的階段，父母就需要有自己不受打擾的私人時間，而這也符合孩子越來越需要有私人時間，越來越會自我安撫和自我滋養的情況。在平衡的背景下，父母仍能隨意地常和孩子談話。

療癒言語忽略

「接受自己的感覺」這個新獲得的能力，為病人長期壓抑的需求與想望清出了道路⋯⋯在其中有每個人類的重要需求，也就是以字語、姿態、行為、每個真誠的吐露，以嬰兒的哭聲到藝術家的創作，來表達自己，向世界展現自己真實的模樣。

——艾麗絲・米勒

如果我們在童年遭受了長期的言語忽略，可能仍然需要前面提到的言語滋養。

有些倖存者有幸從家庭以外富有愛的人那裡得到這種滋養，當我們至少有一位朋友或夥伴一直鼓勵我們的言語自我表達，而且經常注意到並指出我們的優點或特別之處，就能為我們帶來大量的療癒。

我也觀察到，許多案主與朋友透過參加各種十二步驟聚會，在言語和情緒表達方面得到很大的收穫。

關係依賴者匿名團體，以及酒癮與失能家庭成年小孩團體，定期為許多倖存者舉辦具療癒性的聚會，這些聚會在安全、支持的環境中，鼓勵倖存者真心的自我表達，倖存者可以討論自己童年遭受虐待與忽略的細節，而分享自己的故事，並聽到其他人的故事，有助於大大地改善毒性羞恥，也幫助許多倖存者更進一步化解自己的否認和貶低。

在大部分的大城市中都有十二步驟聚會，而且是免費的，或者只要小額捐款，其資訊通常可以在當地的酗酒者匿名單位找到。

正向的自我對話是強大的工具，可以彌補早年家庭生活中鼓勵與讚美的不足。許多倖存者透過參加個人成長課程和閱讀自助書籍，而學會改善自我對話的方式。蓋伊・漢德瑞克的《學著愛自己》，是關於正向自我對話最好的介紹，含有如何在最艱難的時候自我支持的強大建議。如果這些資源不足以修復你的自尊，你可能就需要接受心理治療。

心理治療會復甦自我表達

佛洛伊德發現，到最後，要幫助人們成長到擺脫自己掩埋的情緒過往，並且自由地朝著友善、自發且具創意地活在當下的方向發展新性格，最主要的方法就是，讓這個人完全自由地說出自己發生的一切。

——哈利・昆崔普（Harry Guntrip），心理治療師

如果倖存者沒有體驗到把完整的人生故事告訴別人的療癒效果，通常會覺得自己的人生少了某個非常重要的什麼。有效的心理治療會在憐憫且接納的環境中，允許並鼓勵我們分享自己的感覺和秘密、恐懼和難堪。由於被完全聽見而產生的安適

感，是如此美好、正確又自然，以至於許多倖存者有動力在人生的其他地方尋求這樣的體驗，當這種體驗可以在其他親密關係中獲得時，心理治療就會自然結束。

然而，許多倖存者在重拾相對完整的自我表達以前，需要長期的心理治療，而實際上要花多少時間，通常反應了早期的言語表達被忽略或阻礙的程度，有時候需要好幾年來發展足夠的信任，才能不羞恥地談論個人的所有經驗。

在重拾感覺的能力之前，言語自我表達的解放經常會先發生。當倖存者發現治療師從來不會羞辱或辱罵他說的話，他就會開始有足夠的安全感去連結並表達自己的感覺，進而展開完全感受情緒的旅途。

倖存者需要注意那些還沒有對自己的童年與原生家庭議題做足夠療癒工作的治療師，很可悲的是，只有少數訓練單位要求治療師自己要接受心理治療，而且許多訓練單位甚少（甚至沒有）強調要了解童年對行為的影響。

當我對人們這麼說時，他們經常不可置信地看著我；然而，當今心理治療的主要樣板是認知行為模式，這個觀點過度聚焦在現在與未來，並且經常藐視檢視過去的價值。

不幸的是，這製造了驚人的狀況，也就是許多心理治療師從事心理治療，卻沒有處理好自己的童年議題，而這樣的治療師容易用自己經歷過的那種失能養育風格來「重新養育」案主，甚至明目張膽地羞辱、操弄並控制他們的案主，就跟失功能的父母常做的一樣。因此，我建議倖存者選擇已經大幅處理自己童年議題的治療師，這類治療師通常願意談論自己的復原工作經驗。

我也建議案主，在感到被治療師的回應給羞辱或批判時，允許自己發聲。**心理治療最有療癒性的體驗之一，就是治療師和案主徹底探索彼此之間的誤會時**。當治療師鼓勵案主說出自己的抱怨，就是在幫助案主療癒因為成長於父母與權威人士的要求（完全且不可質疑的服從）所造成的傷害，因此，健康的治療師會歡迎不滿的回饋，並且用深化信任和親密感的方式來處理它。如果治療師因為你的質問而羞辱或攻擊你，結束這個心理治療通常是個好主意。

當心理治療有效的時候，大部分的倖存者會變成更好的傾聽者和溝通者，通常會把自己在心理治療中覺得療癒的那種傾聽，自然且自發性地給予親密對象。平等且歡迎地交換不論斷的傾聽，是建立親密感和愛時，重要且不可取代的歷程，如果

我們允許彼此完全的自我表達，就能療癒現代流行的孤寂和孤立瘟疫，一如里爾克的這首詩所描述的：

> ……我想要開展
> 我不想在任何地方蜷縮起來，
> 因為我在哪裡蜷縮起來，我就是那裡的謊言。
> 而且我想要把自己對事物的領會
> 真實地呈現給你。我想要描述自己
> 就像一幅我長時間
> 細看著的畫。

情緒忽略

> 孩子需要父母給予的愛，那份愛將會造就成熟和靈性成長；在大多數的情況下，精神疾病來自於孩子缺乏這種愛。
>
> ——史考特・派克，《心靈地圖》

當父母本身是情緒壓抑的，孩子就會缺乏健康情緒表達的模範，許多兒童從來沒學到如何安全地展現或傳達關於敏感、憤怒、熱切、恐懼、悲傷或愛的感覺，後來，他們失去了這個感受情緒和表達情緒的先天能力。

無感的父母總是無法給予孩子富有愛的溫暖和溫柔，而這種愛的缺席是情緒忽略最有害的層面。愛是健康養育最重要的成分，而不持續對孩子表達及散發愛的感覺，是令人傷痛的情緒忽略。

情緒忽略會使得孩子覺得自己沒有價值、不值得被愛又空洞，而不足的愛會製造一種渴望，它將會深深啃噬孩子存在的核心。那些無法從父母身上得到愛的孩子，後來會在各種錯誤的地方尋找脫離這種渴望的辦法，他們有很高的風險會使用食物、酒精或藥物來當作愛的替代品，或是強迫性地用功、工作或忙碌，來分散對於這種無愛之痛的注意力。

他們也非常容易跟那些如同父母一樣無法愛的人，進入「愛情」關係。

那些以前常被告知「我們當然愛你」這種缺乏情感的話語的成人小孩，特別難以理解情緒忽略。如果「我愛你」這句話從來沒有被父母充滿愛的情緒狀態給證實，它就不能滿足孩子被愛的需求；如果父母的情緒、行為和溝通，不是真正充滿愛，那麼說一百萬遍的「我愛你」，也沒有任何好處。

情緒層次的愛，是一種無法直接觀察或測量的感覺，因此許多人使用否認和貶低來打發或看輕它的重要性，然而，當我們真的感覺到愛時，就像是聞到茉莉花香和嚐到蜂蜜甜味那般真實。事實上，當愛被完全感受或表達的時候，會明顯到幾乎超真實（hyper-real）。愛會給生命添加了無與倫比的豐富與意義，對於嬰孩來說，愛就跟食物一樣至關重要，他們需要愛來維持生命和成長。

許多倖存者因為缺乏愛而飽受折磨，卻不知道造成這些痛苦的源頭就是無愛。有些人持續居住在這樣的痛苦中，因為他們在人生早期就被迫要放棄親密。了解這種放棄是多麼巨大的失去，極為重要。**與他人之間有愛的連結，是情緒的命脈；沒有了它，很少有人可以真正重視自己的生命。**許多人直到開放地哀悼，或受到至少一個真正有愛的朋友或夥伴的善意，才發現自己對親密感這個精神食糧的渴望。

鏡映

　　來自這個，有個人將會有美好的自我形象。這個人能夠走進房間而沒有不必要的害羞，相信別人喜歡自己，接受對於她的工作的合理讚美，並且對別人眼中美好的反射而微笑，就像她照鏡子時對鏡中的畫面微笑。

　　　　　　　　　　　　　　　　　　——南西・芙萊黛（Nancy Friday）

對嬰孩傳達愛的最強管道，就是情緒。嬰孩會從與父母溫暖且溫柔的心連心之中茁壯，當父母表達愛，嬰孩就會充滿平靜、安全和安適的感覺。真正的愛常使他們微笑並愉快地發出聲音。

嬰孩很快就學會把父母的愛，與父母的微笑和欣賞的表情連結起來。當嬰孩或幼童凝視父母的眼睛，就像是在裡面尋找自己的愉悅畫面的倒影，心理治療師稱

之為「鏡映」（mirroring，又譯鏡像、鏡射），在對的光線和距離下，小孩的確能在父母的瞳孔中看見鏡子倒映般的自己。你可以測試看看，在距離朋友的瞳孔大約三十公分處，尋找自己的倒影。

鏡映也是指父母反映給孩子的整體印象，當他們看著孩子，可以反映正面或負面的形象。如果孩子在父母的表現中看見不悅，就像是孩子本身是令人不悅的；如果孩子看見愉悅和愛，那就如同自己是令人愉悅且值得被愛的。

微笑、擁抱、坐在大腿上、溫柔的觸碰、聲音的音韻和歡迎的招呼，是肢體上自然地展現愛的感覺，這些訊號會撫慰孩童，並且傳達了「他們值得被愛」的真實證據。

自尊的基礎和基本架構，是透過持續感受到父母的愛而固化的，而孩童能夠「感覺到」自己的美好，是根據他們與父母有多少溫暖、持續且充滿愛的連結而定。父母當然無法總是感覺或表現得有愛，然而，負責任的父母會用大量充滿愛的舉動來給孩子情感上的餵養，而這些舉動大多是帶著真誠的愛與接納。

生長遲滯

……完全依賴父母，並且完全靠父母的仁慈才能獲得各種形式的食物和生存手段。對於孩子來說，被父母遺棄就等於死亡。

——史考特・派克

上過基礎心理學課程的人，可能都看過哈利・哈洛（Harry F. Harlow）那令人難受的小猴子實驗影片。

在這個糟糕的實驗中，小猴子沒有真實的母親養育，而是被給予兩個不同的代理母親，其中一個人造母親是用鐵絲做成的，上面有可以餵奶的乳房，另一個是用柔軟舒服的材質做成的，但是沒有奶水。這個實驗的一部分是，小猴子一致選擇向柔軟的母親尋求慰藉和一起睡覺，即使牠們的食物都來自於鐵絲母親，而這個實驗的另一部分是，只受到鐵絲母親養育的小猴子，無法存活。

人類嬰孩也同樣需要富有愛的父母的柔軟、情感和觸摸，若嬰孩沒有一直被摟

抱，可能會死亡。許多孤兒院和兒童醫院裡，都已經記錄到「缺乏觸摸」在嬰兒死
亡率中扮演的角色，這種致死的症候群被稱為「生長遲滯」（failure to thrive）。

　　然而，生長遲滯並不是全有全無的議題，只有極端的情緒忽略和接觸忽略會導
致肉體死亡，但比較不極端的情緒匱乏也可能造成嚴重的後果。孩子的身體和智能
可能會正常發展，但他的心靈可能會萎縮，在我們的文化中，許多人都在饑荒程度
的愛中被養大，以至於很少有人能在靈性或情緒方面茁壯成長。

療癒情緒忽略

　　病人現在認真看待自我的展現了，不再嘲笑它們……這意思是：每當有什麼使
我悲傷或快樂，我可以悲傷或快樂；我不必為了別人而看起來愉快，也不必為了滿
足別人的需求，而壓抑自己的苦惱或焦慮。我可以憤怒，而沒有人會為此而死……
　　　　　　　　　　　　　　　　　　　　　　　　　　　　　——艾麗絲・米勒

　　**與自己發展出充滿愛且聚焦內心（heart-centered）的連結，是療癒的重要歷
程。**許多人曾經一再遭受父母的拒絕，一開始會覺得這個建議是難以想像的，但我
相信，每個人都能學會給自己所需要也值得的愛。在復原工作的初期，倖存者有時
需要他人大量的示範和滋養，才能使自我憐憫的種子再度發芽，並且使小芽持續成
長和發展。

　　有些倖存者很幸運，能夠從真心且富有愛的朋友和夥伴身上得到這些，但那些
沒這麼好運的人，可能需要求助於聚焦內心的心理治療師。

　　那些一直被忽略或虐待的倖存者，可能需要經過好幾年的心理治療，才能開始
領會自己的確是值得被愛的。幫助案主重新發現自己值得被愛的那些心理治療師，
通常自然地提供了美國詩人高威・金奈爾（Galway Kinnell）的詩中所提到的情感：

　　芽代表了一切
　　即使是不開花的
　　因為一切從內開花

來自自我祝福。
雖然有時候必須
再教某事物關於它自己的可愛
把手放在它的額上
再次用文字和心告訴它
它很可愛
直到它再度由內開花
來自自我祝福……

多年來，「心理治療師提到自己愛案主」是一種專業上的禁忌，不過有越來越多的心理治療師開始相信愛是治療歷程中最重要的療癒成分。卡爾・羅傑斯（Carl Rogers）是人本心理學的先鋒，或許也是此領域最有影響力的聲音，他用「無條件的正向關懷」一詞來形容愛，他認為這是最重要的療癒原則。

著名的精神科醫師史考特・派克在《心靈地圖》一書中的這段話，強力擁抱這個立場：

心理治療師對病人有愛的感覺，比起一位好父母對孩子有愛的感覺，並沒有更不適當，相反地，治療師必須要愛病人，治療才會成功……（而且）治療師一小時又一小時不論斷地真正聆聽病人，以病人可能從未被接納的方式真正接納病人，完全不利用他們，又幫助他們減輕痛苦，而病人會漸漸愛上治療師，也沒有什麼不當……因此，病人往往能夠首次體驗到成功的愛的關係。

約翰・甘迺迪大學（John F. Kennedy University）超個人心理學系的前創辦人暨心理治療師萊恩・惠汀（Bryan Whittine），也支持這個立場：

在心理治療中，改變最多的案主，經常是與治療師之間充滿愛的案主……這意味著，心理治療中主要的療癒力不是洞見，而是愛。

　　一項在許多心理治療期刊中發表的知名調查，更進一步支持了這個立場。它調查了大量樣本數，對象是接受過各種心理治療取向的眾多案主。當被問到對他們來說什麼是最大的幫助，最普遍的回應是，他們覺得自己的治療師真的關心他們。

　　一旦案主內化了治療師的愛，並把它轉化為自我憐憫，就會變成給自己愛的主要來源。雖然自我支持永遠不會取代對他人愛的需求，但健康的自愛必然會吸引與他人互惠的有愛關係，隨著那些阻礙案主連結自己有愛內心的障礙物被化解，案主就會越來越容易接受他人的愛，並且把愛反射回去給他們。

靈性虐待

　　許多父母會用關於神會痛罵和暴力地懲罰人的嚇人訊息，來強化言語、情緒和肢體虐待。「靈性虐待」是父母把神說成是復仇心重的紀律執行者，祂會命令或認同對孩子的殘酷對待。

　　靈性虐待通常包含了強烈的情緒成分，孩子充滿了「對神的畏懼」，他們認識的神，是愛的相反。他們被教導，如果不放棄（犧牲）自己許多正常且美好的存在方式，神就會用殘忍到難以想像的方式懲罰他們。

　　許多人被教導，我們的自我表達中一些最健康的面向是有罪和邪惡的，像是性、喜樂、愉悅、放鬆、平衡的自利。身為信仰天主教的小孩，我被告知，自己生來靈魂就有汙點，而這汙點使我在神的眼裡很噁心。修女一而再、再而三地告訴我，無論我表現得有多乖，就算我接下來的人生都是完美的聖人，但在最好的狀況中，我依然會在煉獄中被火燒上數千年。

　　我也被教導，與自我滿足有關的任何想法或感覺，都會使我在煉獄中待上更漫長的時間，就算不是永恆地在地獄裡。過了很久，我的否認逐漸消散，我才想起身為容易被影響的幼童，我有多麼害怕永遠在黑暗和絕望的地獄中被火燒的樣子。

　　青春期時，天主教對我灌輸的羞恥和恐懼所造成的痛苦達到高峰，因為神職人員把我洗腦到讓我相信在性方面的每個想法或感覺都是死罪，每一個都「應得到」地獄裡某個特別痛苦之處的懲罰。那時，我天真、熱情，完全無法鎮壓青春期時滿腦子的性幻想，沒有什麼可以把我從不潔想法的末日中解救出來，即使是永遠住在

懺悔室裡也沒用，這使我感到絕望。我一直悲慘地迷失在深深的自我嫌惡和絕望裡（在電影《上錯天堂投錯胎》〔Heaven Can Wait〕裡，那位天主教神父大罵性這件事，精確地描述了我在天主教學校被洗腦的那十年所遭受的有毒惡罵）。

許多倖存者對於舊式靈性信仰傷害他們的情況，完全活在否認裡，並繼續限制自己的人生。那些幾乎沒有意識到的罪惡感、羞恥感、恐懼感，一直壓抑著他們，使他們無法享受人類天性中的正常歡慶。我遇過許多極難享受性的前天主教徒，而我有將近二十年的時間也是這樣，雖然我口頭上說自己拋棄了對於性愉悅的宗教性羞辱，卻不太懂得性的美好喜樂，直到我哀悼了伴隨靈性虐待而來的失落。

我也協助過許多無法滋養自己的倖存者，他們會因為善待自己（self-kindness）而引發罪惡感和羞恥的強烈重現。有些人相信自利的行為是神所憎惡的，所以在想為自己做些什麼時，都會覺得自己很差勁又自私，然而，相信著「神是記恨的超級父母，而且祂只在乎累積那些壞到骨子裡又沒價值的證據」，是非常悲哀的事。

在人生早期就變得反對自己，把自我疏離當作自然狀態而接受的倖存者，尤其難以克服這種靈性虐待。儘管如此，倖存者仍必須辨識出自己的靈性虐待的具體內容，才能將自己從對於神的破壞性信念與恐懼中解放出來。

在復原工作中處理靈性障礙時，哀悼通常是必要的，把對於健康的自利被掠奪的憤怒情緒發洩出來，能幫助我們不再認同具破壞性的靈性信念。

在許多大城市裡也有治療團體，聚焦在從基本教義派宗教與組織的反自我洗腦中復原，其中也有模仿匿名戒酒的自助團體，來幫助基本教義派人士和天主教徒，（我想在此補充，雖然天主教堂近年來似乎變得更人性化，但在一九六〇年代以前，他們就跟大部分的基本教義派宗教一樣有毒性羞辱）。

靈性忽略

他一夜又一夜地躺在沙發上
嘴巴開著，房裡的黑暗
充滿他的嘴巴，而沒人知道
我父親在吃他的孩子。他似乎

那麼安靜地休息，巨大的身體

在沙發上毫無活力，大手

從玻璃杯落下。

有什麼能夠更消極

比起男人每晚昏去，當他

躺著、打呼，我們的生命慢慢地

消失在他的生命之洞裡。

——莎朗・奧茲（Sharon Olds）

　　沒有讓兒童接觸能幫助他們看見自己與人生之美好的宗教或哲學觀點，就是「靈性忽略」，靈性忽略也是不指引孩童如何自我憐憫地應對人生中無可避免的失去和失望。

　　靈性虐待往往伴隨著靈性忽略而來，而且在這個文化中，靈性忽略就和情緒貧乏一樣猖獗。許多主流的宗教是以羞恥和對神的恐懼為基礎，並且對於人生的正面意義提供很少的指引和洞見。人生常被視為只是辛苦艱難的折磨和懲罰，並且必須堅忍地忍耐它們。許多神職人員完全忽視人生中的恩典與美好，但它們其實跟困境和失落一樣多。

　　現代的佈道跟新聞報導很相似，都充滿著毀滅和邪惡的悲慘故事。佈道和新聞都不注重美好和充滿愛的事蹟，雖然這些事蹟也是人類行為中常有的，就像新聞用這世界討厭的嚇人畫面來淹沒我們，對於要如何擁抱和歡慶生命之禮，大部分的神職人員很少給我們鼓勵或指引，反而病態地聚焦在避免地獄的恐怖折磨，以及為了難以想像且陰沉的死後世界做準備。關於天堂的現代描述，有白袍和棉花般的雲，讓我驚覺它恐怖得像是滅菌又毫無活力的醫院及養老院氛圍。

療癒靈性忽略

在根的深處，所有的花朵都留存了光。

——匿名

　　當我看到自己、朋友及許多案主重新出現一種非常個人的靈性，都會覺得很感動。這種靈性是沒有教條也沒有宗派的（雖然有些人會把它與傳統的宗教實踐結合），而且似乎會自然地出現在花時間探索自己內心深處的人。波斯詩人魯米的詩是這麼寫的：

如果冷杉樹像烏龜有一隻或兩隻腳，或有翅膀，
你認為它會等著鋸子進來嗎？
而你，如果你沒有腳可以離開家鄉，
就走進你自己裡面，
成為紅寶石礦脈，
向太陽的禮物敞開。

　　那些對內在靈性覺醒的人，經常會體驗到一種深度的知曉，知道有一種慈愛的力量是萬事萬物和每個人的基礎，或是照看著萬事萬物和每個人。印度的神秘詩人迦利布寫道：

在我們的鏡廊，一張臉的地圖出現
太陽的光輝會使露水製成的世界閃閃發亮。

　　有些人直接體驗的靈性世界是傳統的神散發出的恩典，而這通常是一種內在的版本；有些人體驗到的恩典則來自更朦朧的來源，有人稱之為更高的力量、靈、高我、愛、合一，或意識的統一。

　　雖然有這些差別，但在最直接體驗到靈性的時候，有重要的相似之處，大部分的人說都有一種強大的內在體驗，讓人感受到被比自我或另一個人類更大的什麼所支持和在乎。

　　超個人心理學派的治療師用「神聖」（numinous）一詞，來描述這種似乎來自神聖源頭深刻且具提升性的情緒體驗。神聖體驗是有轉化性的，能夠療癒從童年時期就糾纏著我們的被拋棄感，並打開我們的心。

西元十世紀的基督教神祕主義者西蒙（Symeon）描述了神聖體驗：

一切受傷的，一切
我們看來黑暗的、嚴苛的、可恥的、
殘缺的、醜陋的、不可挽回地
損傷的，都在祂裡面轉化
並被視為完整的、美好的、
光芒四射於祂的光之中
我們甦醒為被愛的
在身體的每個部分。

　　就像一切有深度情緒內涵的體驗，神聖體驗是瞬息萬變的，然而，它是那麼地發自內心和觸動靈魂，其餘韻的光輝可以持續很長一段時間。僅僅一次的經驗，就足以使一個人能堅定地相信造物主擁有終極的善與愛，無論他有多麼悲慘的失落遭遇，這個經驗通常也會進一步地開展，讓人越來越能夠深入接觸直覺，而此直覺是愛、指引和滋養之內在泉源的微妙而神聖的展現。

以哀悼做為靈性的實踐

　　這或許是我們要學習的最困難的平衡技術：如同信任光那樣地信任痛苦，允許傷痛任意地滲透，同時對宇宙的完美保持開放。

——傑克・寇恩斐德

　　很多人第一次的神聖體驗，來自於祈禱或冥想的靈性練習，有些人則跟我一樣是透過哀悼而體驗了神聖的開口。哀悼可以激發深刻感動的開口，那開口會通往內在與神聖體的真心連結；隨著哀悼自然地促進我們重生童年所失去的許多部分，靈性歸屬感的重生是最偉大的重生。

　　我最強大的神聖體驗來自於哀悼，那些體驗時時刻刻擴展著我的意識，使人生

的痛苦矛盾和不一致變得可以忍受及理解。它們讓我欣賞生與死、樂與苦、成就與失敗、愛與孤寂、意義與困惑等必要的相互相依；使我從一些最具毀滅性的人生體驗中復甦，並且重建我的肯定感，覺得生命仍是最壯麗的禮物，即使陣陣的痛苦和折磨仍不時打斷這個肯定感。在很多情況中，哀悼帶來了泰戈爾（Tagore）所描述的那種超越性的解放：

> 我以為我的航行結束了，在我力量的極限——我前面的道途關閉了，糧食耗盡了，是隱蔽在靜默朦朧之中的時候了。但我發現，祢會知道我裡面沒有盡頭。當舊字眼在舌上死光，新旋律從內心冒出；在舊軌道失落之處，新國土在其奇蹟中顯露出來。

除了愛、平和與美，神也創造痛苦、失去和受難。我們所具有的完全欣賞人生的能力，有賴於我們願意為自己和他人的不幸與困難，感到難過和憤怒。哀悼的工具是神的禮物，使我們能夠整合，並從人生中無法改變的困境成長，然後回歸感恩人生的美妙。有很多次，我覺得哀悼彷彿淨化了我的心和心理機制，並且把我修復到能夠欣賞神所創造的奇蹟。在那些時候，哀悼使艾蜜莉·狄更生（Emily Dickinson）的文字成真：

> 大自然是最溫柔的母親，對所有的孩子都有耐心。

大自然的世界存在著令人屏息的美麗和複雜性，有許多豐富的物種、生態系、風景可以發現及享受。處於可以感受太陽的溫暖、微風的清涼，以及愛人之吻的甜美溫柔身體裡，是多麼美好啊！能夠在曠野漫步，是何其有幸啊！納瓦霍族的祈禱〈夜路〉（Night Way）提醒了我們：

> 我行走過重返的季節，我行走於美麗，我行走一整天。我會再度擁有美。美麗的鳥……美麗愉悅的鳥……我行走於鋪著花粉的小徑，我行走時有蚱蜢在我腳邊，我行走時有露水在我腳邊。我行走時有美在我之前，我行走

時有美在我之後，我行走時有美在我之上，我行走時有美在我周遭。願我
年老時行走漫遊於美麗熱鬧的小徑上。

哀悼也使我注意到許多人類的靈性之美。許多人即使自己有創傷，卻能深深地
關心和充滿愛，這是多麼奇妙啊。

哀悼總是能療癒我因為朋友或愛人的背叛或遺棄，而帶來的令人心碎的絕望，
並再次修復我最珍貴的禮物，也就是與他人完全、真心且充滿愛的連結。

當我們復原了以身體為基礎的靈性，就會獲得與人生持久相愛所需要的一切恩
典、力量和指引；而以現實為基礎的靈性，會使受虐和被遺棄的內在小孩的絕望漸
漸減少，而且由希望感和意義感取而代之。意識研究教授暨心理治療師拉夫·梅茲
納（Ralph Metzner）這樣提到：

在死去的混亂和黑暗之中，也有新生自我的閃亮活力。這個新自我連結著
一切生命的永恆之源、我們由來的源頭、內在的神聖精髓。因此，它被巧
妙地稱為「永恆小孩」。

從哀悼而開展的靈性，有助於重新發現及撫育內在小孩的歷程。重新撫育是下
一章的主題，它是強大的工具，能幫助我們復原這一章所提到的言語、情緒、靈性
虐待與忽略。

第 9 章

自我憐憫的重新撫育

每個成人裡面都潛伏著一個小孩，

那是一個永恆的小孩，一直在形成中，

永遠不會完成，並且需要無止盡的關懷、關注和教育。

這是人類性格想要發展和變得完整的部分。

——卡爾・榮格——

我創造了「自我憐憫的重新撫育」（Self-compassionate reparenting）一詞，來介紹給內在小孩的重新母育和重新父育。當我們實踐自我憐憫的重新撫育，就會知道自己在童年時沒有被滿足的需求是什麼，進而去滿足這些需求，於是我們可以成長為更完整、更熱愛生命的人類。

我們不必要地凍結在陳年的童年恐懼與剝奪裡，而自我撫育會將我們從中解救出來。當我們了解童年遭受的虐待和忽略是如何使我們發展停滯時，同理心就會自然出現，並激勵我們去在乎及保護自己。

此時，我們通常會發現，自己的成熟歷程在各個不同的發展階段都暫停了，以及有一些內在小孩等待著我們的善意和保護，在這當中有內在嬰兒、內在幼童、內在學齡前兒童等等，這些區別很重要，因為兒童在不同的發展階段有不同的需求，而這些需求和各式不同的重新撫育工作相呼應。

許多倖存者對於內在小孩的概念感到不自在，因為他們在年幼時就被迫要變成迷你大人，並且跟父母一樣具備痛恨自己孩子般的特質。不喜歡自己的內在小孩，或是整體來說不喜歡小孩的倖存者，經常是那些小時候不被喜歡的人。

許多人因為表現得像個孩子，而被傷害到必須在短得驚人的時間內，從幼童期轉到成人期。羞恥、懲罰和遺棄的多種組合，迫使我們在學齡前就得放棄童年，並且表現得像大人一樣。哈爾和西卓・史東對此闡述：

> 在我們的文明世界中，最普遍被拋棄的自我，或許是「脆弱小孩」。然而，這脆弱小孩可能是我們最珍貴的次人格，最接近我們的精髓，使我們可以變得真的親密、完全體驗他人，以及去愛。

如果小孩不被允許當小孩，就會拋棄自己的兒童自我，並且把它驅逐到無意識裡，試著表現得像個成人。許多人很難真心感受到自己的內在小孩，是因為那個部分仍然躲在覺知之外的某處，就像是為了逃離虐待而必須躲在衣櫃或臥室裡的真正小孩。這個兒童自我通常在無意識中保持隱蔽，因為成人倖存者就像自己的親生父母那樣，每當兒童自我浮現到覺知中尋求幫助或關注時，這成人倖存者就會痛罵兒童自我。

各處的內在小孩在無意識中凋萎，等待我們憐憫他們悲慘的困境。**自我憐憫的重新撫育，始於決定要愛我們的內在小孩，並且保護它們不受自我虐待。**

如同健康的養育，自我憐憫的重新撫育是複雜且多面向的工作，要完整地探索這方面，會超出本書的範圍，傑洛米‧阿布蘭（Jeremy Abram）的極佳文集《重拾內在小孩》中有關於自我撫育更完整的資訊。

為了要變得更能完全感受情緒，我們在這裡主要聚焦在重新撫育者的情緒工作上。這由兩個關鍵目標所組成：復原並持續發展我們先天的自我接納感，以及重新建立與強化我們本能的自我保護感。

我發現把這兩個任務稱為「自我母育」和「自我父育」很有用，這有兩個原因。第一，這個區別有助於釐清情緒照顧的兩個關鍵歷程的差別：無條件的愛和堅定的自我保護（扎根於憤怒的情緒）；第二，內在小孩經常期待得到這兩個符合傳統性別的、不同類型的情緒支持，雖然這些區別具有性別歧視，而且也不盡然正確，但內在小孩經常無法在這方面採取正確的態度，而是經常夢想著有溫柔的媽咪和捍衛自己的爹地。

再次強調，這樣的區別是為了教學用途；無論你是否覺得有用，無論你的性別為何，你都能成為給自己這些撫育的關鍵來源：有愛的溫柔和強力的保護。男人可以想像自己搖著內在小孩或哺乳內在小孩，就像女人可以想像自己擊退任何威脅其內在小孩的人。

這就很像功能良好的家庭，兩位雙親會分享對孩子的父育和母育，並且輕易就在溫柔和力量之間彈性移動。看到許多朋友在這些角色中越來越平衡，我總是很高興也很感動。

重新撫育始於原諒內在小孩

有時候我覺得很奇怪，我們竟然需要原諒內在那麼純真且不該被怪罪的小孩。我們需要原諒那沒有錯的小孩，是多麼殘忍的諷刺；然而，我們必須讓自己的內在小孩知道我們原諒他們，因為我們就像自己的父母，已經怪罪他們很久了。

真正的原諒，就像我們會在第十三章看到的，始於自我；原諒我們的內在小孩

是通往自我原諒的強大道路，自尊大師納撒尼爾‧布蘭登（Nathaniel Branden）這麼說：

> 當我們學會原諒我們曾是的那個孩子，原諒他或她當時所不知道、不能做，不能應付或感覺到，或沒有感覺到的；當我們了解並接納那孩子是在盡其所能地掙扎求生，那麼成人自我與兒童自我就不再處於敵對關係了。一個部分和另一個部分不再打仗。

當我們帶著無條件的愛與原諒轉向內在，那個因為缺乏關懷的母育而破碎的內在小孩之心，就會開始療癒。給予這小孩持續的溫柔、傾聽、情感和無條件之愛，自我母育會更有內涵，而一直這麼做下去，會使內在小孩感受到真的被原諒。

用父親般的方式為自己的內在小孩加油，也有助於原諒，我們的做法是，用憤怒和怪罪去擊退內在或外在的攻擊性，因為這樣的行動向內在小孩證明了，他不只是被原諒，而且不會再受到不公平的怪罪。

將附錄 A 裡的言語滋養、靈性滋養和情緒滋養提供給內在小孩，更能增強重新撫育的效果，當我們持續穩定地給予內在小孩愛、理解和保護，一段時間後，他們就會開始卸下那包含了恐懼、羞恥和空虛的可怕負擔。

當我們越來越成功地抗拒內在找碴父母的羞辱和恐怖攻擊，內在小孩就會開始感覺夠安全，在所有重要的奇蹟和美麗中出現。隨著我們越來越擅於重新撫育，像是喜樂、平和、友善、隨興和玩心等人類存在的正常品質，便會自然地開始出現。

現在，我的內在小孩可以自由地將他那孩子般的朝氣蓬勃賜予我，因為我好幾年來都在困難痛苦的時候堅定支持他，說服了他「我真的支持他」。我的內在小孩給我的最珍貴禮物之一，來自於跟他聊一聊我們的過去。他清晰地記得在大自然中和參加運動比賽時的歡樂時光；他的記憶啟發了我，把年輕時的這些天賜恩惠，重新提升為我生命中的重要事物。納撒尼爾‧布蘭登說這種體驗是可得的：

> 認知、接受、擁抱並因此統合，兒童自我擁有隨興、玩心和想像力的潛力，是豐富我們生命的重要資源。

對內在小孩說話，以及為他說話

我對待內在小孩的方式，就是我對待外在小孩的方式。

——羅伯·斯坦

　　用憤怒和怪罪去挑戰內在的羞恥與自我仇恨的訊息，就是用自我父育在療癒自己。用保護性的方式為內在小孩發聲，會使他覺得夠安全，可以再度存在於意識中，第七章的自我對話技巧，告訴我們如何保護內在小孩不受內在找碴父母的攻擊，而複習這個技巧，可能對你有好處。

　　毒性羞恥經常會無預警地爆發，在這種時候，我會試著拒絕父母那羞辱性訊息的回音，來父育並捍衛我的內在小孩。我向他解釋，無論是現在或以前，父母都沒有權利以這種方式對他說話；如果我曾經麻木地重複舊權威的謊言和羞辱，我向他道歉，並重新堅持去消滅這種自我毀滅的老習慣。

　　我通常會使用以正向支持的話語餵養自尊的母育，來補充自我父育。我想像內在小孩坐在我的大腿上，或在我心中休息。我提醒他，他不需改變就完全值得被愛，然後用以下這類的話來安撫他：

　　我喜歡有你在我身邊，佩特。你真的是我的喜樂，我喜歡你對我說話，並告訴我你的感覺。我想聽你想說的一切，我想當那個你需要幫助時總是能找的人。當你受傷了、想要有人陪伴或是想玩的時候，都可以來找我，我總是歡迎你。我很喜歡看見你，而且我總是享受有你在我身邊。你是個好孩子，非常特別，也絕對值得愛、尊重和所有的好東西。我為你驕傲，也很慶幸你活著。我會盡我所能地幫助你。你被不公平地剝奪了充滿愛的爸媽，可是你值得擁有這樣的爸媽，我想當你所值得的那種充滿愛的爸媽。我要你知道，當你害怕、悲傷、生氣或感到羞恥時，我心中有個特別充滿愛的地方給你。你永遠可以來告訴我那些感覺，我會與你同在，並試著安撫你，直到那些感覺都自然地耗盡。我想成為你最好的朋友，而且我會永遠試著保護你免於不公和羞辱；我也會為你尋找真誠喜歡你並真的支持

你的朋友；我們只會跟那種能夠公平、平等且尊重地對待我們，而且如我
們傾聽他們那樣傾聽我們的人交朋友。我想要幫助你學到，有需求和欲望
真的是好事。你有感覺，那是很美好的；有時候，生氣、悲傷、害怕、憂
鬱，是健康的。犯錯是自然的。有好的感覺也可以，甚至可以比父母擁有
更多的樂趣。

　　其他時候，當我的心對內在小孩敞開，我會告訴他，我有多麼希望自己以前能
救他離開不斷發生的大吼和毆打。我提醒他，他被許多比他更孔武有力的大人找麻
煩和亂打，並因此哭泣或生氣的時候，我特別為他感到心痛。

　　我也提醒他，對於他遇到不熟悉的成人會恐懼的情況，我具有耐心和同理心。
他怎麼可能不會偶爾重現恐懼，害怕突然被他們賞巴掌或挑剔呢？我向他保證，我
永遠不會讓任何人再虐待他，沒有人可以再用手或話語打他巴掌。我提醒他，我現
在有健康的憤怒了，而這憤怒可以被召喚來避開施虐者。

　　當我們一直給內在小孩這樣的支持，毒性羞恥就越來越不能使我們癱瘓，我們
會變得擅長把往內的憤怒（自我仇恨），轉化去抵抗挑剔的父母。父母對我們的心
理的統治，將會逐漸地削弱，而我們也能把正常的犯錯當作學習的經驗，而非我們
有瑕疵的證明。完美主義的魔鬼也會對我們的心理失去控制，我們開始珍惜自己的
不同與不完美，把它們當作獨一無二的寶藏，也是特色和存在之寶。

　　透過這個歷程，我已經療癒了很多，並且珍視自己的許多面向，而那些面向以
前一直是羞恥和自我遺棄的來源。以前我總是輕蔑地把它們當作「我很情緒化」，
現在則是令我驚訝的情緒豐富性與彈性。我非常需要內向（introversion）[1]；以前
這是我最大的缺陷，但現在已經是我豐富的內在生命的基礎，並且備受欣賞。我打
籃球的「連射」，不再使我落入毒性羞恥的排水孔，雖然我永遠比較想要連勝而非
連敗。還有，我現在可以品味所剩無幾的幾個癮頭：不停嚼口香糖、講很久的電
話、每天吃烤起司三明治、用墨水筆在書裡寫字，還有看感人的電影時哭泣。

　　我講冷笑話的習慣，有時候會使他人唉聲抱怨，而我也可以有氣度地接受，甚
至，我對自己外表的自卑感，已經幾乎完全消失了。

　　我現在真的喜歡那些多年來使我覺得醜陋到不敢接觸異性的不完美，也已經成

長到喜愛自己的雀斑、削瘦、常受傷的鼻子、連在一起的眉毛和前牙的大牙縫。或許，最好的事是，每當我不小心掉了什麼或撞到什麼，會聽到一個聲音自動說「我愛你」，而不是「幹得好，笨蛋」。

我也注意到，自從我的內在找碴鬼丟了工作，不再是我意識上的老闆之後，我就更不挑剔別人，也更不期待完美。我相信這會使別人覺得可以更安全、更舒適地與我相處，而別人跟我相處時，似乎可以更真誠及更展現脆弱，於是這創造了共同的安全感和真誠性，使我可以一直交到新朋友。

每當有新朋友進入我的生命時，我的歸屬感會增加，並且開始覺得像是身處撫慰人的部落那樣。我覺得年輕時缺乏愛的巨大孤寂感，彷彿大幅消散了，而隨著我的社交網路持續擴張，認識來自各種背景的「好」人，那股孤寂感就持續減少了。以前我受限於只跟信念相近的人交往，現在我發現，自己享受越來越多樣化的朋友，而能夠多元地回應人類存在的複雜性，真是棒透了！

我身為心理治療師最開心的事情之一，是目睹案主透過重新撫育而在人生中得到類似的收穫。許多人這輩子第一次發展出具信任感的關係，也有人從多年的停滯中覺醒，對於新的努力或重拾的舊熱情，感到全心興奮。當一位案主驕傲地走進來，報告自己在週末放風箏、交朋友、爬樹、上舞蹈課、開始做園藝、溜冰、玩滑水道、報名藝術課，或是在露營時認識了十五種不同的野花，是非常美好的事。

自我母育

> 侵犯了小孩子天生的軟弱和簡單的頭腦而造成的這些創傷，或許可以透過愛的天然單純而挽救；的確，這些傷口或許可以提供能讓愛進入的通道。
>
> ——珍‧休士頓（Jean Houston）

自我母育最重要的任務，是把個人恢復到深深感覺到自己是可愛且值得被愛的；所謂的自我母育是，無論內在小孩處於什麼心智、情緒和能量狀態，都能愛內在的自己。

自我母育的準則是，無條件之愛是每個小孩的天賦權利。做為自己的母親，我

永遠堅持以憐憫疼惜的觀點與自己交往，我努力讓內在小孩體驗到與另一個人類之間毫無防衛的關係。

體悟到「自我懲罰會有反效果」，將為自我母育帶來最有效的進步。自我母育是堅定地拒絕耽溺於自我仇恨中，而且比起自我拒絕，了解以及溫柔的指引，更能有效地成就自我紀律，並治療自我毀滅的行為。

若能想像在我們心中創造一個安全的地方，而內在小孩在那裡永遠受到歡迎，就可以提升自我母育的技巧。這可以幫助內在小孩首度發現，與另一個人擁有不空洞或不危險的關係，是有可能的。

始終如一的溫柔，會歡迎這個小孩進入他現在所居的成人身體裡，並讓他知道這是一個受到溫暖有力的成人所保護的滋養之處。納撒尼爾·布蘭登的一位案主這麼說：

> 這些年來，我藉由否認我曾經是那個小孩，來試著當大人。我感到羞恥、受傷和憤怒。但是，當我擁抱她並接受她就是我的一部分時，才第一次真正感覺像一個大人。

透過使用附錄 C 裡的療癒性肯定語，可以加強自我母育。這些肯定語的設計，是用來滿足孩子各個發展階段的需要，把這些肯定語當作祈禱文或口號那樣使用，有益於自我重新撫育。**不斷重複這些肯定語，能讓它們逐漸取代自我批判**；這些自我批判在多年填鴨式的重複後，已經默默地扎根在我們的心理機制中。搭配視覺化去想像溫柔地抱著及安慰內在小孩，這些肯定語的效果會更強，而透過足夠的練習，這些肯定語會變得跟以前那些使人萎縮的自我批判一樣自動運作。

另一個重要的自我母育任務，是給內在小孩機會，讓他能夠不帶羞恥地說出一切的經驗。我邀請你現在就用書寫的方式來練習：用你的非慣用手，請內在小孩寫一段話給你，而你可以用慣用手寫一些支持性的話回覆他，以引導他更進一步地表達。如果你每次進行二十分鐘左右、每週三次，很快就會與內在小孩建立起療癒性的對話，透過練習，滋養性的對話可以在你自己內心的隱密與安全環境中，隨時隨地發生。

在自我母育的早期，內在小孩通常會進入意識層面，悲慘地需要表達那些累積卻未釋放的痛苦。如果你要求他只能是表現得又乖又開心的小孩，他就不會出現；畢竟就是這樣的禁令把他驅逐到無意識去的。

大多數的內在小孩一開始需要花大量的時間，去複習並哀悼自己受虐和被遺棄的詳細記憶，這通常需要大量地被允許去抱怨、哭泣和怪罪。如果內在小孩不會因為發洩而被羞辱或被拒絕，後來就會覺得足夠安全，可以談論自己其他的失落，像是夢想、需求、欲望、喜樂和熱情。

大多數人難免會退步到像父母對待我們那樣，糟糕地對待內在小孩。在復原過程的早期階段，這是很常發生的，但透過第十二章所介紹的道歉歷程，可以彌補這個狀況。

每個小孩天生就有很強的情緒彈性，當我們無意識地重複父母的嚴苛論斷，而迫使內在小孩又躲起來的時候，真誠有效的道歉通常可以恢復他們的信任。

自我父育

無論是在心理上被拋棄，或是真的被拋棄的兒童，他在長大成人後，會無法深深感受這世界是安全和有保護性的。

——史考特‧派克

自我母育主要聚焦在療癒「忽略」所造成的傷，而自我父育是療癒「虐待」所造成的傷。自我父育會孕育自信表達和自我保護的能力，包括挑戰外在或內在的虐待，並且為成年小孩的權利挺身而出，就像附錄 B 所介紹的。

我最喜歡的自我父育練習之一，是「時光機救援任務」，我已經多次用它來擊退情緒重現即將帶來的癱瘓情況。在那些時候，我告訴內在小孩，如果時光旅行是可能的，我會旅行到過去並阻止父母的虐待。在這過程中，我會這樣說：

爸媽要打你的時候，我會立刻抓住他們的手臂，並壓在他們的背後；我會塞住他們的嘴巴，他們就不能吼你或是批評你；我會在他們頭上套袋子，

這樣他們就不能對你皺眉或怒瞪；我會要求他們，晚餐後不能吃甜點就得去睡覺。我會做一切你要我保護你的事。

這種意象通常能提供一個擺脫恐懼和羞恥的出口，有時候甚至能使內在小孩開心地笑了，這總是讓我感到驚奇。

我結束這個練習的方式，有時候是告訴內在小孩：「我會向主管單位舉報父母，這樣他們就會被送去做諮商，成為更好的父母。」或者說：「如果可以的話，我會在那一切可怕的事發生在他身上之前，就把他帶到未來與我同住。」我會提醒他：「他現在就跟我同住，我會永遠盡我所能地保護他。」

當你始終如一地向內在小孩展現出，他各方面的存在都是真的安全，並且完全受到歡迎，他會變得越來越有活力和自信表達。隨著他體驗到你始終如一地捍衛他，他會覺得夠自由到可以重拾自己的情緒性，而那情緒性會加強他天生的精力、玩心、好奇心和彈性。

這種方式與以下亞伯特‧愛因斯坦所警告的傳統父育方式非常不同：

事實上，現代的教育方式還沒有徹底勒死神聖的探索好奇心，簡直是奇蹟；這個嬌弱的小植物，除了刺激以外，最需要的是自由；沒有自由，它一定會毀滅。認為能夠以脅迫的方式和義務感，來促進見識與搜尋的樂趣，是大錯特錯。

重新撫育和原諒內在小孩，將會培養自我原諒的真心體驗。一旦我們了解這孩子是多麼可怕地被遺棄，就會憐憫他，而這憐憫有時候會使我們思考父母的童年，當我們了解到他們成長過程的辛苦，有時候會覺得他們童年的艱難使其情有可原，進而對他們有原諒感。下一章會探討情有可原和原諒的關係。

▋譯注

1. 內向（introversion）：不等於害羞、討厭與人互動，而是人格心理學中的概念，表示一種獨處時比社交更自在也更能夠為自己充電的特質。內向者仍可以喜歡社交，也不見得會有社交焦慮的問題。

第 10 章

原諒和情有可原

如果我們可以讀到敵人的秘密歷史，

就會發現每個人生命中的悲傷和折磨

足以讓人卸下所有的敵意。

——亨利·瓦茲沃斯·隆菲洛——

「情有可原的情況」，是指超出個人控制，而且會影響並形塑行為與特質的外在因素。考量父母情有可原的情況，有時候會喚醒原諒的感覺，但再說一次，我們必須小心，不要因此否認或是貶低我們痛苦的過去。

許多人太早考量父母的辛苦和不幸，而繞過或跳過自己的哀悼歷程，這通常會造成過早決定要原諒，結果使我們發展停滯，仍然受到童年之匱乏所折磨。當我們把父母的痛苦提升到自己的痛苦之上，並以此打發自己的痛苦，就是把自己未來能變得更完整也更有活力的人類的機會，交換成空洞的原諒概念。

我相信，在我們有一點點自我憐憫之前，不要太聚焦在父母的情有可原情況，是明智的。同情父母的磨難時，如果沒有搭配一些自我憐憫，那反應通常就是否認機制的一部分。

雖然我提了這樣的警告，但另一方面，以情緒為基礎去理解父母怎麼會做出這些行為，的確經常與「是否真心原諒」有關。事實上，他們大多是糟糕童年的受害者，而且最有說服力的情有可原情況是，他們也曾經被嚴重忽略或虐待。

父母未哭出的眼淚成為他們的怒火

當內在的生命乾枯，當感覺減少而無感增加，當一個人無法影響或甚至觸動另一個人時，暴力就會發作，那就像惡魔般的必要接觸，一個瘋狂的驅力用最直接的方式強迫觸碰。

——羅洛・梅

許多人的父母在兒時曾經遭受肢體虐待，而且被禁止用哭泣來釋放痛苦，使得許多人過度依賴發怒來做為釋放情緒痛苦的唯一方法。然而，無論怎樣發怒或發火，都無法做到眼淚的釋放功能，事實上，該哭泣時卻發火，只會引起更多的怒火，因為這只會加重了這個人的孤寂感和孤立情況。

「我比你還痛」這個噁心的表達方式，其實有真實之處，因為父母在虐待我們時，也傷了他們自己，而且我們所具有的真心愛他們的能力，也被他們的惡意對待給削弱或摧毀了。

　　此外，許多人是社會壓力的間接受害者，社會壓力迫使父母壓抑自己的痛苦，直到它累積並轉化成怒火。這個「痛苦變成怒火症候群」蔓延在社會裡，並且習慣代代相傳，已經製造了未流之淚的巨大海灣，以及世代間的巨大敵意峽谷。

　　我們生活在親子之間極少有真正同情心的文化裡，可能只有少數的讀者不曾淒涼地想過自己是被收養的孤兒，或者在醫院時被非親生父母抱走了。你小時候是否曾經幻想「真正的」父母會回歸來拯救你，而他們肯定會比那些假裝是你媽媽或爸爸的大人更有愛也更欣賞你？威廉・斯塔福德切中要害地寫到這個概念：

> 如果你在搖籃中被交換了
> 而且你真正的母親死了
> 沒有說過那個故事
> 那麼就無人知道你的名字……
> 「你真正是誰，漫遊者？」
> 無論周遭的世界
> 多暗和多冷
> 你必須給的答案是：
> 「我可能是個國王。」

　　難怪那麼多的年老父母被親戚趕到老人院去，只有在西方社會，才有這種無愛機構存在的必要性。也許，在某些情況中，我們是在無意識地監禁長輩，以報復他們不思悔改的虐待？

原諒父母

　　然而，大多數的父母本身也被糟糕地養育，這是很有說服力的情有可原情況。考量許多父母所知道的事以及經歷的過去，他們的確已經盡力了。許多父母只是模仿自己父母的苛刻做法，或只是遵守當時的「智慧」，像是：「不打不成器」、「小孩只能聽不能說」。

在我們有了這樣的了解，並且足夠哀悼童年的失落後，有時可以面對我們與父母都有的傷痛，進而打開自己的心。他們也曾經是自尊和自信都被父母的羞辱及威嚇給粉碎的小孩，漠不關心和忽略砍去了他們的表達能力；他們也用內心與靈魂裡空洞的巨大洞穴來逃離童年，從沒接受過他人情緒性之愛的餵養和充實。

他們會虐待和忽略我們，也是因為所忍受的父母壓迫行為，變成了模仿的範本。隨著我們越來越了解父母被養育的方式有多糟糕，最終都會對父母的失落感到憐憫，而這憐憫有時會喚醒我們內在的一種擴展成原諒感的身體感覺（bodily-felt sense）。

「身體感覺」是一種深深知曉和無可動搖的確定感，會用強烈的情緒感受和體感與全身產生共鳴，它特別強烈的時候，可能會伴隨著麻麻的感覺、發冷、發熱、起雞皮疙瘩，或是傾瀉的情緒。有時候，身體感覺會在心中製造一種擴張的感覺，它會以甜美釋放的眼淚和（或）笑溢出。身體感覺是一種可以使我們興奮驚呼「我懂了！」的體驗，在「懂了」的那一刻，我們可以理解並接受那些自己一直無法和解的事情。

在我的經驗中，永遠不會忘記那個寂寞的聖誕夜，我第一次對母親的情有可原情況，有了深刻的理解和身體感覺。我冥想著我的家庭，開始想像母親的成長過程會是什麼樣子，她有個脾氣差且思覺失調症的父親，以及兩個後來成為紐約警察的強悍哥哥，而當我想起一張小時候的她看起來很害怕的照片時，便突然哭了。

當我的眼淚停下來時，我理解到她的家庭一定充滿虐待性，於是製造了她臉上恐懼的樣子，並使她的身體害怕地蜷縮起來。我感覺到怒火和憤怒在心中快速地出現，而在怒火消去後，我深思她的情況，突然很確定她被性虐待了（我的三位姊妹後來都分別私下告訴我，他們強烈懷疑母親曾經被舅舅或外公「亂倫」）。

新一波又一波的哀悼充滿了我，我覺得自己就像是在哀悼她遭受的虐待，也在哀悼自己遭受的虐待的根源。當原諒她的美好感在我心中翻騰，並且散發到全身時，這哀悼風暴達到了高峰。

後來，這個原諒感消散了，我發現自己開始思考外公的起點。我記得他是在蘇格蘭的孤兒院被養大的，而根據我的社會學研究，我記得狄更斯（Dickensian）的作品中描述的恐怖情節，通常會發生在英國社福機構中的小小孩身上。我確定他一

定遭受過性虐待和肢體虐待，那些虐待使他退化到有偏執型思覺失調症，對此我也感到一波波的悲傷和憤怒。

隨著這些感覺結束後，我開始對於遺棄外公的那位母親，也就是我的外曾祖母，感到非常憤怒，因為她把無力自保的嬰孩留在孤兒院的踏階上。我為外公深深地哀悼，也為我裡面的他哀悼，然後再一次感受到原諒他的奇妙感在心中冒出。

再後來，對於我遭受的虐待與失去，我更深度地悟出前因。我推測，外曾祖母一定也是艱困環境下的受害者，遭遇了很悽慘的悲劇，才會這樣放棄嬰孩。我想像她是一個又窮又未婚、「被占便宜」的鄉下女孩，並因為對她的難題有同理心而發抖哭泣，我知道，在那個時代生下「野種」的未婚媽媽會被唾棄、被驅逐，並且是代罪羔羊。

那天晚上，我花了許多個小時，對於發生在我祖先身上，還有延伸到自己身上的不公，一下子哭泣，一下子發怒。我的肉體旅行了好幾個世代，憤怒地尋找最初的行惡者來為家人的痛苦負責。然而，透過我所知的家庭歷史碎片、社會學的知識和直覺的洞察力，我一再理解到，每個行惡者原本都是某個人的受害者，他們只不過是對他人重演了自己遭受的虐待。

工業革命的情緒與靈性大屠殺

那些生命進程中出現危機的人，必須要全然挑戰自己的集體過去，就像神經質的病人必須解開自己的個人過往一樣地徹底：歷史中長期被遺忘的創傷，可能對數百萬無所覺察的人有災難性的影響。

——劉易斯‧芒福德（Lewis Mumford）

我在那個寂寞的聖誕夜，追溯我遭受虐待與忽略的傳承過程，直覺地為許多被遺忘許久的世代而悲痛，直到我發現可怕的失能教養流行病的起源，而這至今仍令我震驚。在電影般的清晰畫面中，我用心靈之眼看見了受工業革命踐躪的家庭（大衛‧赫伯特‧勞倫斯〔 David Herbert Lawrence 〕的小說《彩虹》曾尖銳地刻劃了這個破壞的情況）。

在功能完整的生活型態中，家庭會和諧地一起工作，以提供全家所需。

但我看見男人被帶離那樣的生活型態，被置於煤礦場和工廠裡，從事那些枯燥且不必用大腦的重複性工作，他們在那裡失去了自己的目標感，而且心靈的光被系統性地熄滅了。

當我看見那些男人被驅使去表現得像機器一樣毫無過失和沒有情緒，我的心就痛了起來。後來，他們開始表現得像機器，沒有社交往來、對錯誤沒有容忍度，並且沒有時間給沒「生產力」的一切。

幾年後，我觀看關於亨利‧福特（Henry Ford）的工廠的紀錄片，看到那裡的工人不可以講話或唱歌，或是離開生產線位置超過一百五十公分。最強壯、最年輕又最有效率的工人，按慣例會被安排在生產線的前端，那些跟不上的人則會被開除，而且大部分的男人在四十歲以前就被「榨乾」，然後被拋棄在街上，沒有社福機構支持他們。

難怪有那麼多前人變得慢性憂鬱、心懷怨恨，以及對於用酒精來麻痺痛苦而上癮。不需要有太多的想像力，就能看見他們下班回到家時，會期待家人不抱怨、不互動，就像工廠對他們要求的表現一樣。

這些前人被當作機器般對待，於是也把孩子當作機器般對待，而機器只在有效率地運作時才有用。最被重視的機器需要最少的關注、極少出問題，而且很省油。難怪小孩子開始被機械性地對待，並且好父職的標準被降低到能在餐桌上提供食物（汽油）就好；難怪小孩的需求常被認為是麻煩和煩人的，就像工廠機械壞掉一樣；難怪完美主義入侵了這些孩子的心理機制。

前人的機械化製造了現代「缺席的父親」和「沉默的沙發爸爸」的原型，大量的成年小孩從未和父親玩過一次遊戲，或聽過父親溫柔的隻字片語。我確定，如果有做研究，我們會看到家庭失能的情況，與父母的工作缺乏意義及自動化的程度，有非常高的相關性。

當人們被當作機器般對待，就會變得沒有心也沒有靈魂，也會與人類自然的同理心失去聯繫，而這種同理心的感覺，正常來說會在他們虐待或忽略他人時，對他們發出警告，但因為在這個國家缺乏這樣的同理心，所以兒童受虐待和受忽略的流行病，就被否認及容忍。

　　這樣摧毀靈魂地把人當成機械對待，始於工業革命，至今仍然猖獗。兒童在越來越小的時候就被變成小小的學習機器。曾經，美國公共廣播公司特集《沒時間了》播出過一個片段，是夏令營中的三歲小孩，一天花上八個小時在鑽研電腦！這種要變得越來越像機器人的壓力，也困住了許多工作者，而這不只發生在傳統工廠裡，也發生在辦公室裡，那是枯燥的文書作業和資訊過量的現代工廠。《沒時間了》中報導，兩千六百萬名美國人正被所操作的機器給監控，每當他們工作的速度比旁邊的操作者慢，這些機器就會用訊號攻擊他們。

　　這與雨林社會的工作習慣相反。最近的一項人類學研究發現，雨林社會裡每個成員一天只要工作兩、三個小時，就能夠滿足他們所有的生存需求。

　　最受歡迎的休閒活動當中，有許多也跟工作一樣變得會摧毀靈魂（休閒活動常被稱為「打發時間」，好似空閒時間是一種要趕快結束的包袱，而不是要享受；我覺得這很有意思）。

　　越來越多人花了大量的非工作時間，沉迷在單獨或久坐不動的事情上，像是看電視、用電腦、上網、打電玩，而真正現實生活的受歡迎度，則受到虛擬實境科技的威脅。我讀過一些報紙的報導，裡面提到，美國人平均一天看超過六個小時的電視！這種鈍化靈魂的「活動」會侵蝕我們的生命力，並分解我們的溝通能力，以及人類互動娛樂的能力。

　　更糟的是，電視和電玩經常被當作便宜的保母，電視已經成為現代版的哈洛鐵絲母猴（猴子的代理母親），美國家庭在家裡的陰極射線光中枯萎，在各地的客廳中出神，這些家庭已經成為溝通沙漠，而這種社會許可的麻木，繁衍並加重了我們文化的言語忽略、靈性忽略、情緒忽略流行病。

　　與我在許多沒那麼工業化的國家中所看到的家庭案例相比，這是非常令人難過的反差。在加爾各答的街上，那些幾乎快活不下去的家庭，似乎比大部分更富裕的西方家庭，在靈性和情緒上更有活力又健康。當我住在那裡時，他們彼此在日常生活中是多麼溫柔、溫暖和有互動性，常使我感到震驚。父親與母親有玩心地對待孩子，並且表現情感，也常使我覺得很奇妙。

　　最令我吃驚的是，我真的很羨慕那些家庭的溫暖與愛，這種愛就像春天的花園突然茂盛開花那樣驚人，並且可以明顯感覺到，這比我所認識和觀察到的任何美國

家庭，都更為真實和實在。這些家庭，以及我在泰國、峇里島、摩納哥所造訪的家庭，遠比我在舞台上或螢幕上所看過的，最被渲染美化的理想美國家庭，都還要更滋養和放鬆。當一個文化就像我們的文化這麼情緒貧乏時，它連創造家庭之愛的可信假象都做不到。

　　工業化社會的生活壓力，迫使我們得活在忙碌的步調中，追逐著現代生活複雜的要求。許多現代家庭需要父母兩人都工作才能活下去，而這些父母總是被壓力和疲勞給淹沒，在這種情況下，真的想要疼愛及照顧孩子的父母，經常無意識地再製了自己童年遭受的遺棄、羞辱和懲罰，即使他們發誓自己養育子女的方式要跟父母不一樣。

　　然而，人類的心靈有驚人的韌性，我見過許多身為倖存者的父母，有些人的個人復原程度不多，卻能夠疼愛及滋養他們的孩子。許多人的這種成就，有些是受到健康育兒知識與資源的幫助，最近二十年，這些知識和資源在美國大幅擴散。我很開心地知道，許多父母認真做自己的復原工作，以幫助他們健康地養育孩子，而每當我和這樣的家庭相處時，總是會感到羨慕。

想像性地重建父母的童年

> 原諒的意義是，進入你的內心去感覺另一個人的痛苦，並且放掉它。
>
> ——史蒂芬・萊文

　　你可以盡可能詳細地想像父母的童年，來更加理解父母情有可原的情況。閱讀歷史紀錄、觀看他們童年時代的紀錄片，還有從父母或親戚長輩那裡獲得的家庭史，都會有幫助。家庭相簿是非常豐富的資訊來源，藉由研究父母和祖父母兒時的照片，你可能會體驗到某些特別有開悟性的洞見。

　　當我的案主帶來他們自己或家人的歷史照片時，我總是很興奮。這些照片通常是悲慘童年的強力證據，因為從家庭成員的肢體語言和臉部表情，經常隱諱地或明白地展現出來（要留意很重要的一點：照片並不總是精確地呈現過去，許多失能父母會羞辱和脅迫子女要對著鏡頭笑）。

家庭老照片誘發了我對父母許多深刻的理解和憐憫。除了那張母親小時候看起來很害怕的照片，我還有一張父親十歲時的照片，它依然偶爾會使我哭泣。在那張照片裡，他看起來像個乾癟的成人，像是一輩子沒有玩樂或享受過的退伍軍人。難怪，他在幼年時就已經是一家之主，要養育兩個較小的手足，照顧因憂鬱而臥床不起的母親，以及代替經常酗酒的父親。

我也有一張曾祖母的照片，她看起來非常刻薄且討人厭，我有時候看著照片就會因為害怕而發寒。光是這張照片，就能解釋我祖父和父親暴怒成癮的原因。

我有兩張自己兩歲時的照片，我的手腫到看起來像是沒有指節。我仍然不確定那看起來很痛苦的腫脹是什麼原因造成的，但從我在照片裡的臉部表情，以及我看那些照片時的身體感覺，我知道是某種非常有創傷性的事情。

想像性地重建父母的童年，有時候會刺激我們去哀悼他們的失落。透過讓自己為他們而哭，並允許自己為其父母對他們的傷害而生氣，我們可能會體驗到一種非常深刻的療癒，但這有時候很難做到，因為祖父母大多對孫子很仁慈，雖然他們從來沒那麼仁慈地對待自己的孩子。

諷刺的是，這種情況對我們造成的傷害，有時候大過對我們的幫助，因為許多人的父母在看到孩子得到他們從未得到的仁慈時，會有苛刻的忌妒反應。當我陪伴著臨終的母親時，她一度悲痛欲絕，因為她終於表達了看到她母親對我提供了她一直被剝奪的溫柔時的痛苦。

大多數人承擔著父母對於自己童年遺棄經歷的哀悼，而當我們哀慟地抗議父母所受到的不公平苦難時，也是在支持因為祖父母的糟糕養育而失去了那麼多的自己。**當我們深深地為父母哀悼時，這種感覺可能會擴展成真心的原諒感。**

神：終極的情有可原情況

這些罪是誰的責任？在最後的分析裡，是創造了世界及其罪孽的神。

——卡爾・榮格

越來越深入地了解情有可原的情況，繼續幫助我對於祖先以及所看到的大多數

失能父母，感到越來越多的憐憫和原諒；還有，雖然我不確定工業革命該怪誰，但是我發現怪罪神毀滅了文化中的愛，經常對我有幫助。

對我來說，我們應該只為了神的祝福而讚美神，卻把人生中的失望都怪罪給自己，這實在沒有道理。在羅伯特・麥克里蘭德（Robert McClelland）牧師的啟發性書籍《上帝，我們親愛的敵人》裡，探討了允許健康地怪罪神的好處，他引用了聖經中的許多經文來減輕罪惡感，並允許我們可以因為人生的許多不公而對上帝感到憤怒。

對於神，那個顯然是創造萬物的全能者，祂創造或允許一個系統把許多人變成冷酷無情又麻木不仁的機器，有時會讓我感覺到大量的怒火和怪罪。諷刺的是，這個怪罪總是會加深我對神的感恩。這位神似乎在我們童年時背棄了我們，卻同時創造了豐富的美、奇妙和愛，讓我們在成年後去發掘。

怪罪神的時候，我們會對於童年時期的無辜說出最強烈的話語，而這只是對於父母不公行為的延伸性發怒，並且是在抗議童年的受害遭遇。就像在第七章看到的，**健康的怪罪是無價的直覺，代表我們拒絕為那些非自己製造的問題而接受羞恥**。因此，偶爾把神視為終極的失能父母，是正常和健康的。耶穌不也曾經怪上帝，也就是祂的父親，被釘在十字架上時，祂不是大喊：「為什麼離棄我？」

為了更廣泛的不公平和不公義而怪罪神，也對我們有益。對於戰爭、疾病、饑荒和貧窮這些大型虐待感到痛恨和憤怒，這種感覺具有強大的修復力。這些悲劇的恐怖性，有時候會使我們的內心感到沉重，而哀悼是釋放這個重量的健康方式。而且，在為他人流下憐憫的慈悲眼淚之外，我們也需要對於折磨人類家庭的可恨悲劇來發洩憤怒。

雖然很多人會說：「對超出我們控制的事情而生氣，無法改變什麼。」但是，這麼做經常可以改變我們對於大型災難的憂鬱和無望反應。有時候，在近距離接觸這種痛苦現實的時候，我們對於人生的信念和希望會死去，而哀悼的歷程會幫助我們重生這些信念和希望。

如果我們允許自己偶爾體驗對神的怪罪，就可以化解對神聖力量的正常憤怒感，那化解的方式會允許我們「原諒」神，再度接納神聖之愛，而且對於「投胎當人」這個無與倫比的禮物，覺得感恩。

了解情有可原的情況，能減輕羞恥

　　試著了解是什麼原因使父母對我們施虐，還有另一個好處。這種推測有時候能使我們看到，他們對我們所做的事通常不是針對我們本身。修・米瑟戴恩（Hugh Missildine）說：「如果你最景仰的人有相同的生父和生母，他也一樣會被這麼對待。」就反應了這個概念

　　父母對我們的不當對待，並不是反應我們有什麼本質性的瑕疵或不好之處，而是人類沒有從過去學到教訓，而無知地重複類似行為的一個糟糕例子。即使我們在各方面都超自然地完美，仍然會因為父母盲目重演自己的童年悲劇而受苦。

　　他們對我們所做的事，通常是來自於強迫性重複的非故意表現，父母無意識地重複與他們父母相同的虐待，因為他們通常處於否認和防衛之中，其情況就像我們展開復原工作之前一樣嚴重。大多數父母沒有受到復原工作的觀念所啟發，鮮少對於自己的忽略或具虐待性程度有所自覺，許多人甚至從不知道自己無知地模仿的那種養育方式，也在以前傷害了自己。

　　我聽過父母那一代的許多成人說這樣的話：「我父親以前把我打得青一塊紫一塊，但那是對我好，使我變成男人！」「我六歲時，母親就要我去工作。她從來沒有讓我嬌生慣養，我很慶幸，要不然我就會變得太軟弱而無法成功。」「我父親從來不關注我，感謝老天，要不然我就會像現在的那些小孩一樣被寵壞。」

　　我也敢打賭，我父親認為自己是比他父親更好的父親。當他打我的時候，「只是」用手掌，而且不像他父親，我父親每晚都清醒地回家。然而，他這些教養上的「進步」，對於家庭中基本傳承的虐待性養育，並沒有改變多少，他經常為一點小事就暴怒的脾氣嚇壞了我，並且就像他父親的酒醉暴怒，讓他縮小到自己存在的一個小角落去，我也那樣地縮小了。

　　因為父母的自我表達在許多方面都被羞辱或懲罰到不存在了，所以變得痛恨自己的那些方面，並且會自我審查，於是也這樣對待我們；因為他們的許多基本需求被忽略了，所以也忽略我們的許多基本需求；因為他們沒有發現並哀悼自己的失落，所以不知道自己是多麼地剝奪了我們。

　　我們父母的怨念所針對的，通常是天生的健康人類表達性，而不是我們有什麼

本質上的錯誤，這真是非常殘酷的諷刺。當他們看到我們維生所需的表達性，就會無意識地充滿痛苦，因為這提醒了他們所錯過的一切自我表達，有時候，這就是惡名昭彰的「滾出我的視線，我受不了看到你」的來源。

　　當父母無法以孩子為榜樣和啟發來復原活力時，有時會以自己的活力被扼殺的方式，去扼殺孩子的活力。當孩子開心吵鬧時，父母會非常生氣，因為他們無法忍受自己失去的奇妙部分被反映出來。基於相同的原因，失能父母通常會因為孩子仍然擁有完好的健康情緒表達，而感到怨恨不已。

　　有了這樣的了解之後，我們可以知道自己並沒有什麼應該被貶低的。那些針對我們而來的怒火，通常與我們沒什麼關係；**我們的經歷缺乏愛，不是因為我們缺少價值，而是因為父母失去了愛的能力。**

第 11 章

原諒的限制：
情有可原的情況有時無關緊要

也許你非常痛苦地感覺不到釋放，

只感覺到你所抓住的巨大痛苦或憤怒的重擔。

溫柔地觸碰它，在這當中也要原諒自己。

原諒不是能強迫得來的，也不是能假造的。

——傑克・寇恩斐德——

情有可原的情況與原諒之間，並不是全有全無的關係。比起其他父母，有些父母的情有可原情況更加身不由己。有些父母從非常艱難的童年倖存，並且在減少家庭虐待與忽略的傳承上，做到了巨大的躍進；但也有童年創傷顯著較少的人，墮落到更極端的不良養育方式（藥物與酒精濫用經常是其中的一部分）。而其他人的養育方式可能過分到不能把「原諒」當作選項之一，無論他們情有可原的情況有多麼誇張。

所以，企圖透過考量情有可原的情況來達到原諒，並不適合每一位倖存者，甚至可能對某些人的療癒具有反效果。如果父母是社會病態且樂於施虐，成年小孩極不可能對他們產生原諒感。

如果成年小孩有惡意殘酷的父母，就需要了解社會病態目前並沒有已知的有效治療方式。社會病態者缺乏良知和同理心，而且其中許多人對於傷害他人上了癮，如果我們的父母是社會病態者，就必須用盡方法與他們分開。

對於不是社會病態者，可是行為上對我們有嚴重傷害的父母，通常也是如此。有些失能家庭所製造的施虐者，就跟受害者一樣多。並非所有的倖存者都會變成關係依賴的照顧者或踏腳墊，如果我們的父母完全「認同侵略者」，他們成人後可能會慣性重演自己父母的惡行。許多人的父母對於用憤怒、挖苦、找麻煩和嘲弄，來釋放自己未解決的情緒痛苦上了癮，使我們成為他們的受害者。

慣性的傷害會嚴重地傷人，以至於不能被原諒。如果父母只是痛苦的來源，其他什麼都不是，那麼期待自己要對他們有原諒感，是不公平的。對於把我們當成代罪羔羊的父母，在我們健康地無法原諒時，要是我們緊抓著「必須原諒父母」的信念，就可能會使我們一直被監禁在羞恥裡。

那些試圖操弄嚴重創傷的倖存者的罪惡感，要他們去「選擇」原諒的人，也是在虐待倖存者。把一個嚴重受虐的成年小孩羞辱到去原諒父母，就跟施壓大屠殺的倖存者要原諒希特勒一樣沒心沒肺。說什麼「如果倖存者不原諒，復原工作（或心理治療）就不會有進展」，根本是在胡扯，對於許多人來說，事實完全相反，他們只有在開始允許自己體驗健康的怪罪後，復原工作才會有進步。

對於某些人來說，除了體驗到「可怕的施虐壞人是不可原諒的」之外，並沒有其他選擇，但這不必然會影響我們原諒他人或自己的能力。原諒不是全有全無的體

驗，**我們可以復原並進化到在日常生活中可以輕鬆地擁有原諒的感覺，而不必原諒怪物般的施虐父母。**

要療癒過去遭受虐待的創傷，不必然要對父母有原諒的感覺；雖然原諒的感覺能使靈魂欣喜，但是許多倖存者對於施虐者沒有任何原諒感，也能持續在復原工作中進步。

倖存者越是多練習哀悼童年之失落和自我憐憫的重新撫育，就會復原得越好。

最後，在最糟糕的虐待案例中，也可能出現有真心原諒感的神奇時刻，但那是例外而非常態。

原諒與怪罪的持續之舞

> 的確，我無法知道，
> 雖然我對它細想，
> 我全部的愛或全部的恨
> 哪個較容易說……
> 親愛的朋友，我依然愛你。
> 那是對我們的愛的背叛，
> 以及對上方的神的罪，
> 一分錢一分貨
> 一種純然中立的恨。
>
> ——亨利・大衛・梭羅（Henry David Thoreau）

不成熟的原諒經常會落入假性的永久原諒，進而固化了否認狀態，我稱之為「石化的原諒」（fossilized forgiveness）；石化的原諒通常發生於我們決定自己已經足夠聚焦在過去了，該走向永久性的無條件原諒的時候，而這個決定經常是被羞恥和罪惡感給引發的，像是某個人告訴我們，我們一直「小題大作」，以及對於過去太過執著。石化的原諒是我們把家庭的失能徹底逐出意識之外，企圖以此補償自己的罪惡感。

　　石化的原諒也經常被恐懼誘發。我們認為自己的哀悼太過強烈且永無止盡，於是驚慌失措，而我們的結論是，自己的哀悼永遠不會到盡頭，於是宣稱父母被原諒了，試圖以此永遠封住通往過去的那道門。

　　當我們這麼做，就可能會繞過傷得最重的童年創傷，因為它們通常是到最後才會浮現的，而且不幸的是，我們人生中最大的限縮與限制，就是由我們最需要哀悼的未解決創傷所造成的。

　　雖然嚴重虐待案例的原諒感是可以理解的，但這種感覺通常稍縱即逝，因為很少人能夠從長期虐待的傷害中完全復原。

　　雖然大量的哀悼已經帶給我大量的療癒，但我仍然偶爾得對抗遭到多年毆打的後果，因此，即使我已經對父母有許多次的真心原諒經驗，但在情緒重現的時候，我無法對他們有原諒感。

　　我父母的肢體虐待很嚴重且一直發生，以至於我可能永遠在社交上都會有某種程度的過度警戒、偶爾的驚嚇反應，對於不認識的權威人士一開始也會害怕及不信任（雖然有些人可能會說「接受自己的限制，只是挖坑給自己跳」，但我相信，假裝它們不存在，會使它們變成坑洞，而我們會盲目地一直摔到裡面去）。

　　如果要化解那些情緒重現，我就需要怪罪父母，而非自己，因為他們是讓我在社交上緊張的來源。為了這些情緒重現而怪罪他們，可以幫助我的內在小孩放心，不再被監禁於過去。現在，他在我的保護之下是安全的，並且被歡迎完全參與。

　　我已經在自己腦袋的隱密處，多次使用了這個內在的健康怪罪歷程，化解那些來自過去且令人難受的侵入，這麼做通常會使我在社交情境中能夠完全處於當下並表達。然而，如果我忘記這樣拯救自己，通常會掉回到舊的防衛性姿態，像是退縮、用沉默掩飾自己，或是用假性勇氣過度補償。

　　前往完全自我表達的旅途，可能會是一輩子的，而這種怪罪也是一輩子都有用的。在我復原過程的早年，怪罪是一個被善用的工具，在後面幾年，我的情緒重現逐漸減少，我也較少依賴怪罪來解決情緒重現的情況。然而，如果我的內在找碴父母又出來試圖打倒我，我會需要短暫地拋棄關於原諒的所有想法，並且怪罪那些有關父母的可怕妖魔鬼怪。**再次提醒，處理情緒重現時的兩個重要工具：當情緒重現發生時，愛你自己，並且純然感覺你身體的體驗。**

原諒的程度

每個失能家庭的虐待與忽略的程度、時間長度和組合成分，都大不相同，因此，在原諒感之前出現，每個人哀悼的強度和時間長度都會相當不同。

如果我們無法理解這一點，就很容易羞恥地拿自己和看似更容易做到原諒的他人做比較。

比較，是最陰險的毒性羞恥惡魔之一。我遇到許多倖存者一直拿無關且不公平的論斷來鞭打自己，說自己比別人更不寬恕他人。

原諒感在頻率、強度和長度方面的大不相同，不只是人與人之間的差別，同一個人在不同時候也會有差別。

當我想起母親的時候，有時會充滿著愛與憐憫，有時會體驗到痛苦的情緒重現（被遺棄與傷害），有時則在感恩和傷害之間擺盪。每當我想起母親時，很難預測我會感覺到多少原諒，原諒通常是反覆無常的，就跟所有本質性的情緒體驗一樣。

遠距的原諒

原諒不代表你必須找出那些傷害你的人，或是和他們說話。你可以選擇永遠不再見到他們。

——傑克·寇恩斐德

有些人在解決過去的創傷問題之後，與以前施虐的父母相處時，可以感到安全和自在。我們原諒的體驗是如此深刻，甚至可能與父母建立真心的親密感。

然而，有些人只能遠距地對父母有原諒感，因此，雖然哀悼工作可能帶來強大的原諒感，但是我們和父母相處時，也許仍然不可能感到放鬆和安全。至少有以下三種狀況會造成這種現象。

首先，父母仍然不尊重我們，因此，他們在場時，我們不可能保持信任與開放，無論我們是否否認他們持續的虐待，都是如此。

第二，父母已經不再虐待我們，但對過去的傷害從未表達悔意，使得我們待在

他們身邊時仍然會感到深深的惶恐。這通常會使我們無意識地蜷縮起來，害怕他們的暴怒會突然重新被喚醒並且鞭笞我們。

第三，父母已經不會主動施虐，但是他們的自我中心以及對我們缺乏真誠的興趣，使我們覺得就像童年時一樣受傷和孤立。

遭遇虐待時無法出現原諒感，是因為恐懼會自動地把我們從聚焦內心的狀態，驅逐到過度警戒或解離的狀態。很少人可以在遭遇持續的敵意時，不會自動地害怕和蜷縮起來，就算那股敵意「只是」言語上的。不過，我們的情緒本質有驚人的彈性，而且許多人一旦脫離父母的虐待後，依然可以對他們感到真正的憐憫。

當我們安全且不受傷害時，有些人可以對每個人都有原諒感。在隔著距離的情況下，有時我會對社會中最令人髮指的罪犯有原諒感。研究顯示，大多數的獄囚是嚴重失能家庭的孩子，他們的成長經驗顯然把他們推往具暴力傾向的社會病態者。當我想像他們所模仿和重複的童年虐待有多麼強烈，便對這些迷失又無愛的靈魂感到憐憫，我想要原諒和療癒他們內在那個被迫重演父母暴力的小小孩。

然而，這種有原諒感的體驗，不代表我想要和他們任何一人同處在暗巷裡，也不代表我認為他們應該在街上自由漫遊，可以再犯下暴行，當然，這也不代表我原諒他們任何的暴行。然而，我非常希望這些可憐的靈魂可以從可怕的痛苦中解放，因為那痛苦使他們接觸不到自己有愛的天性。

真正的原諒可能會再固化否認

……我們很容易就從自己努力達到之處，突然掉回到我們從不想要的人生；我們會發現自己就像在夢中那樣被困住了，並且死在那裡，永遠不會醒來。

——里爾克

對於仍具虐待性的父母有真心的原諒感，對復原中的人來說可能是危險的，因為這種情況經常誘惑我們把「原諒感」詮釋為整個關係完全健康的證明。我經常看到案主有這種破壞性的結果，這種透過哀悼而達到的真誠憐憫和原諒感，迷惑了他們；他們希望並相信著，父母在下次接觸時會展現相似的溫柔，但對於這種期待的

渴望，會使他們把自己的否認再度變成石化的原諒，於是恢復了舊有的一切防衛，不去感覺父母失能所造成的痛苦。

每當我在這些案主再次接觸父母之後見到他們，通常會感到心痛，因為他們都會說彼此有了充滿愛的美好互動，可是卻明顯展現出不悅。如果他們與父母有較多的接觸，通常會顯得緊縮、筋疲力盡和失去活力，可能會感冒、有背部問題、偏頭痛、失眠或做惡夢；他們看起來往往像是退化到在那個家庭中成長時被迫成為的羞恥又憂鬱的小孩。

當父母變得比較沒那麼直接地施虐時，成年小孩的原諒感與感恩的組合，會掩飾現在比較不明顯的傷害，特別是對已經沒有肢體虐待但仍有言語毒性的父母。

如果父母在各方面都不再有敵意，但本質上依然冷漠時，更可能讓我們重新固化否認，但只要他們有一丁點的在乎，都能讓我們輕易地重建幻想式的信念，相信父母真的在乎我們。

然而，當他們做做樣子的關心，缺乏真心或持續的在乎來維持時，我們的羞恥與被遺棄的舊傷口通常會痛苦地再度打開。

當原諒感再度固化了否認，回家探親可能會暫時抹去了自尊工作好幾個月，甚至好幾年份的收穫，在一些案例中，我看過子女只與依然失能的父母通話五分鐘，就有非常誇張的狀況。

遠距的原諒有另一個危險。我們往往認為，在拜訪未曾改變的父母之後，自己應該對那種糟糕的感覺負起全部的責任。我聽過許多自我苛責的版本，例如：

我真的很差。他們真的沒辦法。他們並沒有試圖傷害我，而且根本沒有以前那麼壞。為什麼我不能再努力一點？如果我可以更獨立，也不要這麼過度敏感就好了。我就是太差勁了，無法在這個工作裡進步。為什麼我不能放下，並且試著更加原諒他們呢？

接著，這些倖存者可能嘲笑以前真正的療癒和原諒經驗，說那是虛假和沒價值的，來當作他們「什麼都做不好」的進一步證據。在這個被毒性羞恥汙染的推論過程中，他們可能會做出這樣的結論：

如果我真的原諒，如果我最終能下定決心放下過去，並真正原諒父母，那麼我拜訪他們就會很正常。如果我沒有表現得像個被寵壞的搗蛋鬼，以及對他們有那麼多的期待，那就太好了！

要是我們試著永遠守住原諒感，那麼對於父母傷害行為的不悅情緒，會使我們重現童年的角色，為自己與父母之間的每一個不悅而承擔全部的怪罪。

原諒可能掩飾情緒剝削

人是可以被原諒的；但該被怪罪的行為，就該一直被怪罪。

——賀比・孟羅

不幸的是，無論我們對父母的原諒感有多麼深刻且真心，都不會使他們自動變得有能力和有意願去愛及滋養，尤其是施壓我們去照顧他們的那種失能父母。石化的原諒會使許多人根本不知道自己是如何當「小大人」以及被索求愛，還有幾乎不求回報。

許多失能父母陷在情緒發展過程中一種嬰兒般的過度索求階段，極度不願意放棄當那個特別的人的角色。有些人放掉自己以前那樣的虐待做法，卻持續要求成年小孩的注意力要聚焦在他們身上。

我在這方面的經驗是這樣的。我父親有兩次來找我，都是在他和我姊姊的孩子相處一週之後，立刻來拜訪。雖然他已經不再施虐，但他的造訪卻是以雙重方式對我那被遺棄的傷口施以酷刑，他不僅完全不在意我的心思，當我問起外甥與外甥女的情況時，他也答不出來，即便這兩位孫子女是他唯一被允許拜訪的，他卻對他們本身或興趣幾乎一無所知。

當父母如此自戀地與我們互動時，就會在我們那被遺棄的舊傷口上撒鹽。當每個「單向」的成人關係，都在傷害一直付出卻鮮少得到什麼的那個人，還能有其他可能性嗎？

然而，與依然失能的家庭往來，不一定是毫無價值的。當我們從復原工作的觀

點來體驗它，就有助於減少否認，並認同我們在失落方面的痛苦和擔憂，尤其是父母的舉止仍然與倖存者童年時相似。對於在復原工作中頗有經驗的案主，我有時候會把「返家探親」說成「事實調查之旅」。

這樣的拜訪也可以挑起其他方式所無法釋放的未解決舊痛苦，藉此來幫助復原，因此，無論我們與父母現在的關係中是否有任何真正的療癒性，返家探親都有其用處。

當然，痛苦的返家探親的用處，是有限度的，如果與依然具有虐待性或嚴重忽略的家庭過度往來，有時候只不過是臣服於更多的虐待而已，而這種未處理好的強迫性重複，往往會拖累復原工作，而不是幫助復原。

關於遠距原諒的私人故事

在緩慢地學習這個議題的過程中，有時我仍然會在父親造訪的一個星期前，被恐懼與羞恥的情緒重現所震驚，而讓我更震驚的是，在他拜訪四十八個小時之後，我得花多少時間復原。

即使我為了他人生中的可怕狀況哭泣過很多次，為了他的過去多次感到憤怒，也知道如果他再攻擊我，我可以輕易地對抗他，但我和他相處時依然無法放鬆。雖然這可能很「不理性」，但是沒有什麼比他的拜訪更會引發我那持續存在的恐懼和羞恥。

雖然我清楚了解內在小孩為什麼依然怕他，但即使我多次對他有原諒感，仍然無法享受和他相處，這真的出乎我的意料。事實上，當我有好一陣子沒見到他，我會開始相信他下次來訪時真的會不一樣。我持續體驗到的原諒感，似乎使我相信我們現在已經可以有一個輕鬆親密的關係了，而且他終於可以給我溫暖的、有父愛的在乎。兩次見面之間的時間相隔越長，我越是這麼相信。時間似乎是否認的盟友，而我也見過自己以外的許多例子，他們也重新固化了自以為被愛的童年假象。

重複地體驗到對於父親來訪的否認情況，使我對於心理機制需要創造被愛的假象這件事，更加敬畏。**「需要父母的愛」的需求，在童年時是那麼重要，以至於心理機制能創造出難以對付又持久的假象，甚至連一丁點真實證據都不用。**

　　直到今日，我只能記得父親在我小時候對我仁慈的兩個短暫事件；那時，我很愛慕他，並且熱切地想要跟隨他的腳步。在我十二歲以前，我很確定自己會像他一樣加入海軍，然後從事工程方面的事業。雖然我從未聽他說過「他愛我」，但是我這麼相信著，尤其是我母親堅持我父親真的愛我。我需要這麼相信，而這個需要使我無視於排山倒海似的反證。

　　最有說服力的證據，或許是每當我和他的距離很靠近時，我就會感到焦慮和害怕，過度警戒地預期他的下一個言語或肢體的攻擊。現在，我甚至能感覺到，他在沙發上睡著、暫時卸下武裝的那些幸運時刻，我有著不可思議的放鬆感。更幸運的是，當他必須工作到很晚而不能共進晚餐的時候。有極少數次，他因為工作而離開家好幾天，那真是徹底的解救了我。

　　然而，即使我了解這些，內在的找碴父母仍然偶爾會把我羞辱到去相信，「如果我徹底放下過去，我們父子之間一切都會沒事」。毒性羞恥在我的內心虎視眈眈，堅持我是個忘恩負義的人，因為我沒有為父親新的溫和態度而高興，畢竟他不再打我、批評我，或是帶著厭惡瞪我了。狗在幼犬時期，即使只被虐待幾個星期，就會永遠害怕施虐者；我該忘掉這種關於狗的胡謅了，畢竟我應該已經進化並且超越了獸性的敏感吧？

　　要抗拒毒性羞恥大響的警報，有時候真的很難，然而，當羞恥試圖說服我「我們父子缺乏親密感是我的錯」時，我必須繼續用健康的怪罪來支持自己。只要有必要，我就必須用它來提醒自己，他以前是多麼堅定又長久地恨我，因為對父親的恐懼可能以永久的本能性烙印在我的心理機制了。

　　童年時，我有好幾千次坐在他旁邊或吃飯時嚇得要命的經驗，怎麼可能不會這樣呢？

　　　總是緊繃和總是蜷縮，
　　　總是等待火山爆炸的那一刻，
　　　感覺他的壓力累積，
　　　聽見憤怒凝結在他有鼾聲的呼吸裡，
　　　看見他脖子上的青筋暴起，

他的眼睛眯起，

他的臂膀往後抬……

　　雖然這樣描寫也會使我受傷，但是我們可能永遠不會親近，尤其是他不能也不願對他以前的殘暴行為表達懊悔，不願意給我們的關係帶來更多的療癒性。我希望自己有夠好的口才來與他談論過去的傷害，不幸的是，以往的經驗讓我知道，他只會用冷嘲熱諷的方式談這種事。

　　在最近的一次拜訪中，他嘲弄地說：「我不懂你姊姊為什麼不肯見我，我對她並沒有比對你們其他人更殘酷！」

　　我父親不能或不願意承認一丁點自己身為父母的短處，使我的內在小孩不可能信任他。這小孩怎麼能確定，我父親內在那個嚇人的暴怒巨人，不再是那個在沙發上打了長長的盹之後醒來就施行暴力的父親呢？

　　然而，隨著我越來越能承受矛盾性，當我有好一陣子沒有見到他或是與他說話，我仍然經常對他有愛和原諒的感覺。隔著距離，我真的可以喜歡和感謝他，我感謝他的基因貢獻，也感謝他提供還算穩定的家。

　　我也喜歡父親的信件，沒有他近距離的存在，那些信是安全的。我絕對給他最好的祝福，並且真心地為了他能在老年找到一些愉悅而開心。

　　有時候，我甚至有足夠的憐憫，對於給予他所渴望的完整關注和母性能量，也覺得很好。

　　與父親不親近，是我人生中持續存在的失落；但透過哀悼，這件事變得越來越可以被容忍，但我們缺乏親密感的情況，可能永遠會是一種傷害。如果虐待是長期嚴酷的，那麼親子關係親密感的損害，可能就無法彌補了。

　　我祈禱自己總是有耐心去真心應對這種痛苦的現實。以前，我和那些對我施壓、要求我得把情緒掃到覺知的地毯底下的那些人，狼狽為奸太久了。我知道，這些被否認的感覺肯定會回來糾纏並傷害我，而最可能的方式就是傷害真正的親密感（我有幸對朋友和其他家人有這樣的感覺）。

　　我祈禱，自己越來越能夠拒絕這種因為沒有達到「克服它」的極樂世界等級的原諒，而感到羞辱的情況。

限制與依然失能的父母接觸

　　遠距的原諒並非一種全有全無的狀態，就算父母的改變不足以讓我們與其相處時感到安全或是能展現脆弱，可能偶爾還是想要見見父母，在這種情況下，我們可以安排有限度地與他們接觸，而這種方式可能讓我們能擁有一些真正的享受。關鍵是減少見面的長度和頻率，我發現只和父親相處一天，遠比兩天更容易忍受。

　　比起父母來拜訪我們，許多人也會覺得自己去探望他們比較好。當一個沒有改進的父母待在你家時，你就有更多方面的生活型態可能被批評或被情緒化地否定。我也偏好到父親家拜訪他，因為我通常可以請他找其他親戚一起過來。我算是幸運的，和那些親戚相處時，我覺得比較放鬆，而這往往可以沖淡我和父親相處時所感受到的一些緊張。

　　另一方面，有些倖存者一想到要去拜訪父母，心情就會變差，尤其是他們童年時就是在這間房子裡受創傷的，而「回到犯罪現場」經常會引發痛苦及難以承受的情緒重現。因此，我習慣建議要探望父母的案主，在覺得受不了時，給自己可以隨時逃離現場的權利。如果我們不喜歡某次拜訪的發展，可以走出那道門、叫一輛計程車、去旅館或回自己真正的家。許多案主告訴我，光是被提醒他們有這種「大人」的選項，就足以使他們在探望父母時感到大為放鬆。

　　最後，有些人最好把與父母的接觸，限制在通信或通電話的範圍。如前所述，**如果我們的父母退化到不尊重的溝通，我們有權利在任何危機時刻結束通話。**

原諒和靈性

我遇過好幾個非常清透的生命體，但是我不相信自己曾經遇過完全沒有憤怒情緒的人。

——史蒂芬·萊文

　　有時，強大的原諒感伴隨著一種靈性的內在體驗。當我們的覺知因為對神性敞開而受到恩典時，通常會充滿著愛、安好和理解的奇妙能量，這個理解有時會開展

成令人生畏的領悟，那就是在一體性和完美的神性基礎結構中，我們與所有的存在體及事物，有著神聖的交互連結。

　　包羅萬象的愛的感覺，通常伴隨著這種靈性的開口，並且深刻地擴張成對所有的生命體（包括最失能的父母）感到無條件之愛和憐憫，當這種情況發生時，我們會體驗到一種短暫的意識：一切一直都是它應該是的樣子。當我們在這種超凡的狀態中，通常會特別有原諒感。

　　無論這種體驗有多麼崇高，當我們錯把超個人的原諒體驗當作人際之間的原諒時，復原工作就會受到破壞。靈性的覺醒雖然很有療癒性也很美好，但是不會神奇地創造對真實生活中的施虐者的真心原諒。**真心的人際之間的原諒，需要先有哀悼，而靈性的原諒不是哀悼的替代品。**

　　不幸的是，有許多情操高尚的靈魂們，依靠愛與原諒的理想，來把未解決的傷害史隔絕在意識之外。有些人把冥想當作藥物般使用，而且他們追求靈性的動機，多半是過度渴望逃離具體的情緒現實，有些心理治療師把這種世故老練的解離類型，稱為「逃到光裡去」。

　　我曾經在東方花多年的時間追求永久且毫無痛苦的開悟，但如今我為自己損失的那些年而哀慟。我拚命地尋找神秘的萬靈丹來解決憂鬱和焦慮，並且用冥想麻痺自己，直到我面對了自己的哀悼，才學會如何用冥想來幫助我擁抱人生，而非逃離人生。不過，內觀冥想之類的靈性技術，對於幫助倖存者健康地處裡各方面的自己與人生經驗，是極佳的工具。

　　超越主義者威廉‧詹姆斯（William James）經常被認為是美國心理學之父，他強力支持務實地處理人生中的困難，曾經這樣描述健康的個體：

> 他可以容忍這個宇宙……他仍能發現其中的風味，但不是「鴕鳥般的忘記」，而是就算有一切的阻礙，內心也有純然的意願要面對這個世界。

　　當超個人的原諒被用來忽略「尚未完整處理過去且有效地建立信任」這件事，父母和成年小孩的關係就永遠不會療癒。**如果我們不積極地處裡自己的憤怒和怪罪，靈性修行只會使我們困在虛幻的石化原諒那種有如死水的狀態。**

　　還有，如同任何實在的情緒內涵體驗，如果已經過了超個人的原諒感的自然存在時間，還一直緊抓著它，會使得未來更難有這種靈性開口。

　　這不是說，要達到原諒不能做靈性工作。靈性體驗可以製造很棒的動機，因為它讓我們知道，原諒的體驗是有可能且美好的。

　　對於愛、憐憫和原諒的祈禱與冥想，是靈性修行的一部分，只要我們不騙自己去相信自己感覺到了其實沒有感覺到的東西，它們會是相當有幫助的。雖然看似很矛盾，但是當我們試著強迫自己原諒時，會更難有真正的原諒感和憐憫感。

　　從這角度來說，用平衡版本的肯定語或祈禱，來促進自己與原諒建立健康關係，可能像是這樣：

　　我祈求能得到原諒的淨化之水的恩典。
　　我祈求能用一種有益而不貪婪的方式來與原諒建立關係。讓我知道該原諒
　　誰並且和他在一起、該原諒誰並且避開他，以及我不需要原諒誰。讓我學
　　會透過越來越原諒自己而原諒他人。

第 12 章

原諒自己失能的親職

對於發現自己用了以前自己受到的有害養育方式去養育小孩的倖存者，我深感同情。這些倖存者選擇復原之路，展現出了不起的勇氣。他們要處理自己童年創傷的哀悼，也知道自己對孩子做了類似的傷害，於是面對了辛苦的困境。

我設計了以下的六個步驟，來協助倖存者彌補孩子，讓真正的原諒可以出現在他們之間。我們也可以應用這些步驟，去尋求我們傷害過的其他人的原諒。

1. 辨識並承認虐待或忽略行為的特定模式是不公平的。
2. 為這種行為所造成的傷害或損失道歉並表達懊悔。
3. 談談情有可原的情況，它造成了虐待與忽略的無意識重複。
4. 如果適當且可能的話，去彌補那些傷害和損失（如果可行的話，有些父母會負擔成年小孩心理治療的部分費用或全部費用）。
5. 讓成年小孩用無虐待性的方式宣洩受傷的感覺。
6. 保證自己以後會試著做得更公平；並且保證，雖然自己有可能會退步到以往的傷害性互動，但是會接受對方的意見。

各式各樣的障礙都可能會影響這個過程，其中之一是，有些成人小孩不想要聽到自己的父母曾經對他們有傷害性。許多成年小孩很堅持自己的否認，以至於不想聽父母的告解和後悔，他們可能是單純的還沒有準備好，也不想要聽到自己的童年有任何差錯。了解這一點很重要，因為很少有成年小孩在三十歲以前，會實際地反思過自己的童年。

儘管如此，在大多數的情況中，有悔意的父母至少都能夠開啟這個原諒的歷程。他們可以用上面清單的前三個步驟，寫一封信給成年小孩，也可以描述自己對於成年小孩的童年失落的觀點，並且為自己的責任道歉。

如果這封信得到的反應不好，或是孩子不想再聽到這件事，父母至少已經種下了復原歷程的種子，也許在之後幾年會發芽。他們也會為自己卸下「沉默的心照不宣」或「真正的家庭秘密」的包袱。

彌補親職過錯的第二個障礙，有時發生在成年小孩的早期復原階段。倖存者可能覺得太受傷或太脆弱，無法在此時與父母談論過去，無論父母有多麼抱歉。**有些倖存者可能需要和父母保持距離一段時間，獨自處理自己的復原歷程後，才能與父母進入積極的和解。**

平衡的道歉例子

　　無論是用書信或親自道歉，我們都應該解釋自己情有可原的情況。一個平衡的道歉可能會像這樣：

　　兒子，我想跟你談談在你很小的時候，我是怎麼對待你的。我真的很愛你，而且我以前覺得我做的是我所知道最好的方式了。然而，我現在知道，我以前為了某些事情處罰你，還有我處罰你的某些方式，是不公平的，也太過傷害你了。但願當時我能知道，生你的氣和過度聚焦在你的錯誤上，對你一點幫助也沒有。

　　我深深地後悔我盲目地模仿父母而傷害了你，還有我用跟他們一樣不公平的方式處罰你（註：越是明確描述這些方式，道歉就越有效）。當時我很難知道這其實是有虐待性的，因為我周圍的每個人似乎都認為這些是好的育兒方式。

　　我因為你哭而處罰你，還有逼你「長大」、早早就當個硬漢，我對這方面尤其感到抱歉。在你小時候，有很多重要的事情我沒為你做，我也感到非常難過。

　　但願我以前沒有那麼忽略你；但願我以前有花更多時間注意你、抱抱你、和你玩、和你說話；但願我以前就能讓你更直接地知道，我看到了你所有的美好特質。

　　現在讓我告訴你吧（註：請適當地說明）。我猜在你小時候，我從來沒告訴過你，那是因為我從沒得到父母這樣的認可。我以前不知道這對你有多麼重要和有好處。我被教導去相信那麼做會把你寵壞，使你太過自滿。我真的很抱歉我沒有早點了解這件事，如果早點了解，我就可以給你關愛、欣賞和鼓勵，那些是你本來就值得的。

　　我絕對理解你可能對這些事情有憤怒和受傷的感覺；我覺得你完全有權利對我的過失而生氣。我邀請你與我分享你對於童年所缺乏和受傷的那些事情的想法與感覺，我想知道你能不能想到我可以彌補你的辦法。最重要的

是，我希望你有一天可以知道，我從來不想要對你製造任何傷害或不必要
的痛苦。

這只是一個大概的例子，當私人細節使它有血有肉時，就會大幅增加療癒的潛
力。揭露得越明確和詳細，父母就越能從自己的罪惡感復原，對成年小孩也越好。

仔細地道歉，會大大幫助成年小孩的復原歷程，尤其是如果他們仍難以減少否
認和貶低的情況。許多人在努力拼湊自己早年的精確樣貌時，會感到迷失。我們的
解離程度嚴重到就像是夢遊般地度過那些形塑之年，沒有意識到發生什麼事。對於
許多人來說，精確地重建過去是逐漸找到一片片拼圖的過程，而我們的父母經常是
最重要的那幾塊拼圖的唯一來源。我母親在死前對我告解她那可怕的虐待行為，是
我的復原工作中無價的轉捩點。

身為心理治療師，我看到許多復原中的父母對自己的育兒方式有多糟糕，採取
了非黑即白的態度。他們是毒性羞恥的倖存者，經常只聚焦在自己育兒的錯誤上。
然而，我所看過的積極追求復原的人，在仔細檢視下都對孩子有過重大貢獻。

因此，在道歉信的後半部納入明確的資訊和小故事，舉例你真的疼愛、欣賞及
幫助你的孩子，是適當的。這麼做的本意是要給孩子完整且平衡的童年樣貌，如此
才會有效用，如果這些資訊的呈現方式是貶低或消除孩子童年痛苦的嚴重性，通常
會有反效果。

關於道歉時的自我揭露，時機很重要。如同成年小孩並不總是準備好要聽到
過去的事，復原中的父母在準備好尋求原諒之前，也可能需要考慮對於自己的失落
所做的復原工作。如果可能的話，最好等到你已經有一些自我憐憫時再進行，要不
然，如果你的成年小孩對你的告解表達憤怒或怪罪，你可能會落入毒性羞恥中。

很重要的是，無論復原中的父母的復原程度有多少，大多都不能無止盡地傾聽
成年小孩的憤怒和怪罪。對於任何已發生的不公狀況，除非它不再是持續被怪罪的
項目，否則你能說的道歉只有這麼多。

如同我們在第七章看到的，我們大部分的怪罪，尤其是情緒高漲的部分，可以
在沒有父母的情況下有效地發怒出去，還有，當我們用有虐待性的方式對父母表達
憤怒時，對誰都沒有好處。

把高漲的憤怒導向我們內化的父母，而非真實的父母，對我們最有好處。內在的找碴父母擁有貶損性訊息和錄音帶的製造廠，因此成了我們持續自我仇恨和有毒性羞恥的關鍵來源。

若要解決成年小孩和復原中的父母之間的未竟事務，經常需要持續的溝通，這是因為強烈情緒的本質可能使這種對話失敗，造成更多的不滿和挫折。要把舊傷療癒成真正的親密感和信任感，必須要有大量的耐心。

如果和解過程失敗了，或是變得有破壞性，求助專長於復原失能家庭的心理治療師，可能有幫助。

當這個修補（repairing，重新配對〔re-pairing〕）親子關係歷程最強大的時候，雙方可以在「處理」未解決的歷史性傷害時一起哀悼。身為心理治療師，我見過這種感人的情況好幾次。

當一位父母為了自己傷害孩子而悲傷哭泣，成年小孩通常會自然地感動流淚，而當孩子終於看見父母的憐憫，會有激勵人心的療癒性，這種共享的時刻經常伴隨著愛與原諒的強烈感覺。

雖然這些經驗很美好，但是它們不能保證永恆的原諒。因為攤開童年虐待畫面的過程通常是漸進的，對於未處理創傷的後續回憶，有時候會以憤怒和孤立的感覺取代了剛出現的原諒心情，而這種敵意感可能會暫時摧毀之前獲得的親密感。

倖存者不必對這種挫敗感到絕望。如果雙方重新投入於無虐待性的溝通，就可以解決從過去而來的「新」殘響，重新激發原諒的感覺。一旦多次成功處理了這些中斷的原諒後，信任就會成長，未來的不悅將會以加深親密感的方式解決。

這裡需要強調兩點。沒有人需要父母的道歉才能復原，無論它多麼有幫助或是你多麼想要它，相似地，父母也不需要孩子的原諒就能原諒自己過去的錯誤。**復原工作中最重要的原諒是自我原諒，而它就在自我的庇護所內。**

原諒、重新撫育和內在小孩

我很可能會被困在保護父母的強迫作用中……如果沒有接觸到「我內在的小孩」。她在我人生很晚期才出現，想要把她的秘密告訴我……現在我站在敞開的門

前……到我死前都不能關上門，不能把那孩子獨自留在裡面……我做了一個會深深改變人生的決定……要信任這個在數十年的隔離中倖存下來、幾乎自閉的存在體。

——艾麗絲・米勒

　　前文概述的尋求原諒的步驟，不只適用於失能的父母，也適用於所有的倖存者，因為幾乎所有人偶爾都會是內在小孩的糟糕父母。

　　內在小孩在等待我們重新撫育他們，希望我們會為自己模仿父母的虐待和忽略的那些年而道歉並進行彌補。內在小孩需要聽到我們的道歉，其內容是對於沒有保護他們抵擋內在找碴父母，以及沒有給他們愛、擁護和鼓勵，而感到抱歉。

　　不幸的是，很多人覺得自己很難道歉，因為他們在小時候學會了把「道歉」和「承認自己有缺陷和沒價值」連結在一起。很多人無意識地相信自己做出了一生分量的道歉了，而現在憎恨任何形式的道歉，無論是內在的或外在的。幸好，我們現在可以學習如何道歉並維持自尊，事實上，不羞恥的道歉是高自尊的徵兆，真正的自尊是在面對失敗和成功時，都能維持完整及健全。

　　許多人也很難對自己的內在小孩道歉，原因是彼此間沒有真誠的關係。我們很害怕他們的痛苦和回憶，因此從來不用一種有意義的實質方式與他們連結。我們的內在小孩就像我們害怕父母那樣在害怕我們。他們怎麼能不害怕呢？我們跟父母一樣糟糕地對待他們，而且他們更難逃離我們。

　　如果我們一直因為內在小孩有感覺和需求而羞辱他們，他們就會躲起來。大多數人只會說「要重新撫育他們」的空話，卻在內在小孩用任何孩子氣的方式發作時，就反射性地厭惡及拒絕他們。大多數的內在小孩永恆地待在無意識、沒有希望的黑暗孤獨監獄中凋萎，永遠不被歡迎去全然參與人生。也許就是因為這樣，我們才會覺得地獄的概念那麼可信。

　　如果我們有彌補內在小孩的誠意，就會對他們的人生有多麼辛苦和孤獨而展現憐憫。我們會跟他們一起為他們感到難過，會歡迎他們未流之淚的噴泉，以及怒火的煉獄，並且認同他們對於大量的不公懲罰與忽略的合理抱怨。我們會允許他們為了一再的背叛而怪罪我們和我們的父母。我們會徹底終止以下這種討厭的做法：輕蔑地拿他們的痛苦，與某個苦命的地方或受家庭嚴重虐待的小孩的痛苦來比較。

為自己糟糕的重新撫育尋求原諒

　　沒有人能把重新撫育做到完美，因為無論我們的意圖有多好，多少都會重複父母的一些過錯。強迫性重複是一種令人氣餒的情況，但我們經常沒有察覺到它；當我們的內在小孩很累、寂寞，或是單純想要我們的注意時，我們卻對他們沒有耐性，並且拒絕他們。

　　這種家庭重演的狀況，通常會使他們一聲不響地從意識層面消失，直到我們試著與他們重新連結，才突然發現自己與他們建立的關係已經不再清晰。

　　然而，重新撫育的失敗相當容易修補，因為內在小孩非常願意接受真誠的道歉。內在小孩有驚人的原諒能力，在對「擁有愛的關係」感到絕望之前，就原諒了父母的不公。

　　我們可以告訴內在小孩，我們很抱歉傷害了他們。我們可以邀請他們對我們過去的背叛而悲傷或難過，並承認他們需要為了「我們沒有疼愛及保護他們」而哀悼，能夠證明我們認真看待他們的傷與痛，尤其那是我們的錯之時。

　　如果我們提醒內在小孩情有可原的情況，他們會更容易接受我們的道歉。我們可以告訴他們：我們不完美，還在學習怎麼重新撫育，以及我們有時候會不小心或未經思考就慣性地重演了以前的羞辱，這並不是因為我們討厭他們。

　　我們可以重新承諾要擁護他們、要擊退毒性羞恥，以及要用有愛的話語和行為來取代毒性羞恥，以此來使我們對內在小孩的道歉更為踏實。**我們有多麼實踐滋養性的重新撫育，內在小孩就有多麼信任我們道歉的真誠度**，如果我們一直積極地支持內在小孩，他們會更相信我們對原諒的請求。

　　最後，我們可以請內在小孩在感到被懲罰或遺棄的時候，讓我們知道，這樣可以使他們支持我們重新撫育的努力。我們可以向他們確保，我們永遠歡迎他們在我們表現得像父母時，本能地出現健康性的憤怒。

原諒、怪罪和內在小孩

　　每當我發現自己再次用虐待性的自我對話孤立內在小孩時，就會用以下的方式

向他道歉（當時，我對於暫時失去自己與內在小孩所建立的美好關係，感到極大的
失望，便在哀悼這個失去後做了冥想，而這些道歉的內容就在冥想時出現）。

> 喂，佩特——我不知道你在哪裡，但我猜我又讓你失望了。我知道我保證
> 過不會羞辱你，或是像爸媽那樣忘記你，但我肯定連自己都不知道我又那
> 樣做了。
> 我打賭你在生我的氣，而且就像以前媽媽心情不好而拿你出氣時，你會躲
> 在衣櫥裡那樣，你現在也躲起來了。我知道我一定就像她，但是請記得，
> 這些日子以來，我比她仁慈多了。
> 我希望你能告訴我，我怎麼令你失望了。如果你生我的氣，真的沒關係；
> 如果我傷害了你，那應該要怪我。我很抱歉有時候還是對你很壞，請告訴
> 我，我做了什麼，這樣我會更小心地不再犯，請給我彌補的機會。

好幾個月來，我第一次在內心深處聽到了內在小孩微弱的年幼聲音。
他非常生氣：

> 對，你這個騙子！你是騙子！你保證過了，可是你打破了你的承諾。你就
> 跟他們一樣，你說的好聽話都不是真的。你說你愛我，可是你不是真的在
> 乎；你說你做完文書作業後，我們就會去海邊，但我們沒去；你說你會每
> 天花時間問問我好不好，可是你只是在忙一件又一件的事情。
> 你還說如果有人傷害我的感覺，我可以告訴你，可是那個人因為我們沒傳
> 好球而吼我們，我很難過時，你卻叫我閉嘴；你說你不會因為我犯錯而羞
> 辱我，可是你因為我打籃球時三次沒投進而罵我一堆難聽話。你就跟他們
> 一樣是惡霸，只有我完美的時候，或是我不麻煩的時候，你才會喜歡我！

我那天的狀態一定很好，因為我輕易就接受了內在小孩有道理的憤怒和健康
的怪罪。事實上，他的溝通令我哭了。再度聽見他的聲音，讓我放心地哭了；我為
了自己受到那麼多遺棄，又再度被遺棄，而哀悼地哭了（當我寫到這裡時，我又哭

了，但那是感恩的美味淚水，因為我透過允許內在小孩對我健康地發怒，而與他維持了有活力的關係）。

　　我對於與兒童自我重新建立了有活力的聯繫而覺得感恩，而且我也清楚地看到他的回饋是極為精確和有用的。幸好，我可以立刻認同他的感覺，我回應：

> 喔，佩特，真的對不起！你很對，我很慶幸你告訴我。我表現得就像爸媽！那絕對是我最不想做的事。你怪我是對的。你告訴我，我對你多麼不公平，這幫助我記得不要跟他們一樣。我小時候想要跟他們一樣，可是有時候我會忘記自己是在複製他們的惡劣。我真的想要停止這樣做，只要我這樣做，你都可以生我的氣，那會幫助我記得，以及幫助我守住要永遠站在你那邊的承諾。

　　隨著我們繼續對話，我的內在小孩不只原諒我，還溫暖興奮地重新和我交往。當我認同他的憤怒時，他就那麼輕易地原諒我，真的使我震驚。能夠說出合理的抱怨，對他來說真的很有蛻變性，畢竟他以前從來不准對大人的不公對待表達怪罪。這個新的許可，似乎在我們之間創造了很大的信任。

　　但願我可以說，我只需要一次這種對話，就能治癒我對內在小孩的背叛，但事實上，我做了很多次這種對話，我和他的關係才能存活下來，因為我一直是不完美的重新撫育者。

　　然而，透過對我們的原諒與怪罪之舞維持開放的態度，我總是可以療癒我重新撫育時的錯誤，因為我越來越少羞辱他和遺棄他，而且花越來越多的時間歡迎他的意見和參與他的熱情。

　　我們都能夠運用這個歷程的某種版本，來彌補我們重新撫育時無可避免的過錯。**迎接內在小孩的抱怨和受傷感覺，能使我們變成對自己更有愛且功能更良好的父母，這是非常美好又諷刺的。**

　　透過持續地練習，就可能擁有這種被內在小孩輕易原諒的愉悅經驗。當我們的內在小孩原諒我們，並且感覺到能夠安全地參與我們的人生時，我們會因為他們獨特的觀點和重要的存在而更豐富。他們對於日常中無限的生活奧妙，有著具感染力

的好奇心與著迷，可以喚起我們對神的創造的驚歎。十七世紀德國詩人安吉魯斯・
西里修斯（Angelus Silesius）在詩作〈取決於你〉（It Depends On You）中，這樣
提醒我們：

> 如果你在你心中
> 打造一個他出生時要用的馬槽
> 那麼神將會再一次
> 成為世上的小孩。

第 13 章

自我原諒

對於我曾因為恐懼、痛苦和困惑，

而用行動或不行動來傷害自己的每個方式，

現在我擴展出完全且全新的原諒。

我原諒自己。我原諒自己。

──傑克·寇恩斐德──

為了重新撫育中的失誤而向內在小孩道歉，是通往自我原諒的強大通道。隨著我們累積了被內在小孩原諒的經驗，通常會變得更廣泛地原諒自己，關於這一點，我寫了〈自我原諒的綻放〉（The Flowering of Self-Forgovieness）這首詩：

原諒
　始於自我，
　而且不會變成花朵，
　除非它發芽、長根和成長
　如同在心的花園
　對自己仁慈的多年生植物。
雖然心中沒有永遠的春天或夏天，
　卻會有豐盛綻放的花朵
　隨著自愛的內在陽光
　和自我憐憫的理解的晶透之水
　滋養自我原諒的無盡綻放季節。
我有多能原諒自己，
　就多能原諒他人。
我真正原諒他人的
　是我自己的舊痛苦，
　從自我仇恨釋放
　像翅膀受傷
　的一隻鳥
　被安撫和照顧。

自我原諒和原諒他人

　對我關上心門的那個，也對你關上了我的心門。

　　　　　　　　　　　　　　　　　　　　——史蒂芬·萊文

　　沒有自我原諒的感覺，就不可能接受他人的原諒。許多人在發現自己不小心傷害了別人時，會鐵石心腸地不原諒自己。我們所做的傷害似乎是那麼不可原諒，讓我們羞恥到無法道歉，或是走向另一個極端，為了自己接下來的每一次呼吸道歉。這兩種立場都是深深地困在自我憎惡裡，即使得到真誠的原諒，我們也無法接受。

　　然而，**我們可以學會對於傷害他人表達真正的難過，而不崩潰到爆發自我仇恨和毒性羞恥**。無論一個人多麼熱衷地投入於復原工作，偶爾都會模仿父母的傷害性，而當我們決心減少自己無意識的傷害性時，就欠自己一個原諒。

　　隨著我們培養自我原諒，就會很清楚自己也值得他人的原諒。如果我們也能容忍及理解他人無心的傷害，他們自然也會更容易原諒我們。

自我原諒過去的錯誤和頑固的習慣

　　人不是因為自己的罪而受罰，而是被自己的罪懲罰，所以每一天他都得原諒自己，一次又一次。

——謝爾登・科普

　　每個人都曾經做過應該被怪罪的事，尤其是透過強迫性重複，一旦我們為這些過錯徹底道歉，就需要原諒自己。在復原的過程中，無論我們傷害過的人是否原諒我們，我們都有必須停止自鞭和最終豁免自己的時候。當我看到許多案主和朋友，為了自己已經不再犯的過往虐待而怪罪自己一輩子，就會感到悲痛。我們在童年時被灌輸了自我怪罪，但這無盡殘酷的自我怪罪歷程，必須被挑戰。

　　許多有關係依賴的倖存者，會為了自己犯的無害的粗線條小事而無情地打擊自己，但他們完全不會為了這樣的事情而去懲罰別人。當我們誠心致力於消除自己虐待性的老習慣殘跡時，對於包容自己的錯誤，應該要像包容別人那樣容易。史蒂芬・萊文的自我原諒冥想，或許能幫助我們達成這個目標：

　　讓對自己生氣的無價值感出現，讓它全都消失，讓它全都離開。對原諒的可能性敞開心房……一直待在心之外，是如此痛苦。把自己帶到心裡

面……在你的內在，用你的名字對自己說「我原諒你」……對原諒敞開心房。放掉對自己的怨恨、冷酷、論斷……把慈愛的微光導向自己，讓你的心對自己敞開。讓光、讓對自己的關心，成長。

自我原諒和扎根的自我仇恨

> 與絕望成正比的是，自我仇恨所使用的能量和內涵。情緒健康、從毀滅性的內在混亂解脫，則與（自我）憐憫所使用的能量和內涵成正比。
>
> ——西奧多·魯賓

當我們努力培養自我原諒時，一開始會體驗到許多失敗，也會多次退化到毒性羞恥的狀態。

在復原過程的早期，我們可能注意到自己經常退步到去咒罵自己或內在小孩，因而感到灰心，有時候我們覺得無力阻止自己反覆念誦一長串的自我仇恨。

但無論如何，我們都需要培養耐心和自我原諒，因為我們後來總是能回到自我支持的態度。我們可以透過蓋·漢卓克斯（Gaye Hendrix）的這個矛盾建議來培養：「**即使你暫時地迷失於自我仇恨中，也要愛你自己。**」對於所有的痛苦內在體驗，漢卓克斯推薦要自愛：

> 關於感覺，以及我們需要處理的其他事情，應該有什麼更主動的事可以做的。「愛自己」似乎是我們通常會忘記做的那件事，如果我們不做，就會使我們以及我們的成長緊急煞車。當你感覺沒耐性、需要「做」些什麼的時候，試著愛自己，然後做你能力範圍內最有愛的事情。

因為恨自己而恨自己，是毒性羞恥最堅強的堡壘之一，也是快速惡化到絕望的過程。我們可以透過積極地拒絕攻擊自己，並且把自我仇恨性的怪罪，轉向去怪罪一開始使我們厭惡自己的人，以減少自我仇恨。

不幸的是，有些時候沒什麼能把我們從自我仇恨中拯救出來，有時，唯一的辦

法是跟隨卡爾・榮格的建議：「……封艙，並熬過情緒風暴。」這樣的經驗使我們學到，任何強烈的難受情緒都不會是永遠的。**如果我們和內在的情緒混亂共處得夠久，也完全感受它的話，它後來就會消散，並且被不同的內在體驗所取代。**

自我原諒與存在性的痛苦

許多人對自我怪罪上癮，以至於把完全不是由自己造成的不幸，自動地當作自己的責任。我曾經在一個星期內，聽到三位不同的案主說，一九八九年的舊金山大地震是他們的「壞」念頭造成的。

我們都會遇到無法控制的悲劇，就像哈洛德・庫希納（Harold Kushner）在《當好人遇上壞事》一書中指出的，對於人類狀態中自然會發生的存在性磨難，我們必須原諒自己。

歐文・亞隆在《存在心理治療》中說得很好，他提到，即使錯不在我們，我們偶爾也都會受苦於寂寞、意外、失去和死亡。

無論我們有多少朋友，有時候都會感到無望地孤單；無論我們累積了多少的防備，都會失去珍惜的人和物。

即使沒有自我怪罪和自我譴責的額外重量，這些失去本身就夠令人痛苦了。在命運給我們不公打擊的糟糕時候，我們最需要自己的仁慈和原諒。我們必須脫離童年所傳承的那種不可寬恕，並且為自己在心中創造一個自我撫慰的天堂，或許我們還可以學著在這種時候使用羅伯・布萊的智慧：

悲劇與人格缺點沒有什麼關係，而是與召喚某些人出來又堅持他們退下的那些深處更有關係。

自我原諒、他人的原諒與情有可原的情況

用你希望他人對待你的方式，來對待自己。

——賀比・孟羅

　　誠心而不卑躬屈膝的道歉，能在彼此之間增加信任感和建立親密感。我們學到的向內在小孩道歉的技巧，可以用於彌補他人。

　　然而，許多人很難談論自己情有可原的情況，無論它們有多正當。即使法院體系允許我們以情有可原的情況來抗辯，許多人卻是來自於絕對禁止辯解的背景。

　　大部分失能父母對於孩子辯解的反應，就像是這些辯解更加證明了孩子應該被怪罪，當孩子企圖解釋時，經常會被更強烈的懲罰所「迎接」。你的腦中有沒有這些令人不悅的罐頭句子的餘韻呢？「那是什麼爛藉口？」「不要再給我那愚蠢的藉口，這只會把你自己害得更慘！」「我不管誰拿了你的筆（帽子、衣服、腳踏車等等），你這個搗蛋鬼，我還是得再買一個！」「如果你現在想脫身，你就真的會有麻煩！」「我看你的眼睛就知道是你做的，不要讓我因為你說謊而把你打得更慘！」在這種虐待的盛行之下，「找藉口」已經變成我們文化中廣泛的禁忌。

　　在小時候恐怖的一天，我提出自己情有可原情況的本能，終於被消滅了。我從朋友家走路回家時，被一群男孩突襲並痛打，然後我的褲子被扯破了。我到家時，母親對我衣衫不整的樣子勃然大怒，並且不相信我是無辜的。

　　我解釋這不是我的錯，卻使她更為惱火：「不要給我你的爛藉口。那是你的褲子，你穿的，你要負責！」她不只把我打到眼冒金星，還用最糟糕的懲罰對我「發射炮彈」，也就是可怕的「等你父親回家」。

　　一整天，我都在房間裡踱步，極度痛苦而無盡地等著自己被打。我偶爾會不太認真地希望，那硬漢父親小時候肯定也遭受過類似的無辜攻擊，他會了解這種情況，於是我整天焦慮地執著在怎麼陳述我的「案件」。

　　當他終於回到家而我開口試圖辯解時，他馬上發火，很有「制度地」打了我兩個巴掌：「這是因為扯破褲子，還有這是因為想逃避責任。」

　　於是，我那個要請求他們寬厚對待的希望，就這樣死去了，從那時候起，我知道，無論多麼偶然，我都必須為所遇到的每一件倒楣事接受全部的罪責。

　　許多人也有像我那樣的歷史性創傷，因此不願訴諸減刑因素。我們仍像童年時那樣，常接受他人對我們無心之過的嚴酷論斷，而不往內或往外捍衛自己。而且，內在的找碴鬼對於我們毫不抗議就接受的任何譴責，都會跟著指責那是羞恥的，進而使我們退到沉默裡。

有些人也會體驗到另一種狀況，也就是因為我們還沒有重拾（對自己和他人）提出正當解釋的權利和能力，就禁止別人解釋他們的錯誤或不公平行為的情有可原情況。

有兩種主要的情有可原情況是我們可以正當地提出，並請他人原諒的。

第一種是，我們是人，本質上就是不完美的，也容易犯錯。我沒有完美的記性，可能有一天會忘記我對你做過的承諾；我的行動並不總是優雅，可能會弄掉或打破你重要的東西；我並不總是知道自己在壓抑對什麼的不高興，可能偶爾會用過度情緒性的不公平方式回應你。

如果這些事件不是習慣性的，也不是我的被動攻擊，那麼我就需要原諒身為不完美朋友的自己。

我也可以合理地希望，在我徹底對你道歉後，你也會原諒我。

第二種情有可原情況是，我們都會有強迫性重複，偶爾也會模仿父母的不公。當我們來自於只有極少（或完全沒體驗過）公平和尊重的關係的家庭時，怎麼會懂得平等的愛呢？當我們還在學習如何更健康地建立關係時，必然偶爾會對親密對象不貼心。

當我們和所傷害的人討論特定的「減刑」情節時，他們或許能知道我們的不貼心並不是故意的。

這裡有一個例子。有一次，我明顯地對伴侶不高興，因為她把桌上的餐具擺「錯」了。由於我進行了情緒復原工作，便立刻知道自己在過度反應，於是轉向自己的內在體驗，發現我的過度反應來自於尚未完全化解的童年虐待的一部分，我突然想起母親在晚餐前慣性的反覆無常，她曾為了我或姊妹沒有正確擺放餐具而對我們吼了無數次。

我向伴侶道歉時，也說明了這件事，她對於我對那些痛苦舊事的哀悼有所共鳴。做為一個好朋友，她不只讓我發洩這些舊痛苦，也表達了關於我母親欺負我的同理憤怒。透過這個交流，我們之間出現了理解和憐憫，兩人都能真心對我有原諒感。漸漸地，自我原諒和原諒他人會互相增強，互補的過程讓我們越來越能憐憫和寬恕。

當我們溝通自己的情有可原情況時，是有空間可以道歉、哀悼、彌補並調整意

圖，我們會在與自己和他人的親密感及信任感中，得到極大的收穫。這個「帶著真誠的悲傷去道歉，同時也維持自尊」的新能力，有時候會使我突然發現，那是我終於變成羽毛長齊的大人的最佳證據。

共同原諒

　　一個有意識地處理了命運中的整個悲劇的人，會更清晰地認得另一個人的苦難……他不會嘲笑別人的感覺，無論那些感覺的本質是什麼，因為他認真看待自己的感覺。他肯定不會幫助蔑視的惡性循環。

——艾麗絲‧米勒

　　允許彼此談談情有可原的情況，能夠鞏固關係。**當我們同意討論並處理那些從過去移情而來且附著在當下互動中的痛苦時，會以更高層次的愛來運作。**最有說服力的情有可原情況，通常是來自過去那些沒有被發現的創傷，它通常只會在親密感更深時浮現於意識中。

　　這是一個關於信任感如何從互相討論情有可原的情況而成長的假想例子。我們一起走在街上，我絆了一下，笨拙地踉蹌了幾步。你很厚道，卻無意識地模仿你愛挖苦的父母，於是邊笑邊大叫說我笨手笨腳，還說我永遠不會變成舞蹈家演員佛雷‧亞斯坦（Fred Astaire），而這誘發了我那源自兒時多年傷害性嘲弄的敏感感覺，我突然覺得非常不高興，也覺得很羞恥，很難控制衝動的憤怒反應。

　　雖然我的情緒反應，相對於你那沒什麼的嘲弄刺激，是太過誇張的，但那是可以理解的情緒重現。然而，如果我不知道自己正在透過數十年的嚴重嘲弄而體驗你，可能會生悶氣、繃著臉，或是指控你傷害我。如果我指控你傷害我，則可能會誘發你相對應關於羞恥與憤怒的情緒重現。或許你曾經被具破壞性的父母一再地說你是個傷人的小孩、說你總是說傷人的話，因此你也可能突然感到強烈的羞辱或憤怒，而且程度與我們誤解的嚴重性不成比例。

　　如果我們兩人都不知道自己強烈感覺的來源，彼此間的交流通常會落入各種摧毀親密感的誤解中。我們之一或兩人可能會憤怒且具虐待性地轟炸，並且增加我們

之間的不滿；或者可能會退縮到羞恥或恐懼中，並且用沉默或改變話題來掩飾我們的難受。

如果我們以放肆的憤怒來反應，就是無意識地把對於未處理的童年傷害的憤怒，發洩到彼此身上。隨著我們越來越受不了，這種情況可能會進一步惡化，並且引發童年憤怒的情緒重現。

後來我們甚至可能會虐待性地吵架，退化到跟父母一樣糟糕的暴怒。我們之一或兩人，最後可能會生氣或害怕到決定結束這段關係。

另一個極端是，我們的恐懼和羞恥可能會使我們無法探索彼此的強烈情緒反應，並退到舊的否認和解離防衛反應。一堵厚厚的情緒之牆可能會出現在我們之間，而我們可能會逐漸沒興趣去持續這段友誼。我觀察到，許多本質上健全的關係，都是如此悲劇性地結束了。

解讀過去與現在的混合痛苦

如果我們要維持關係的健康和完整，就必須學會如何談論情有可原的情況，這不只會維持我們之間的相互原諒歷程，也有助於我們善加利用過去的痛苦附加到現在的不悅時，所出現的療癒機會。若要好好利用這些機會，我們必須認知到自己捲入情緒重現中，如果沒有這樣的認知，很可能會立刻把以前的不悅感移轉到現在的親密對象上，而不是把它重新導向到過去的原始來源。

一旦我知道自己陷在一場情緒重現之中，就可以告訴你，我不成比例的不悅來源是什麼；同樣的道理，以下是前文描述的情況中一種可能的回應：

> 對於剛才發生的事，我真的很抱歉。我現在才知道，對於你說我絆倒的話，我真的過度反應了，那是因為我自己一個沒解決的舊傷害。雖然我有很短暫的時間以為你試圖傷害我，但我現在知道你沒有這個意思。你一直是很棒的朋友，我很抱歉我以前的一些「東西」被挑起來，並附加在我們之間發生的事情上。
>
> 當我聚焦在你說的話所挑起的憤怒、恐懼和羞恥的感覺上時，想起了我以

前總是因為一些小錯誤和意外就被家人殘酷地嘲弄，我可以看到他們嘲笑的表情，而且現在真的可以感覺到那個痛苦。

我也理解為什麼我對這個話題特別敏感。我小時候肯定被說了「笨手笨腳」一千次了。我想起有一次自己被客廳地毯的邊緣絆倒，在全部親戚面前被我母親吼「笨手笨腳的笨蛋」，這個畫面總是令我發抖。

當我更聚焦在這些感覺上時，也想起第一次有勇氣跳舞時，母親說我看起來像是麻痺患者，那是在我堂哥的婚禮上，讓我覺得深受羞辱，而且在接下來的十五年都不再跳舞。哇，我真的很不高興又難過！

老天！我得忍受多少的鳥事，我真的很生氣。對於母親每一次公然羞辱我，我都想要大叫。我把一些憤怒發洩到你身上，真的很抱歉。

還有，雖然我的確對你的話有一點點生氣，也想請你以後在這種情況中不要再這樣嘲弄我，但是我肯定有百分之九十五的感覺是關於父母不停地找我麻煩。

真是的，我對於他們的欺負感到火大。但願我能以現在的成人身分回到過去每一次的情境，我會要他們看見，他們找這麼小又無法自衛的人的麻煩，是多麼懦弱的事。我會用現在感覺到的憤怒，立刻阻止他們的虐待。

根據我們在哪裡，以及我們對彼此和這個過程有多熟悉，我甚至可能會在這時候到旁邊去，並且做更強烈的宣洩淨化，像是想像我對父母大吼的情境，或是對著牆壁丟石頭。

在適當的時候，我也會邀請你聚焦於從過去帶到現在的什麼，當你在尋找你對我的反應的前因時，我會歡迎你表達所發現的感覺。

如果我們有一位親密對象願意這樣互相探索並處理再度浮現的童年痛苦，我們會變得極為充實。**當我們自由聯想彼此之間出現曾經的傷害時，就會發現那些舊憤怒和淚水，並且無虐待性地發洩它們，而這對我們的復原大有幫助。**

當我們用具建設性的方式解決不悅時，對彼此的安全感需求就會更敏感，而這

會創造信任感，讓我們更能展現脆弱，也更真誠地溝通，這是以感受為基礎的真心原諒要綻放的重要條件。

　　還有，隨著復原工作的進步，我們不會再被徘徊不去的童年傷害所影響，來自過去的未釋放痛苦會更少，也更不會汙染現在的情緒；情緒重現變得更少、更不強烈，並且更容易被發現。

　　之後，我們不會再把不悅的情緒，錯誤地歸因到親密對象上。

第 14 章

真心原諒父母

如果你讓自己感覺你所帶著的痛苦，

它會以一種解脫、一種對心的釋放出現。

你會發現，原諒主要是為了你自己，

是一種不再帶著過往痛苦的方式。

——傑克‧寇恩斐德——

對於父母的真心原諒，誕生於有效哀悼的恩典，如果你不進入感覺的領域，無論有多少的想法、意圖或信念，都無法使原諒感存在。這不是說意圖與原諒無關，如果我們相信原諒是不可能的，真正的原諒感就不會進入意識層面。因此，對於原諒的認知，最健康的態度是接受「原諒會在哀悼中或之後自然地出現」。

對於大多數人來說，真正的原諒感首次來自於對自己和內在小孩的富有憐憫的柔軟，而這通常發生在我們的哀悼變得不帶羞恥的時候。自我憐憫的眼淚會化解我們的否認機制，讓我們被無愛的童年悲劇所動搖，並對於自己曾經是的那個受苦孩子釋放溫柔，最後對自己感到仁慈。

當自我憐憫的程度逐漸深化並且開始勝出，它會進化成自我保護，而我們會拋棄對於家庭傳承的慣性自我怪罪和自我遺棄的忠誠，不讓它對我們造成阻礙。完美主義終於受到挑戰，我們會真的原諒自己不完美，而對於「我們不被愛（「出生」本身就不能被原諒！）是因為我們不夠美、不夠聰明、不夠有運動細胞、笑得不夠、幫忙得不夠」這樣的想法，我們會譴責它的荒謬可笑。我們會投入去完全愛自己和原諒自己的小毛病、錯誤、不一致、變來變去的感覺，以及各種情況。

隨著自我原諒逐漸成熟，我們的心會對於真心原諒父母的可能性敞開。自我原諒是原諒父母的先鋒，除非對父母的原諒是扎根於對我們自己深深的、原諒性的憐憫，否則它只是空洞的腦袋練習而已。

真心且有內涵地原諒父母，通常出現在考量父母情有可原的情況時，我們會看見他們內在受傷的小孩，知道他們也是受害者，並因此為他們感到難過。我們會理解，他們的童年就和我們的一樣不公平和缺乏愛，我們會可憐他們，而這可憐會擴展成憐憫，接著這憐憫會綻放成原諒。

動態變化的原諒

> 哀悼的泥會長出原諒的蓮花。
>
> ——羅賓‧畢夏普（Robin Bishop）

在情緒復原的成熟過程中，大部分的人會越來越容易感到原諒，而要維持這個

進步狀態，最有效的方式是，記得哀悼童年之失落是持續一生的歷程，而且這種哀悼有時會暫時取代原諒感。只要我們不讓原諒變得僵化，也不要錯誤地拿原諒來掩飾再訪的恐懼、傷害或憤怒，就可以維持情緒的活力。

真正的原諒也是一種感覺，所以就像其他感覺一樣是短暫的，從來不完整也不永久。原諒感會不可預測地來去，沒有任何情緒狀態可以被引發為永久的體驗，無論我們多想否認這一點，或是這會造成我們人生持續的挫折，或是我們被教養（及被鼓勵）要去選擇和控制自己的感覺，但情緒本來就超出了人類可以選擇的範圍。

即使我們無法一直有原諒感，但可以達到相對恆常的原諒狀態，當我們知道有效的哀悼必然會重新激發原諒感，就會在療癒的進階階段認為自己是能原諒的。

愛也是如此，雖然我們不能時時感覺有愛，但總是可以回到愛。透過足夠的練習，哀悼會把我們從失望和疏離之處帶回到愛那裡，讓我們慢慢地認同。愛是我們最重要的特質，即使我們的感覺不一樣了，也會公平及友善地對待親密對象。

當我們療癒到這個程度時，就可以真正認同自己是有愛的人，即使我們並不總是覺得有愛，這就像是我們可能會說某人精力充沛，即使那個人有時會很累或需要休息。

一旦我們重新發現自己有愛的、聚焦於心的本質，就可以不做作、不假裝甜美地對他人憐憫。好父母並不總是對孩子感覺有愛，但透過足夠的情緒復原工作，他們很容易就能接受自己不滿的感覺，於是對孩子的真正溫暖感覺總是會再回來。完全感受情緒是回到愛的通道，父母越是耕耘於此，就越能夠在正常的不耐煩或挫折時，溫柔地對待孩子。關於無條件地愛自己，蓋伊・漢德瑞克如此闡述：

> 然而，愛自己的行為似乎超越了時間和空間，所以無論我們身在何處都可以愛自己。換句話說，陷入困境時愛自己，就如同自由時愛自己。在光譜的任何一端，愛自己似乎是我們唯一的選擇。

因此，雖然我們不能選擇自己的情緒，但是對於如何回應情緒，我們有非常多的選擇，我們不必接受社會全有全無的模板，因為這些模板不是完全否認情緒，就是具破壞性地發作情緒。

如果我們挖掘一個新的回憶，受苦於情緒重現，或是覺得受到某些童年虐待的陰影所阻礙，我們可以允許再度出現對父母的怪罪感，而不對這些感覺或對自己有敵意。**這種在情緒的兩極中更流暢地擺盪的新經歷，會使我們更強大，並信任自己在完全處理了重新喚起的童年傷痛後，將會回歸原諒。**

隨著我們越來越能完全感受情緒，我們會重視並預期再度體驗原諒感，然而，我們不會把「相信原諒感的價值」，誤信為「只要想感受原諒，就可以感受它」。

原諒是愛的一種次類型

> 原諒是一種行為，一種放掉你承擔很久的痛苦、憤恨及怒火的活動。
>
> ——史蒂芬・萊文

就像大部分的超個人心理治療師，我相信愛是我們轉世為人之前所居住的家，也是我們死後所歸返的家。對我來說，這是俗話說「神就是愛」的最深層意義之一。我也相信，我們越是復原情緒本質，在這一生中就越能再造訪這個家。

在我們處理了伴隨失望與失落而來的痛苦以前，失望和失落會暫時地阻礙我們以愛欣賞生命的能力。透過練習，哀悼會變成越來越有效的工具，使我們能重新連結居住在每個人心中的充滿愛的高我。當情緒痛苦的迷霧透過哀悼而消散，內在之愛的陽光會再次不受阻礙地照耀於自我和他人。

愛絕對能超越一切人類體驗的雙重性和矛盾性。當我們有足夠的恩典，便可感受到愛最深的靈性與情緒性的顯化，愛就會擴展覺知，讓我們感知到萬事萬物本質的合一完美。更高的愛會讓我們涵容並欣賞各種兩極性，肯恩・威爾柏這麼說：

> 重點不是要分隔相反的兩者……而是透過發現那個超越並包含正面和負面的基礎，使它們合一且和諧。那個基礎就是「合一意識」本身……當相反的兩者被了解到它們其實是一體的，那麼不協調就融為協調，戰鬥會變成舞蹈，老敵人變成情人。然後我們會用全部的宇宙，而非只是它（正面）的一半，去交朋友。

　　當我體驗到合一意識那充滿愛的性質，就對於所有的存在感到慈悲，無論他們的作為是什麼。無論他們的行為是落在殘酷與慈悲、背叛與忠誠、退縮與連結等各種兩極的光譜之間的何處，我都能對他人感覺到愛。當愛在我心中如此擴展，我能在每個人情有可原的情況中看到說服力，並且發現每個人都值得原諒。

　　這種愛的超凡體驗並非持久的，但它的影響常常深刻到足以使我們永遠相信「愛是至高無上的」；雖然超越性的愛的光芒會逐漸且無可避免地消逝，但是它會讓我敞開去體驗更普通的愛。

　　完全感受情緒的人會常態性地在日常生活中強烈體驗到愛，像是愛小孩、愛朋友、愛大自然、愛美、愛音樂。華特・惠特曼也把愛與神劃上等號，他以日常生活中大量可得的愛當作史詩鉅作《草葉集》的重要主題，以下節錄的這一段顯示了愛如何在這個充滿感覺的智者內在達到高峰：

在二十四小時的每個小時和每個時刻，
　我看到神的什麼，
在男女臉上，我看到神，也在玻璃倒映的
　自己的臉上；
我在街上看到神落下的信，每一封都
　簽署了神的名字，
我把它們留在原處，因為我知道其他信會
　一直如期到來。

　　既然所有形式的愛都是短暫的，那麼最終極的原諒，就是原諒自己對於孩子、父母、朋友、自己或人生，停止了愛的感覺。這一切之中最甜美的矛盾，發生於我們原諒自己感到怪罪而不總是感到原諒的時候。

　　任何層次的愛都是絕妙非凡的，以至於我們反覆欺騙自己，在沒有愛的感覺時還相信自己感覺有愛。我要一再強調的是：**用偽造的感覺去掩飾已經不存在的感覺，只會使我們距離愛更遙遠。**

　　虛情假意地召喚情緒性之愛，所招來的不信任感會多過於情感。假造的情緒

就像是試圖掩蓋化膿傷口卻黏不上去的創絆貼。如果愛與原諒是不持久的，那麼我們很久沒有愛與原諒的感覺時，該怎麼辦呢？當我們孤立於發自內心的善意溫暖和溫柔感之外好一段時間，該如何撫慰自己呢？現代神祕主義者卡羅・露絲・納克斯（Carol Ruth Knox）在這篇愛的散文詩中，回答了這些問題：

> 它來又走，不是嗎？
> 有時與人們有關，
> 　也與他們如何對待我們有關，
> 　而有時候無關
> 有時與月亮
> 　與個人經濟
> 　與人生問題
> 　與虛無
> 　與一切
> 　與季節、時間
> 　與我們吃的食物
> 　和……
> 　有關

> 有時候，愛的藝術似乎不在於你愛或不愛，而是你是否相信「當愛離開時是有原因的，而且它會再回來」。總是如此相信著。

> 我們人類天生被設計成愛的器具。
> 　（整個宇宙也是如此！）
> 當愛吹過我們，
> 　我們自然地唱起情歌。
> 　當沒有愛的風在吹，
> 　雖然令我們陌生

而且如柳樹一般，
愛去到了空蕩的場地
　　再度充滿了自己的風帆
　　這樣它可能回來
　　並且再一次吹過我們
　　這些飢渴的器具。

我們在等待時該做什麼？

我們當然該流淚——
　　像愛那麼可愛的東西
　　離開時留下了一個缺洞。

當我們在疑問與懷疑中徘徊，
　　應該在心中記得愛
　　並且自己溫柔慈愛地等待，
　　直到我們記得，
　　「愛總是會回來。」

　　我非常感恩自己重新發現了哀悼，以及哀悼為我帶來的愛的多次逗留。透過哀悼和打開心門地與他人溝通，我學會了，即使我的憤怒、恐懼或羞恥是最鮮明的前景，愛才是全面環繞著我周圍的地域。我知道，**當那些分離或痛苦的各種感覺，被有效地感受、表達或溝通時，我會再一次地回到愛。**

　　當我擺脫第一次的靈魂暗夜時，我寫了〈小蠍子〉（Puero Scorpio）這首詩，來描述我必然回到愛的經驗。

我孤獨誕生，
　　在情緒飢餓的廢墟中遊蕩，

尋覓著愛
帶著永遠不足的無盡折磨。

我是建築物的建造者，
它們不可預測地從鷹架爆裂
成為原料廢墟
要求被回收在我無盡的努力中
以應付人生無所不在的
改變場景。

我生來受苦
並見證我的心之掛毯上的裂線。
我生來心碎
而愛也碎了，
多次碎了。

而甜美的神
我讚美祢，
並驚訝於你給我的靈，
它重新再來
一次又一次
找到新的或舊的
我就該歡欣鼓舞的
什麼。

喔神愛這孩子！
並給每個人永恆的孩子
我們與他歡騰地，永久地

重生並重生閃耀的喜樂；
我們煥然一新地與他漫遊
在感人的豐富中再一次，
以甜美寬慰的奇妙，
凝視著
這寶貴生命的
精美。

透過哀悼而來的無數次重生，支撐了我的信念，而那個信念是，透過完全感受情緒，我會一直被重新帶到心中的愛，而愛將顯化成對生命的感恩。我很喜歡聖奧古斯丁（Saint Augustine）的禱詞對這感恩的描寫：

詢問大地的美好
　　海洋的美好、
　　寬廣有風之處的美好、
　　天空的美好、
　　星星的秩序、
　　太陽以光芒造就日光；
詢問柔化了隨後而來的夜晚之暗的月亮、
　　在水中活動的生物、
　　在陸地上逗留的生物、
　　在空中飛翔的生物；
詢問隱藏的靈魂、
　　能感知的身體、
　　必須被管理的可見事物、
　　被管理的不可見事物；
詢問所有這些，
它們會回答你，看，我們很美好。

它們的美好是它們的告解。
這些美好且美麗的事物，
　誰創造了它們，
　保留永恆不變的美？

在本書的最後，我希望你能跟隨威廉・巴特勒・葉慈（William Butler Yeats）
的榜樣：

我甘願追隨到它的源頭
在行動或想法中的每個事件；
計量那一堆；原諒我自己這一堆！
當我這樣逐出痛悔
如此美好的甜美流進胸口
我們必須笑，而且我們必須唱，
我們被每個事物祝福，
我們所看著的每個事物都是祝福……

我也祈禱你接收到傑克・寇恩斐德的《仁慈之母冥想》一書中所表達的恩典：

願一切生命不再受苦。
願一切生命對自己的痛苦打開心門……
願一切生命獲得平靜。
願一切生命把過往的陰影溶解於現在療癒的光之中。
願我們都生活於相互的仁慈和關心。
並願我們都珍惜自己內在的彼此。

附錄 A

父母虐待與忽略的概略評估（第八章中有這些分類的詳細說明）

虐待

● 言語

　　罵人、破壞性或不公平的批評、挖苦、嘲弄、言語羞辱、人格中傷、沒完沒了的清單、說謊、雙重束縛、雙重標準（做我說的，別做我做的）。

● 靈性

　　包含「小孩子本質上就是差勁的」、「人生的喜悅是有罪的」、「神都是在懲罰人」這樣的宗教訓練。對於自我的健康部分（像是性或平衡的自利）進行毒性羞辱的信仰。原罪。在地獄永世不得超生。基本教義派。

● 情緒

　　透過表情、肢體語言、吼叫或充滿情緒的語調，把憤怒或羞恥發洩在小孩身上。暴怒成癮、仇恨、羞辱、恫嚇。情緒亂倫，也就是利用小孩滿足父母的情緒需求。懲罰情緒表達。「男生不可以哭。」「乖女孩不生氣。」

● 肢體

　　大部分的體罰：打巴掌、揍拳、扯頭髮、不停地打、暴怒地打，或是用力打。性虐待。過度管教或要孩子過度工作。不允許玩樂。使孩子變成「做事的人」，而不是「存在的人」。

忽略

● **言語**

規定「不准說話」。不願穩定地參與談話。不允許發問。「沙發爸爸」症候群。「小孩只能聽不能說。」

● **靈性**

不指導如何使用祈禱或冥想去連結有愛的更高力量，並祈求恩典、幫助或祝福。看不見孩子本質上的好，或不支持靈性成長。不教導及示範道德標準與「做正確的事」。

● **情緒**

缺乏溫柔、溫暖、慈悲和發自內心的情緒性之愛。漠然和不在乎。對孩子的感覺缺乏感受性。不認同健康性的憤怒。對於不公的事不會道歉。不示範如何健康地表達情緒。沒幽默感或沒有喜樂。

● **肢體**

不良的打扮、飲食、睡眠或運動習慣。缺乏接觸，或缺乏其他健康的肢體互動。製造慢性緊張、淺短呼吸、過度警戒或解離的有毒氛圍（見第六章）。用電視當保母。不建立工作與紀律方面的健康習慣。

健康的育兒方式與技巧

● **言語滋養**：熱切地參與談話。大量的讚美和正向回饋。願意接納所有的問題。對持續的言語發展，給予教導、讀故事、提供資源。

● **靈性滋養**：看見孩子本質上的美好和有愛的天性，並反應出來讓孩子知道你看到了。引發喜樂、趣味和愛的體驗，使孩子持續感到生命是個禮物。提供靈性或哲

學性的指導，來幫助孩子整合人生的痛苦。滋養孩子有創意的自我表達。時常接觸大自然。

- **情緒滋養**：歡迎並重視全然的情緒表達。示範無虐待性的情緒表達。教導釋放憤怒的安全方式，不傷害自己或他人（見第五章）。愛、溫暖、溫柔和慈悲。把淚水當作釋放傷痛的方式並榮耀它。當個安全的避風港。幽默感。

- **生理滋養**：健康的飲食和睡眠時間。教導孩子打理自己的習慣、紀律和責任感。幫助孩子建立嗜好、課外興趣和個人風格。幫助孩子平衡休息、玩樂和工作。

＊註：如果倖存者在童年時沒有獲得這些滋養，現在可以自己滋養。第九章提供了怎麼做到這一點的務實指導。

附錄 B

自我表達的權利

1. 我有權被尊重地傾聽。

2. 我有權說不、建立限制，並決定自己的界線。

3. 我有權犯錯。

4. 我有權有自己的需求、感覺、意見、信念、興趣和偏好。我有權喜歡自己喜歡的和想要自己想要的。

5. 我有權改變自己的想法。我有權決定採取不同的做法。

6. 我有權商量改變。

7. 我有權請求情緒支持或幫助，同時接受對別人的期待應該是有限度的。

8. 我有權感到憤怒，並採取非虐待性的方式表達它。

9. 我有權抗議挖苦、破壞性的批判，或不公平的對待。

10. 我有權拒絕被扯入別人的問題裡。

11. 我有權有矛盾的感覺、想法或行為。

12. 我有權有時候什麼都不做、浪費時間，並拒絕被壓力控制成總是要有生產力。

13. 我有權偶爾用安全的方式不理性。

14. 我有權玩樂，並偶爾像孩子般天真不成熟。

15. 我有權抱怨自己的麻煩和人生中存在的不公不義。

16. 我有權自己做決定，並拒絕不請自來的忠告。

17. 只要是務實的，我有權用放鬆的步調行動。

18. 我有權成功，並且對自己的成就感到驕傲。

19. 我有權喜歡自己和重視自己的獨特性。

20. 我有權說「我不知道」、「我不懂」或「我不在乎」。
21. 我有權採用或不理會這本書的建議。

＊註：改編和擴充自曼威爾・史密斯（Manuel J. Smith）的《當我說不，我覺得罪惡》書中的〈自
　　信表達人權法案〉（Bill of Assertive Human Rights），以及貴維茲與包登的《復原：酒癮者
　　的成年小孩的指南》中的權利法案。

附錄 C

重新撫育內在小孩的肯定語[*]

> 想法（光是想法）就跟電池一樣強大，就跟陽光一樣好，或是跟毒藥一樣壞。
> ——法蘭西斯・霍吉森・波內特（Frances Hodgson Burnett）

嬰孩

歡迎你來到這個世界。
我好慶幸你出生了。
你這樣就是絕對完美的。
我好慶幸你是男孩（或女孩）。
看著你就令人開心。
你是給這個世界的禮物。
我愛你，你就是你。

幼兒

我接納你所有的感覺。
你可以對一切有興趣。
我喜歡看你去探索。
我總是很高興看到你。
你要做幾次都可以。

你可以喜歡你喜歡的，想要你想要的。

我喜歡你說不。

我喜歡你讓我知道我傷害了你的感受。

你想要自己闖，或想要和我在一起，都可以。

生氣是沒關係的。你生氣時，我不會讓你傷害自己或別人。我愛你，你就是你。

學齡前

我愛你說話的方式，我也喜歡傾聽你說話。

我愛你唱歌和跳舞的方式。

我喜歡你獨立思考。

你可以同時思考和感覺。

你可以犯錯，這些錯誤是你的老師。

你可以知道自己需要什麼，並且請求幫助。

你要問多少問題都可以。

你可以有自己的喜好和品味。

光是看見你就令我欣喜。

我愛你，你就是你。

學童期

看見你以及與你在一起，總是一種喜樂。

和你談話很美好。

你可以信任你的直覺來做決定。

我愛你有自己的想法和意見。

你可以選擇自己的價值觀。

我愛你那樣請求你想要的或需要的。

你可以選擇自己的朋友，而且你不必喜歡每個人。

你可以學會何時及如何不同意。

你可以對自己與他人公平。

你可以有時候感到困惑和矛盾，以及不知道全部的答案。

我對你感到非常驕傲。

我愛你，你就是你。

＊以上改編和擴充自約翰‧布雷蕭在公共廣播公司頻道上關於失能家庭的影集。

健康
Smile 105